Fink/Rosenzweig (Hrsg.) · Wo sitzt der Geist?

Zu ähnlichen Themen sind bisher folgende Buchtitel erschienen:

Helmut Fink/Rainer Rosenzweig (Hrsg.): Freier Wille – frommer Wunsch? Gehirn und Willensfreiheit (mentis 2006)

Stephan Matthiesen/Rainer Rosenzweig (Hrsg.): Von Sinnen. Traum und Trance, Rausch und Rage aus Sicht der Hirnforschung (mentis 2007)

Helmut Fink/Rainer Rosenzweig (Hrsg.): Neuronen im Gespräch. Sprache und Gehirn (mentis 2008)

Rainer Rosenzweig (Hrsg.): Nicht wahr?! Sinneskanäle, Hirnwindungen und Grenzen der Wahrnehmung (mentis 2009)

Helmut Fink/Rainer Rosenzweig (Hrsg.): Künstliche Sinne, gedoptes Gehirn. Neurotechnik und Neuroethik (mentis 2010)

Rainer Rosenzweig (Hrsg.): Geistesblitz und Neuronendonner. Intuition, Kreativität und Phantasie (mentis 2010)

Helmut Fink/Rainer Rosenzweig (Hrsg.): Mann, Frau, Gehirn. Geschlechterdifferenz und Neurowissenschaft (mentis 2011)

Helmut Fink/Rainer Rosenzweig (Hrsg.): Verantwortung als Illusion? Moral, Schuld, Strafe und das Menschenbild der Hirnforschung (mentis 2012)

Helmut Fink/Rainer Rosenzweig (Hrsg.): Das Tier im Menschen. Triebe, Reize, Reaktionen (mentis 2013)

Helmut Fink/Rainer Rosenzweig (Hrsg.): Bewusstsein – Selbst – Ich. Die Hirnforschung und das Subjektive (mentis 2014)

Helmut Fink/Rainer Rosenzweig (Hrsg.): Das soziale Gehirn. Neurowissenschaft und menschliche Bindung (mentis 2015)

Helmut Fink/Rainer Rosenzweig (Hrsg.): Gehirne zwischen Liebe und Krieg. Menschlichkeit im Zeitalter der Neurowissenschaften (mentis 2016)

Helmut Fink/Rainer Rosenzweig (Hrsg.): Was hält uns jung? Neuronale Perspektiven für den Umgang mit Neuem (Kortizes 2020)

Helmut Fink/Rainer Rosenzweig (Hrsg.): Hirn im Glück. Freude, Liebe, Hoffnung im Spiegel der Neurowissenschaft (Kortizes 2020)

Helmut Fink /
Rainer Rosenzweig (Hrsg.)

Wo sitzt der Geist?

Von Leib und Seele zur erweiterten Kognition

Kortizes

Nürnberg

Bibliografische Information der Deutschen Nationalbibliothek:
Die Deutsche Nationalbibliothek verzeichnet diese Publikation in der Deutschen Nationalbibliografie; detaillierte bibliografische Daten sind im Internet über http://dnb.dnb.de abrufbar.

Printed in Germany
Einband, Satz, Layout: Alexander Paul/Kortizes gGmbH
Druck: BoD – Books on Demand GmbH
ISBN 978-3-948787-05-9 (Print)
ISBN 978-3-948787-06-6 (E-Book)
Bildquellen Autoren: Wolf Singer: Karin Becker; Lars Muckli: University of Glasgow; Kim Stäubli: Privat; Bigna Lenggenhager: Karin Becker; Robin Bekrater-Bodmann: Heiner Arnold; Herta Flor: Privat; Joachim Bauer: Fotostudio Charlottenburg; John-Dylan Haynes: Karin Becker; Matthias Eckoldt: Kirsten Breustedt; Grischa Merkel: Privat; Holger Lyre: Universität Magdeburg; Achim Stephan: Leon Sütfeld; Beate Krickel: Jörg Birenheide; Bildquellen Herausgeber: Helmut Fink: Karin Becker; Rainer Rosenzweig: Evelin Frerk.

Inhalt

Vorwort

Die Beiträge des vorliegenden Buches gehen auf ein populärwissenschaftliches Symposium zurück, das – nach coronabedingter Verschiebung – am Wochenende 13. bis 15. November 2020 als Online-Veranstaltung stattgefunden hat. Die Ausrichtung jährlicher Symposien zu wechselnden Schwerpunktthemen aus dem Bereich der Neurowissenschaften sowie weiterer Veranstaltungen in Präsenz und – seit 2020 – auch online mit naturwissenschaftlichem, philosophischem und säkular-humanistischem Profil ist Aufgabe des in Nürnberg beheimateten Instituts für populärwissenschaftlichen Diskurs *Kortizes*. Näheres zur gemeinnützigen *Kortizes* GmbH und zu ihren vielfältigen Aktivitäten findet man im Netz unter kortizes.de.

Die Frage, wie das Verhältnis von Gehirn und Geist am besten zu beschreiben sei, ist ein philosophischer Dauerbrenner. Die Aufsätze dieses Bandes nehmen die Computermetapher des Gehirns, die »Verkörperung« mentaler Vorgänge, die »Auslesbarkeit« von Gedanken und die These des erweiterten Geistes in den Blick – um nur einige programmatische Stichwörter zu nennen. Neben Neurowissenschaft, Medizin und Psychologie ist dabei die Philosophie des Geistes von zentraler Bedeutung; sie ist hier mit mehreren Beiträgen vertreten.

Unser Dank gilt den Autorinnen und Autoren, die durch die Einreichung ihrer Texte dieses Buch ermöglicht haben, sowie dem treuen *Kortizes*-Publikum, das auch in Corona-Zeiten nicht abgesprungen ist. Außerdem ist allen *Kortizes*-Teammitgliedern selbstverständlich Dank und Anerkennung gewiss.

Nürnberg im September 2022 Die Herausgeber

Helmut Fink

Einleitung

Die Verkörperung des Geistes und die Entgrenzung des Gehirns

Die Hirnforschung hat das Leib-Seele-Problem modernisiert, aber nicht gelöst. Zwar ist in der Wissenschaft von der »Seele« keine Rede mehr, schon gar nicht von einer immateriellen Seelensubstanz, wie sie René Descartes zu Beginn der Neuzeit postuliert hatte. Die »Seele« hat sich ins Lebensweltlich-Metaphorische zurückgezogen und lebt höchstens noch als historische Erinnerung im Text von Kirchenliedern fort. Und auch der »Leib« taucht als Begriff – abgesehen von der Theologensprache – nur noch in philosophischen Strömungen der Phänomenologie auf, die *per se* kaum als richtungsweisend für eine zeitgemäße, an der Hirnforschung orientierte Philosophie des Geistes gelten können.

Die philosophische Grundfrage jedoch, wie sich »Geistiges« und »Materielles« zueinander verhalten, hat an Bedeutung nicht verloren. Im Zeitalter der Hirnforschung sind allerdings die Positionen differenzierter und die Fragestellungen kleinteiliger geworden. Auf der einen Seite werden Wahrnehmen, Vorstellen, Erinnern, Entscheiden sowie die (Grade der) Bewusstheit dieser geistigen Prozesse durch verschiedenartige mentale Zustände beschrieben, die auch Erlebnisqualitäten wie etwa Farb- oder Klang- oder Schmerzempfinden und emotionale Färbungen mitumfassen. Auf der anderen Seite ist die Arbeitsweise des Gehirns als materieller Träger des Geistes immer genauer erforscht worden, von frühen Einblicken in Anatomie und Lokalisierung über die Modellierung durch neuronale Netze bis zur Erfassung der orts- und zeitaufgelösten Dynamik des neuronalen Geschehens durch diverse bildgebende Verfahren.

Es versteht sich, dass die Neurowissenschaften noch auf dem Weg sind und keineswegs alle Fernziele ihrer Forschungsaktivitäten schon erreicht haben: Wie sich bewusstes Erleben zu neuronalen Anregungsmustern verhält, wird durch bildgebende Verfahren alleine nicht beantwortet. Die Kenntnis des Verhaltens einzelner Neuronen und Synapsen erschließt noch nicht das Wirkungsgefüge der komplizierten Rückkopplungsschleifen im Gehirn. Und die Individualität von Lernerfahrungen und Verhaltensdispositionen ist aus riesigen neuronalen Datensammlungen kaum zu entnehmen. Gleichwohl sind in der Forschung große Fortschritte erzielt worden, und es kann heute als wissenschaftlicher Konsens gelten, dass es ohne funktionierendes Gehirn keine geistigen Phänomene gibt.

Zu den spannenden Zukunftsfragen gehört, ob das für alle Zeiten so bleiben muss: Wie sind *andere* materielle Träger als das in der biologischen Evolution entstandene Gehirn zu beurteilen? Können sie bei geeigneter Strukturierung »Geist« entwickeln und wenn ja, in welchem Sinne? Wie verhält sich künstliche Intelligenz zu ihrem natürlichen Vorbild? Kann es KI-Systeme geben, denen ein bewusstes Erleben zugeschrieben werden muss? Solche Fragen schießen über den thematischen Radius dieses Buches hinaus, aber sie lassen ahnen, dass die Philosophie des Geistes kein konsequenzloses Wortgeklingel bleibt, sondern einen klaren Bezug zum existenziellen Selbstverständnis des Menschen aufweist.

Als Einstieg in die Philosophie des Geistes – ausgehend vom traditionellen Leib-Seele-Problem – sei Beckermann (2008) empfohlen, als ausführliches Grundlagenwerk die drei Bände von Metzinger (2006-2010). Für einen Überblick zu naturwissenschaftlichen und philosophischen Aspekten der Bewusstseinsfrage sei auf den Sammelband von Fink und Rosenzweig (2014) verwiesen. Der Bezug des Themenfeldes zum Menschenbild ist offensichtlich, und darin liegt wohl auch der Reiz vieler populärwissenschaftlicher Veranstaltungen und Veröffentlichungen. Aktuell schildert Roth (2021) die Relevanz der Hirnforschung für das Menschenbild, ohne in überzogene Reduktionismen abzugleiten. Zur stets Aufmerksamkeit auf sich ziehenden Frage nach der Willensfreiheit sei hier die Zusammenfassung von Fink (2019) erwähnt, in der ein kompatibilistischer Zugang vertreten wird.

Für die Schwerpunktsetzung des vorliegenden Bandes ist eine spezielle, neuere Entwicklung in den Forschungsinteressen und philosophischen Fragestellungen maßgeblich: Nicht mehr nur die allgemeine Frage, wie denn die Hervorbringung der geistigen Domäne durch die bewusstlose Hirnmaterie zu verstehen sei, oder die schon speziellere Frage, welche neuronalen Korrelate diese oder jene mentalen Zustände haben, steht hier im Mittelpunkt. Vielmehr wird nach der Rolle des Körpers *über das Gehirn hinaus* gefragt – und dies in mehrfacher Hinsicht. Körpersignale beeinflussen Ablauf und Inhalt geistiger Prozesse. Wahrnehmungen und Handlungen finden in einer Umgebung statt und hängen von ihr ab. Mentale Gehalte sind daher in gewisser Weise mit körperlichen Situationen – oder Situiertheiten – rückgekoppelt. Plakativ gesagt: Der Geist muss »verkörpert« werden. Dies wird in der Kognitionswissenschaft zunehmend in den Blick genommen und oft mit dem Begriff des »Embodiment« bezeichnet.

Ein weiterer Ausgangspunkt für Betrachtungen jenseits des Gehirns ist die gut begründete Annahme, dass geistige Prozesse »multiple Realisierungen« erlauben, d.h. dass *verschiedene* neuronale Zustände zu *demselben* mentalen Zustand führen können (nicht aber umgekehrt: Mit dem neuronalen liegt auch der mentale Zustand fest).[1] Wenn man nun nach der Funktion fragt, die ein bestimmter geistiger Prozess erfüllt, dann sollte es unerheblich sein, ob die beteiligten Realisierungen nur materielle Konfigurationen *innerhalb* des Gehirns oder auch solche *außerhalb* des Gehirns beinhalten. Hier muss man noch gar nicht an KI-Systeme denken: Schon bei üblichen menschlichen Alltagstätigkeiten können Teilprozesse, die man als »geistig« bezeichnen würde, wenn sie im Kopf (»intern«) stattfänden, auf äußere Vorgänge (»extern«) ausgelagert werden. Die »These des erweiterten Geistes« besagt, dass es sich dann – bei genügend starker Einbindung des externen Anteils – immer noch um geistige Prozesse handelt. Insofern wird das Gehirn bei diesem Zugang in funktioneller Hinsicht entgrenzt.

Diese These geht auf einen in der Fachwelt einflussreichen Artikel von Andy Clark und David Chalmers (1998) zurück, der über die Jahre verschiedene zustimmende, erläuternde, erweiternde, aber auch ablehnende, kritische und einschränkende Reaktionen hervorgerufen hat. Vor allem sollte die Reichweite der funktionalen Kopplung nicht mit der Trägerschaft oder dem Entstehungsort von Bewusstsein gleichgesetzt werden. Im deutschen Sprachraum darf an

---

[1] Die asymmetrische Relation, dass die Zustände einer höheren Ebene durch die Zustände einer niedrigeren Ebene eindeutig bestimmt sind, aber nicht umgekehrt, nennt man *Supervenienz*. Mentale Zustände *supervenieren* also auf neuronalen (oder anderen materiellen) Zuständen. So reden Philosophen des Geistes. Erklärt ist damit natürlich noch nichts.

die Vorreiterrolle von Holger Lyre (2010; 2011) erinnert werden. – Unterdessen ist die Frage des erweiterten Geistes (*»extended mind«*) auch in der populärwissenschaftlichen Literatur angekommen, vgl. etwa Wolf (2018).

Betrachten wir nun die Beiträge dieses Buches im Einzelnen. Den Auftakt macht der bekannte Hirnforscher *Wolf Singer*. Er vergleicht natürliche und künstliche kognitive Systeme und findet dabei grundlegende Unterschiede. Während konvergente Verschaltungen zur Verarbeitung von Objektbeziehungen in neuronalen Netzen sowohl evolutionär entstanden sind als auch in künstlichen Deep-Learning-Systemen angewandt werden, sind rekurrente Netzwerke mit Ensemble-Kodierung technisch schwer zu realisieren. Rekurrente Netzwerke stellen weniger umfangreiche Hardware-Anforderungen und können zeitliche Beziehungen viel besser für die Informationsverarbeitung nutzen, sind bisher jedoch der Natur vorbehalten. Zwar wird versucht, ihre effiziente nichtlineare Dynamik auch für KI-Systeme durch geeignete Algorithmen nutzbar zu machen, aber es bleiben Unterschiede zum Gehirn. In der funktionellen Architektur des Gehirns ist Vorwissen über die Welt codiert, genetisch angelegt und erfahrungsabhängig ausgeprägt. Dies ermöglicht die schnelle Verarbeitung von Wahrnehmungsinhalten. Ein Ausblick ist der kulturellen Evolution gewidmet, die über die biologische Ebene hinausweist.

Der Neurowissenschaftler *Lars Muckli* untersucht die Frage, inwiefern das Gehirn interne Vorhersagen künftiger Wahrnehmungseindrücke generiert und ob darin eine »Vereinigungstheorie der Hirnforschung« gesehen werden kann. Die Rückkopplung zwischen der Außenwelt und ihrem internen Modell ermöglicht Lernvorgänge und dient der Optimierung von Reaktionen und dem Erfolg von Handlungen. Durch funktionelle Bildgebung des visuellen Systems wird gezeigt, dass tatsächlich Signale von höheren Verarbeitungsebenen in elementare Ebenen zurückprojiziert werden. Aufgrund solcher Mechanismen können abgedeckte Bildbereiche durch kontextabhängige Vorhersagen erschlossen werden, wie sich an der Hirnaktivität bei Vergleich mit Strichzeichnungen für den abgedeckten Bereich ablesen lässt. Erläutert werden ferner die Funktion der Pyramidenzellen bei Vorhersagefehlern und die Rolle des visuellen Kortex in der räumlichen Informationsverarbeitung auch bei akustischen Reizen.

Der Beitrag der Psychologinnen *Kim Stäubli* und *Bigna Lenggenhager* ist dem Konzept des verkörperten Denkens gewidmet. Zunächst werden einige Beispiele für den Einfluss kognitiver auf sensomotorische Prozesse geschildert, bevor umgekehrt Auswirkungen des Körperzustands auf kognitive Vorgänge wie etwa die Einschätzung von Entfernungen oder Steigungen oder den Glauben an die Willensfreiheit besprochen werden. Das Körpererleben ist plastisch, kann sich also an Körperveränderungen anpassen. In der Wahrnehmung des eigenen Körpers werden innere und äußere sensorische Signale integriert, zugleich aber ständig mit Erwartungen und Vorhersagen abgeglichen. Als entscheidend für eine einheitliche Körperwahrnehmung erweist sich die Synchronität verschiedenartiger sensorischer Signale. In diesem Zusammenhang werden die Gummihand-Illusion und die Ganzkörper-Illusion erläutert. Experimentell verändertes Körpererleben kann wiederum auf kognitive Einstellungen zurückwirken, wofür sich diverse gesellschaftlich und therapeutisch relevante Anwendungen finden lassen.

Die Wechselwirkung von Körperrepräsentation und Schmerzwahrnehmung ist Thema des anschließenden Beitrags der Neuropsychologen *Robin Bekrater-Bodmann* und *Herta Flor*. Amputationen von Gliedmaßen können Phantomschmerzen auslösen. Als Folge ausbleibender sensorischer Information finden Reorganisationsprozesse in der Körperkarte des primären sensomotorischen Kortex statt. Dies kann zu veränderten (Körper-)Wahrnehmungen führen. Die Aufdeckung der zugrundeliegenden Mechanismen ist ein spannendes Forschungsthema und zugleich Ansatzpunkt wichtiger therapeutischer Anwendungen: So können funktionelle Prothesen die Reoganisation der Hirnrepräsentation und damit die Wahrnehmung des Amputierten positiv beeinflussen. Auch die Erfolge der Spiegeltherapie gegen Phantomschmerzen durch motorische Signale plus passende visuelle Rückmeldung werden so verständlich. Ferner können auch andere sensomotorische Lernprozesse, die durch Rückmeldungsschleifen ermöglicht werden, zur Beeinflussung der kortikalen Reorganisation und speziell zur Schmerzbekämpfung genutzt werden.

Der Arzt und Psychotherapeut *Joachim Bauer* geht in seinem Beitrag dem menschlichen Selbstsystem und seinen Bezügen zu geistigem Austausch nach. Ausgehend von der schrittweisen Entwicklung des Säuglings wird das enge Verhältnis zu Bezugspersonen als wechselseitige Spiegelung und Resonanz gedeutet. Mit dem Spracherwerb wird der Weg von der Abhängigkeit in die Autonomie eröffnet. Das durch Resonanz mit anderen Menschen geformte »Selbst« ist nach Bauer Akteur und zugleich Adressat des Geistes – wobei »Geist« hier in dreifacher Bedeutung als innere Haltung (»spirit«), sprachlicher Gehalt (»contents«) und mentaler Zustand (»mind«) verstanden wird. Neben Hinweisen auf die Rolle von Spiegelneuronen wird die Überlappung der neuronalen Repräsentanz des Selbstbildes mit dem Bild anderer Personen betont. Emotionale Reaktionen auf die Signale der Mitmenschen bis hin zu gesundheitlichen Auswirkungen werden mit den biologischen Grundlagen psychischer Vorgänge in Verbindung gebracht. Auch Sprache löst reale Wirkungen aus. Die interpersonelle Kommunikation kann in dieser Sichtweise Geist transportieren und sogar als Sitz des Geistes gelten.

Der Text des Hirnforschers *John-Dylan Haynes* und des Wissenschaftsautors *Matthias Eckoldt* befasst sich mit mehr oder weniger sinnvollen Vorhaben, durch direkten Zugriff auf das Gehirn Gedanken auszulesen und für Kommunikations- oder Steuerungszwecke technisch nutzbar zu machen. Gehirn-Computer-Schnittstellen können nichtinvasiv arbeiten, indem sie mobile EEG-Systeme nutzen – wobei aber nicht beliebige Gedanken, sondern nur bestimmte motorische Vorstellungen als Signale ausgelesen werden und z. B. als Buchstabierhilfen dienen. Gegenüber Spielekonsolen bieten solche EEG-Kappen keinen Geschwindigkeitsvorteil. Manches Neuro-Spielzeug nutzt in Wahrheit gar keine Hirnsignale, außerdem ist die leichter zu messende Augenposition oft genauso aussagekräftig. Auch sind elektrische Signale von Muskelzellen manchmal praktischer als EEG-Signale. Schließlich werden noch Möglichkeiten diskutiert, Hirnsignale von innerhalb des Schädels abzugreifen. Dies kann für klinische Anwendungen sinnvoll sein. Weitgespannte Cyborg-Visionen und Ideen zum nanotechnologischen Zugriff auf das gesamte Neuronennetzwerk werden in diesem differenziert-kritischen Beitrag jedoch abschlägig beschieden.

Mit den Grenzen und Gefahren des Auslesens von Gedanken aus dem Gehirn setzt sich auch die Rechtsphilosophin *Grischa Merkel* auseinander. Nach einem kurzen Überblick über einige aktuelle

Ansätze dieser Art des »Gedankenlesens« vertritt die Autorin unter Bezugnahme auf Wittgensteins Spätwerk die Auffassung, Gedanken seien stets unausgesprochene Sätze. Aus Hirnströmen lautloser Sprachbewegungen können heute schon – wenngleich in mäßiger Qualität – gedachte Sätze, aus Hirnströmen visueller Wahrnehmungen Bildinhalte und sogar sexuelle Präferenzen der Bildbetrachter rekonstruiert werden. Rechtlicher Schutz vor einem Überwachungsstaat, der auf solche Daten zugreifen könnte, scheint vor allem in Bereich der Kriminalprävention nicht sicher. Bloße Absichten eines potentiellen Täters könnten jedoch durch die Auswertung der Hirnaktivität grundsätzlich nicht erfasst werden, denn Intentionen und Motive hängen – wiederum nach Wittgenstein – wesentlich von sozialen Kontexten und intersubjektiver Beurteilung ab.

Der Natur- und Wissenschaftsphilosoph *Holger Lyre* stellt in seinem Beitrag die These des erweiterten Geistes vor, erläutert ihre Bedeutung in der Philosophie des Geistes und erklärt, wieso es sich um eine Vehikelthese (nicht eine Inhaltsthese) handelt. Erweiterte Kognition kann den eigenen Körper oder die physische, soziale oder informationelle Umwelt einbeziehen und bedarf dann jeweils spezifischer Mechanismen kognitiver Kopplung. Die philosophische Fachsprache unterscheidet zwischen aktivem Externalismus, bei dem der Bezug zur Außenwelt zu Verhaltensänderungen führt, und passivem Externalismus, bei dem das nicht der Fall ist; sie wird hier sowohl auf mentale Gehalte als auch auf Vehikel angewandt. Für Bewusstseinsprozesse vertritt der Autor jedoch einen Internalismus, d. h. eine Begrenzung auf das neuronale System. Zur Begründung werden die wichtigsten theoretischen Erklärungsansätze für Bewusstsein vorgestellt und die funktionale Leistungsfähigkeit interneuronaler Verbindungen betont. Künstliches oder geteiltes Bewusstsein verbleibt als spekulative Möglichkeit.

Der Beitrag des Kognitionsphilosophen *Achim Stephan* behandelt die situierte Affektivität (nicht: Affektiertheit). Dabei geht es um Emotionen, Stimmungen und affektive Stile, d. h. charakteristische Züge von Menschen im Umgang mit emotionalen Situationen. Situiertheit bezeichnet die Abhängigkeit vom eigenen Körper und von der Umwelt, wobei Aspekte der Einbettung, Erweiterung, Verteiltheit und des Verhaltens unterschieden werden können.

Körperlichkeit und Umwelteinflüsse wurden in der Kognitionswissenschaft lange vernachlässigt. Zwei Sorten externer Hilfsmittel zur Beeinflussung affektiver Phänomene werden näher erläutert: solche, die von einzelnen Individuen genutzt werden – nicht notwendigerweise aufgrund bewusster Entscheidung –, und solche, die von anderen Personen ausgehen und auf ein Individuum einwirken. Zur ersten Sorte gehören etwa Musikträger, Filme, Veranstaltungen oder Situationen, die bestimmte Emotionen auslösen oder verstärken. Zur zweiten Sorte gehören längerfristige emotionale Prägungen durch Familie, soziales Milieu, kulturelles Umfeld, aber auch soziale Medien, ansprechende Werbung oder politische Botschaften. Die Kenntnis der Mechanismen affektiver Beeinflussung ermöglicht bewusste Reaktionen.

Die Kognitionsphilosophin *Beate Krickel* untersucht unbewusste geistige Prozesse mit Blick auf das Forschungsprogramm des situierten Geistes. Dabei ist nicht das Unbewusste im Sinne der Psychoanalyse gemeint und auch nicht die Fülle von Einflussfaktoren, die normalerweise sowieso kein Gegenstand des Bewusstseins sind, sondern geistige Phänomene, die manchmal bewusst sind und manchmal nicht. Ihre Kennzeichnung als »geistig« stellt für die Theorieansätze der situierten Kognition ein Problem dar. Während die klassische Kognitionswissenschaft den repräsentationalen Gehalt geistiger Zustände in deren biologischer Funktion suchen und damit die neuronale Informationsverarbeitung unabhängig von ihrer Bewusstheit als »geistig« ausweisen kann, fehlt den situierten Ansätzen ein solches Kriterium. Die Diskussion dieses Problems mündet in den Vorschlag, mechanistische Erklärungen (nicht mit Zahnrädern und Federn, sondern im allgemeineren Sinne der Wissenschaftstheorie) heranzuziehen, um unbewusste geistige Prozesse durch Vergleich mit den Mechanismen der entsprechenden bewussten Prozesse von unbewussten nicht-geistigen Vorgängen unterscheiden zu können.

So weit der Durchgang durch die Beiträge dieses Bandes. Damit ist zugleich der neuzeitliche Bogen geschlagen von der Zuspitzung des Leib-Seele-Problems durch Descartes bis zu den gegenwärtigen elaborierten Debatten in der Philosophie des Geistes. Diese werden weitergehen – und dabei gilt bis auf weiteres: Hinter jeder guten Idee steckt (mindestens) ein leistungsfähiges Gehirn.

Literatur

Beckermann, A.: *Das Leib-Seele-Problem. Eine Einführung in die Philosophie des Geistes,* Wilhelm Fink, Paderborn 2008 (2. Aufl. 2011).

Clark, A. und Chalmers, D.: The extended mind. In: *Analysis* 58(1), 1998, S. 7–19.

Fink, H.: Willensfreiheit im Zeitalter der Neurowissenschaften. In: *Das menschliche Gehirn. Schriftenreihe der Freien Akademie Band 38*, hrsg. von V. Mueller. Angelika Lenz Verlag, Neu-Isenburg 2019, S. 63–79. – Ebenso in: *Aufklärung und Kritik* 3/2021, S. 73-85.

Fink, H. und Rosenzweig, R. (Hrsg.): *Bewusstsein – Selbst – Ich. Die Hirnforschung und das Subjektive*, Mentis, Münster 2014.

Lyre, H.: Denken wir wirklich nur im Kopf? Kreativität und die These der erweiterten Kognition. In: *Geistesblitz und Neuronendonner. Intuition, Kreativität und Phantasie*, hrsg. von R. Rosenzweig. Mentis, Paderborn, 2010, S. 167–183.

Lyre, H.: Die These der erweiterten Kognition. In: *Information Philosophie* 1/2011, S. 50–55.

Metzinger, T. (Hrsg.): *Grundkurs Philosophie des Geistes. Band 1: Phänomenales Bewusstsein, Band 2: Das Leib-Seele-Problem, Band 3: Intentionalität und mentale Repräsentation*, Mentis, Paderborn 2006-2010 (2. Aufl. 2009–2019).

Roth, G.: *Über den Menschen*, Suhrkamp, Berlin 2021.

Wolf, C.: Nur eine Kopfgeburt? In: *Gehirn & Geist* 7/2018, S. 42–47.

Wolf Singer

Unterschiede zwischen natürlichen und künstlichen kognitiven Systemen

Zusammenfassung

Es werden die Unterschiede zwischen natürlichen und künstlichen kognitiven Systemen aufgezeigt. Beide Systeme müssen ein internes Modell der Umwelt besitzen, um ihre Leistungen an die Bedingungen der jeweiligen Umgebung anpassen zu können. Die informationsverarbeitenden Strategien zur Bewältigung dieser Herausforderungen unterscheiden sich jedoch in grundlegenden Aspekten. Viele der spezifisch menschlichen Eigenschaften lassen sich nicht allein aus den neuronalen Funktionen einzelner Gehirne ableiten, sondern verdanken sich zudem der kulturellen Evolution. Soziale Interaktionen zwischen Agenten, die mit den kognitiven Fähigkeiten des Menschen ausgestattet sind, erzeugen immaterielle Realitäten, die als soziale oder kulturelle Realitäten angesprochen werden. Intentionalität, Moral, Verantwortung und bestimmte Aspekte des Bewusstseins wie die Qualia des subjektiven Erlebens gehören zur immateriellen Dimension der sozialen Realitäten. Es ist verfrüht, in Diskussionen darüber einzutreten, ob künstliche Systeme Funktionen übernehmen können, die wir als intentional und bewusst ansehen, oder ob künstliche Agenten als moralische Agenten mit Verantwortung für ihre Handlungen betrachtet werden können.

Einleitung

Organismen und künstliche autonome Systeme haben sehr ähnliche Herausforderungen zu bewältigen. Beide müssen ein internes Modell der Umwelt besitzen, um Signale aus dieser im Kontext zu interpretieren und beide müssen ihre Aktionen an die idiosynkratischen Bedingungen der jeweiligen Umwelt anpassen. Die Verarbeitungsstrategien zur Bewältigung dieser Herausforderungen weisen jedoch deutliche Unterschiede zwischen natürlichen und künstlichen Systemen auf.

In natürlichen Systemen ist das Modell der Welt weitgehend ererbt, d.h. die relevanten Informationen wurden durch Selektion und Anpassung im Laufe der Evolution erworben, sind in den Genen gespeichert und drücken sich in der funktionellen Anatomie des Organismus und der Architektur seines Nervensystems aus. Dieses angeborene Modell wird anschließend während der Ontogenese durch Erfahrung und Übung ergänzt und verfeinert. Das Gleiche gilt für die Spezifikation der Aufgaben, die der Organismus zu erfüllen hat, und für die Programme, die die Ausführung von Handlungen steuern. Auch hier werden die notwendigen Informationen zum Teil durch die Evolution und zum Teil durch lebenslanges Lernen bereitgestellt. Um sich in einer sich ständig verändernden Umwelt weiterentwickeln zu können, haben Organismen kognitive Systeme entwickelt, die es ihnen erlauben, die aktuellen Bedingungen ihrer einbettenden Umwelt zu analysieren, mit dem internen Modell abzugleichen, das Modell zu aktualisieren, Vorhersagen abzuleiten und zukünftige Handlungen an die aktuellen Anforderungen anzupassen.

Um das angeborene Modell der Welt zu ergänzen, greifen Organismen auf zwei verschiedene Lernstrategien zurück: unüberwachtes und überwachtes Lernen. Ersteres dient dazu, häufig auftretende Zusammenhänge in der Umwelt zu erfassen und Verarbeitungsarchitekturen an die effiziente Analyse dieser Zusammenhänge anzupassen. Der unüberwachte Lernprozess wird durch adaptive Verbindungen realisiert, die ihre Effizienz in Abhängigkeit von der Aktivität der verbundenen Neuronen ändern. Wenn in einem Netzwerk zwei miteinander verbundene Neuronen häufig gemeinsam aktiviert werden, weil die Merkmale, auf die sie reagieren, oft gleichzeitig vorhanden sind, werden die Verbindungen zwischen diesen beiden Neuronen effizienter. Die Neuronen, die diese korrelierten Merkmale repräsentieren, werden miteinander assoziiert. So werden Beziehungen zwischen Merkmalen durch die Stärke der neuronalen Interaktionen repräsentiert. »Neuronen verdrahten sich miteinander, wenn sie zusammen feuern« (Englisch: *»Neurons wire together if they fire together«*). Umgekehrt schwächen sich die Verbindungen zwischen Neuronen ab, wenn diese selten gemeinsam aktiv sind, d.h. wenn ihre Aktivität unkorreliert ist.

Komplementär dazu werden überwachte Lernstrategien eingesetzt, wenn das Ergebnis eines kognitiven oder exekutiven Prozesses bewertet werden soll. Ein Beispiel ist die Erzeugung von Kategorien. Wenn das System lernen soll, dass Hunde, Haie und Adler zur Kategorie der Tiere gehören, muss ihm gesagt werden, dass eine solche Kategorie existiert, und es muss während des Lernprozesses eine Rückmeldung über die Richtigkeit der verschiedenen Klassifizierungsversuche erhalten. Beim überwachten Lernen wird die Entscheidung, ob ein bestimmtes Aktivitätsmuster eine Änderung der Kopplung induziert, nicht nur von der lokalen Aktivität der gekoppelten Neuronen abhängig gemacht, sondern von zusätzlichen Kontroll-Signalen, die eine »Jetzt-lernen«-Funktion haben. Nur wenn diese Signale zusätzlich vorhanden sind, kann die lokale Aktivität zu synaptischen Veränderungen führen. Diese Kontroll-Signale werden von wenigen spezialisierten Zentren in der Tiefe des Gehirns erzeugt und über weit verzweigte Nervenfasern an das gesamte Vorderhirn weitergeleitet. Die Aktivität dieser bewertenden Systeme wird wiederum von weit verteilten Hirnstrukturen gesteuert, die die Verhaltensvalidität laufender oder erst kürzlich durchgeführter kognitiver oder exekutiver Prozesse bewerten. Im Falle eines positiven Ergebnisses werden die Netzwerkverbindungen, deren Aktivität zu diesem Ergebnis beigetragen hat, gestärkt, im Falle eines negativen Ergebnisses werden sie geschwächt. Diese retrospektive Anpassung der synaptischen Modifikationen ist möglich, weil Aktivitätsmuster, die eine Verbindung potentiell verändern könnten, an den jeweiligen synaptischen Kontakten eine molekulare Spur hinterlassen, die die Aktivität selbst überdauert. Trifft das »Jetzt-lernen«-Signal der Kontroll-Systeme ein, während diese Spur noch vorhanden ist, wird die markierte Synapse nachhaltig verändert. Auf diese Weise wird das spezifische Aktivitätsmuster des Netzwerks, das zu dem gewünschten Ergebnis geführt hat, verstärkt. Daher wird diese Form des überwachten Lernens auch als Verstärkungslernen (englisch: *»reinforcement learning«*) angesprochen.

Vergleicht man diese grundlegenden Eigenschaften natürlicher Systeme mit der Organisation künstlicher »intelligenter« Systeme, so zeigen sich bereits einige wichtige Unterschiede.

Künstliche Systeme haben keine evolutionäre Geschichte, sondern sind das Ergebnis eines zielgerichteten Designs, so wie jedes andere Werkzeug, das Menschen zur Erfüllung spezieller Funktionen entworfen haben. Ihr internes Modell wird also von Ingenieuren installiert und an die spezifischen Bedingungen angepasst, unter denen die Maschine arbeiten soll. Das Gleiche gilt für die Programme, die Signale von den Sensoren des Systems in Aktionen umsetzen. Es gibt jedoch eine neue Generation von »intelligenten Systemen«, die sich die jüngsten Fortschritte im maschinellen Lernen zunutze machen. Aufgrund der erstaunlichen Leistung dieser Systeme – autonome Autos sind ein Beispiel dafür – und aufgrund der Demonstration, dass Maschinen den Menschen in Spielen wie Go und Schach übertreffen, ist es notwendig, genauer zu untersuchen, inwieweit die in diesen Maschinen realisierten Rechenprinzipien denen natürlicher Systeme ähneln.

In den letzten Jahrzehnten wurde das Gebiet der künstlichen Intelligenz durch die Implementierung von Verarbeitungsstrategien revolutioniert, die auf künstlichen neuronalen Netzen basieren. In der zweiten Hälfte des letzten Jahrhunderts häuften sich die Beweise, dass relativ einfache neuronale Netze, bekannt als Perceptrons oder Hopfield-Netze, trainiert werden können, um Muster zu erkennen und zu klassifizieren, und dies beflügelte die intensive Forschung im Bereich der künstlichen Intelligenz. Die wachsende Verfügbarkeit von massiver Rechenleistung und die Entwicklung ausgeklügelter Trainingsalgorithmen lieferten den überzeugenden Beweis, dass diese Rechenstrategie skalierbar ist. Die frühen Systeme bestanden aus nur drei Schichten und ein paar Dutzend Netzwerkknoten, die einige sehr einfache Funktionen von Neuronen erfüllen. Im Wesentlichen summieren diese verschiedene Eingangssignale auf und geben das Ergebnis an nachgeschaltete Knotenpunkte weiter. Die Systeme, die in letzter Zeit viel Aufmerksamkeit auf sich gezogen haben, weil sie professionelle Go-Spieler übertreffen, eine riesige Anzahl von Objekten erkennen und richtig klassifizieren, verbale Befehle in Handlungen umwandeln und Autos steuern können, sind alle nach den gleichen Prinzipien aufgebaut wie die anfänglichen dreischichtigen Netzwerke. Allerdings bestehen die Systeme inzwischen aus mehr als hundert Schichten und Millionen von Knoten, was ihnen die Bezeichnung *»Deep Learning Networks«* eingebracht hat. Obwohl das Training dieser Netze Millionen von Trainingsversuchen mit einer sehr großen Anzahl von Stichproben erfordert, wird ihre erstaunliche Leistung oft als Beweis dafür genommen, dass sie nach den gleichen Prinzipien wie natürliche Gehirne funktionieren. Wie im folgenden Abschnitt näher erläutert, zeigt ein genauerer Blick auf die Organisation künstlicher und natürlicher Systeme jedoch, dass dies nur für einige Aspekte zutrifft.

Strategien zur Kodierung von Beziehungen: Ein Vergleich zwischen künstlichen und natürlichen Systemen

Die Objekte der belebten und unbelebten Welt setzen sich aus einem relativ kleinen Repertoire elementarer Komponenten zusammen. Diese werden in immer anderen Konstellationen kombiniert und so entsteht durch Kombinatorik die schier unendliche Vielfalt der Objekte. Dieser Umstand erlaubt es, die Komplexität von Beschreibungen dadurch zu reduzieren, dass man die *Komponenten* und ihre *Beziehungen* kodiert und nicht die Fülle von Objekten, die sich aus verschiedenen Konstellationen von Komponenten ergeben. Wahrscheinlich hat die Evolution aus diesem Grund kognitive Systeme dahingehend optimiert, kombinatorische Codes ausnutzen. Eine begrenzte Anzahl von elementaren Merkmalen wird aus der sensorischen Umgebung extrahiert und durch die Antworten von merkmalsselektiven Neuronen repräsentiert. Anschließend werden verschiedene, aber komplementäre Strategien angewandt, um die Beziehungen zwischen diesen Merkmalen auszuwerten und diese zusammen mit den Merkmalen zu repräsentieren. In gewisser Weise ist dies die gleiche Strategie, die auch von menschlichen Sprachen verwendet wird. Im lateinischen Alphabet genügen 26 Symbole, um die Weltliteratur zu kodieren. Die Vielfalt entsteht dadurch, dass die Buchstaben in Gruppen zusammengefasst und in verschiedene Beziehungen zueinander gesetzt werden.

Verschiedene Strategien zur Kodierung von Beziehungen

Eine Strategie für die Analyse und Kodierung von Relationen basiert auf konvergenten Verschaltungen. Diese Strategie ist in natürlichen Systemen allgegenwärtig. Knoten (Neuronen) der Eingangsschicht werden so konfiguriert, dass sie auf bestimmte Merkmale von Eingabemustern reagieren, und ihre Ausgangsverbindungen werden auf Knoten der nächsthöheren Schicht verteilt. Durch Anpassung der Konvergenz und Effektivität dieser Verbindungen und der Schwelle des Zielknotens wird sichergestellt, dass dieser bevorzugt nur auf eine bestimmte Konstellation von elementaren Merkmalen im Eingabemuster reagiert. Auf diese Weise werden konsistente Beziehungen zwischen den Komponenten durch die Aktivität der konjunktionsspezifischen Knoten repräsentiert (siehe Abb. 1 A).

Durch Wiederholung dieser Strategie über mehrere Schichten in hierarchisch strukturierten mehrschichtigen Architekturen können komplexe relationale Konstrukte (kognitive Objekte) durch konjunktionsspezifische Knoten höherer Ordnung repräsentiert werden. Diese grundlegende Strategie zur Kodierung von Relationen wurde im Laufe der Evolution mehrfach unabhängig voneinander in den Nervensystemen verschiedener Phyla (Mollusken, Insekten, Wirbeltiere) realisiert und erreichte den höchsten Grad an Raffinesse in der hierarchischen Anordnung von Verarbeitungsebenen in der Großhirnrinde von Säugetieren. Diese Strategie ist auch das Markenzeichen der zahlreichen Varianten künstlicher neuronaler Netze, die für die Erkennung und Klassifizierung von Mustern entwickelt wurden. Wie bereits erwähnt, nutzen die sehr erfolgreichen neueren Entwicklungen im Bereich der künstlichen Intelligenz, die als »Deep Learning Networks« angesprochen werden, die Skalierung dieses Prinzips in großen mehrschichtigen Architekturen aus (siehe Abb. 1 B).

Kodierung von Beziehungen durch dynamische Assoziation von Neuronen

In natürlichen Systemen ist eine zweite Strategie zur Kodierung von Beziehungen implementiert, die sich in wichtigen Aspekten von der Bildung einzelner, konjunktionsspezifischer Neuronen (Knoten) unterscheidet und eine ganz andere Architektur von Verbindungen erfordert. In diesem Fall werden Beziehungen zwischen Komponenten durch die temporäre Assoziation von merkmalsspezifischen Neuronen (Knoten) realisiert. Diese Neuronen werden zu dynamisch konfigurierten, kooperierenden Verbänden zusammengefasst, die kollektiv auf bestimmte Konstellationen von verwandten Merkmalen reagieren. Im

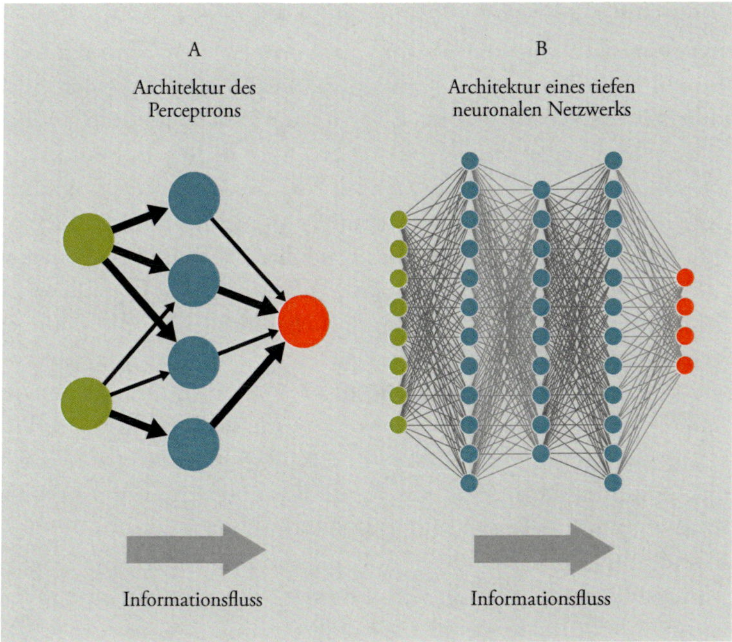

Abb. 1: A) Architektur eines Perceptrons. Die Aktivität von durch Reize erregten Eingangsneuronen (grün) wird auf Neuronen einer Zwischenschicht (»hidden layer«, blau) verteilt und von dort durch Konvergenz der Verbindungen in Ausgangsneuronen (rot) aufsummiert. Durch Justierung der Effizienz der »feed-forward«-Verbindungen (angedeutet durch unterschiedliche Strichstärke), wird erreicht, dass ein bestimmtes Ausgangsneuron selektiv nur durch ein ganz bestimmtes Eingangsmuster erregt wird. **B)** Skalierung dieses Prinzips zur Erzeugung von »Deep Neural Networks«, deren Ausgangsneuronen nach erfolgtem Training mit hoher Selektivität auf ein jeweils entsprechendes Eingangsmuster ansprechen.

Gegensatz zur Bildung kontextspezifischer Neuronen durch Konvergenz von Verbindungen erfordert diese zweite Strategie rekurrente (reziproke) Verbindungen zwischen den Knoten der gleichen Schicht sowie Rückkopplungsverbindungen von höheren zu niedrigeren Ebenen der Verarbeitungshierarchie. In natürlichen Systemen überwiegen diese rekurrenten Verbindungen bei weitem die Verbindungen von niederen zu höheren Schichten (englisch: *»feed-forward«*-Verbindungen).

Wie bereits 1949 von Donald Hebb vorgeschlagen, können Komponenten (Merkmale) von zusammengesetzten Objekten nicht nur durch die Bildung konjunktionsspezifischer Zellen, sondern auch durch die Bildung funktionell kohärenter Verbände von Neuronen miteinander in Beziehung gesetzt werden. In diesem Fall werden die Neuronen, die die zu verbindenden Merkmale kodieren, zu einem Ensemble assoziiert. Solche Ensembles signalisieren als kohärentes Ganzes, dass eine bestimmte Konstellation von Komponenten (Merkmalen) vorhanden ist. Die Signatur solcher Ensembles ist, so die ursprüngliche Annahme, dass die dazugehörigen Neuronen gemeinsam ihre Aktivität erhöhen. Die Annahme ist, dass die gemeinsame Aktivitätssteigerung der Neuronen durch kooperative Interaktionen verursacht wird, die durch die wechselseitigen Verbindungen zwischen den Knoten des Netzwerks vermittelt werden. Diese Verbindungen sind mit korrelationsabhängigen synaptischen Plastizitätsmechanismen ausgestattet (Hebbsche Synapsen, siehe unten) und verstärken sich, wenn die miteinander verbundenen Knoten häufig zusammen aktiviert werden. So verstärken Knoten, die auf Merkmale reagieren, die häufig gemeinsam in der Umgebung vorkommen, ihre gegenseitigen Interaktionen. Als Ergebnis dieser kooperativen Interaktionen wird die Stärke und/oder Kohärenz der Reaktionen der jeweiligen Knoten erhöht, wenn sie durch die jeweilige Merkmalskonstellation aktiviert werden.

Auf diese Weise werden konsistente Beziehungen zwischen den Komponenten kognitiver Objekte in die Gewichtsverteilungen der wechselseitigen Verbindungen zwischen den Netzwerkknoten übersetzt und durch die gemeinsamen Antworten eines kooperierenden Ensembles von Neuronen repräsentiert. Dementsprechend wird die Information über das Vorhandensein einer bestimmten Merkmalskonstellation nicht durch die Aktivität eines einzelnen konjunktionsspezifischen Neurons repräsentiert, sondern durch die verstärkten oder kohärenteren Antworten einer verteilten Gruppe von Neuronen (siehe Abb. 2).

Ein Vergleich zwischen den beiden Strategien

Beide Kodierungsstrategien haben Vor- und Nachteile und die Evolution hat beide kombiniert. *Feed-Forward*-Architekturen sind

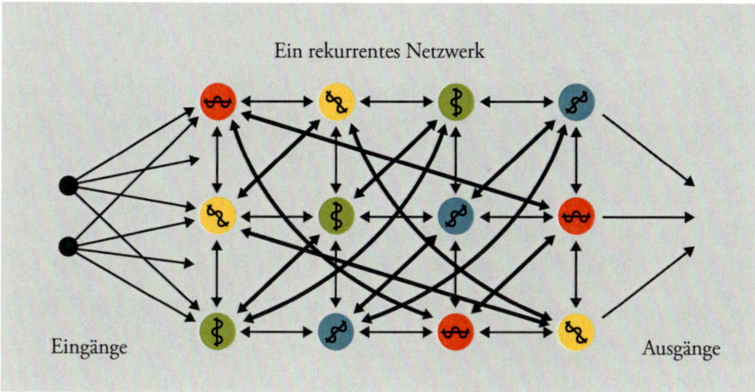

Abb. 2: Stark vereinfachte Verschaltung eines rekurrenten Netzwerkes im visuellen Kortex. Hemmende Neuronen sind nicht berücksichtigt. Ebenso fehlen rekurrierende Verbindungen von höheren Schichten und modulierende Eingänge zur Kontrolle der Erregbarkeit des Netzwerkes. Aktivitäten von Sinnesorganen werden auf verschiedene merkmalsselektive Knoten (farbige Scheiben) verteilt. Diese können oszillieren (∿) und sind reziprok miteinander verkoppelt, wobei Knoten, die auf Merkmale ansprechen, die häufig zusammen auftreten (gleiche Farben) durch vorheriges Lernen stärker miteinander verbunden sind (dicke Pfeilverbindungen). Die Aktivität der Knoten wird dann an die nächste Schicht des Netzwerkes weitergeleitet. Dort wiederholt sich der Prozess, jedoch haben die Knoten in der nächsten Schicht durch diese Vorverarbeitung bereits Selektivitäten für komplexere Merkmalskombinationen erworben.

gut geeignet, um Relationen zwischen gleichzeitig vorhandenen Merkmalen auszuwerten, werfen keine Stabilitätsprobleme auf und erlauben eine schnelle Verarbeitung. Die Kodierung von Relationen über konjunktionsspezifische Neuronen ist jedoch äußerst kostspielig in Bezug auf die Hardwareanforderungen. Da die objektspezifischen Konstellationen von Komponenten (Merkmalen) explizit durch entsprechende konjunktionsspezifische Neuronen repräsentiert werden müssen, wäre eine astronomisch große Anzahl von Knoten und Verarbeitungsebenen erforderlich, um die praktisch unendliche Anzahl möglicher Beziehungen zwischen den Komponenten (Merkmalen) aller unterscheidbaren Objekte zu erfassen. Und gänzlich unmöglich würde es, die verschachtelten Beziehungen zu kodieren, die zur Erfassung komplexer Szenen bewertet werden müssen. Dieses Problem wird als »kombinatorische Explosion« angesprochen. Folglich sind Nervensysteme, die ausschließlich auf Feed-Forward-Architekturen beruhen, selten und können nur eine begrenzte Anzahl von verhaltensrelevanten Beziehungskonstellationen auswerten. Ein weiterer schwerwiegender Nachteil von Netzwerken, die ausschließlich aus Feed-Forward-Verbindungen bestehen, ist, dass sie Schwierigkeiten haben, Beziehungen zwischen zeitlich getrennten Ereignissen (zeitliche Relationen) zu kodieren, da ihnen die zeitliche Dimension als Kodierungsraum fehlt.

Im Gegensatz dazu können Ensembles aus rekurrent gekoppelten Knoten (Neuronen) sehr gut mit der Kodierung von zeitlichen Relationen (Sequenzen) umgehen. Solche Netzwerke geraten in Schwingung und können deshalb Erregungsmuster für eine begrenzte Zeit aufrechterhalten. Auf diese Weise lassen sich zeitlich getrennte Informationen integrieren. Ensemble-Codes sind auch in Bezug auf die Hardware-Anforderungen viel weniger kostspielig, weil einzelne merkmalsspezifische Knoten in flexiblen Kombinationen zu einer praktisch unendlichen Anzahl von verschiedenen Ensembles rekombiniert werden können. Jedes dieser dynamisch konfigurierten Ensembles kann dann einen anderen kognitiven Inhalt repräsentieren, so wie die Buchstaben des Alphabets zu Silben, Wörtern, Sätzen und komplexen Beschreibungen kombiniert werden können (kombinatorischer Code). Darüber hinaus wird der Kodierungsraum dramatisch erweitert, weil Informationen über charakteristische Kombinationen von Merkmalen nicht nur in den synaptischen Gewichten der Feed-Forward-Verbindungen, sondern auch in den Gewichten der rekurrenten und Feed-Back-Verbindungen kodiert werden können. Schließlich wird die Kodierung völlig neuer oder die Vervollständigung unvollständiger Muster durch die Kooperativität der Wechselwirkungen in gekoppelten Netzwerken erleichtert. Dies ermöglicht die Vervollständigung von Mustern und die Erzeugung neuer Assoziationen (generative Kreativität).

Die Ensemble-Kodierung und die dafür notwendigen rekurrenten Netze lassen sich jedoch aus mehreren Gründen nicht ohne weiteres in künstlichen Systemen realisieren. Erstens und vor allem ist es schwierig, die gleichzeitigen reziproken Interaktionen zwischen einer großen Anzahl von miteinander verbundenen Knoten mit konventionellen Digitalrechnern zu simulieren, da diese nur sequenzielle Operationen durchführen können. Zweitens weisen rekurrente Netzwerke wegen der Rückkopplungseffekte eine hochgradig nichtlineare Dynamik auf, die schwer zu kontrollieren ist. Sie können inaktiv werden, wenn die globale Erregung unter ein kritisches Niveau sinkt, und sie können in selbstverstärkende Erregungsschleifen geraten und epileptisch werden, wenn ein kritisches Erregungsniveau überschritten wird. Theoretische Analysen zeigen, dass solche Netzwerke nur dann effizient arbeiten, wenn sie in einem dynamischen Regime nahe dieser kritischen Schwelle operieren. Die Natur überwindet dieses Problem mit einer Reihe von selbstregulierenden Mechanismen, die auf der Normalisierung synaptischer Koppelstärken und der Kontrolle globaler Erregbarkeit durch modulatorische Systeme beruhen. Diese Mechanismen stabilisieren die Netzwerke in einem engen Arbeitsbereich knapp unterhalb der Kritikalität.

Das dritte Problem für die technische Umsetzung biologischer Prinzipien ist das Fehlen von Hardware-Lösungen für die adaptiven Synapsen, die ihre Übertragungseigenschaften in Abhängigkeit von der Korrelation zwischen den Aktivitäten der miteinander verbundenen Knoten anpassen. Die meisten künstlichen Systeme beruhen auf einer Art von überwachtem Lernen, bei dem zeitliche Beziehungen nur eine untergeordnete Rolle spielen. In diesen Systemen wird die Verstärkung der Feed-Forward-Verbindungen iterativ angepasst, bis die Aktivitätsmuster an der Ausgangsschicht bestimmte Eingabemuster mit guter Trennschärfe repräsentieren. Zu diesem Zweck werden sehr große Stichproben von Eingabemustern erzeugt, Abweichungen der Ausgabemuster vom gewünschten Ergebnis werden als »Fehler« identifiziert und dann wird die Effizienz derjenigen Verbindungen verändert, die am meisten zum Fehler beigetragen haben. In mehrschichtigen Netzen ist dies ein äußerst anspruchsvolles Verfahren, und die Durchbrüche bei den jüngsten Entwicklungen von Deep-Learning-Strategien beruhen vor allem auf der Verbesserung von Algorithmen zur Fehlerkorrektur. Diese Strategien sind jedoch biologisch unplausibel.

In natürlichen Systemen nutzen die Lernmechanismen die fundamentale Rolle zeitlicher Beziehungen für die Definition semantischer Relationen aus. Gleichzeitig auftretende Ereignisse haben in der Regel eine gemeinsame Ursache oder sind aufgrund von Wechselwirkungen voneinander abhängig. Wenn ein Ereignis dem anderen konsistent vorausgeht, ist das erste wahrscheinlich die Ursache des letzteren und wenn es keine zeitlichen Korrelationen zwischen den Ereignissen gibt, sind sie höchstwahrscheinlich nicht miteinander verbunden. Ebenso sind Komponenten (Merkmale), die häufig zusammen auftreten, wahrscheinlich verwandt, z.B. weil ihre besondere Konstellation charakteristisch für ein bestimmtes Objekt ist oder weil sie Teil einer stereotypen Abfolge von Ereignissen sind. Dementsprechend sind die von der Evolution entwickelten molekularen Mechanismen zur Etablierung von Assoziationen äußerst empfindlich gegenüber zeitlichen Beziehungen zwischen den Aktivitätsmustern miteinander verbundener Knoten.

Die entscheidende Variable, die das Auftreten und die Polarität von Effizienzänderungen der Verbindungen bestimmt, ist die zeitliche Beziehung zwischen Entladungen in konvergierenden Eingängen und/oder zwischen den Entladungen präsynaptischer Afferenzen und der Aktivität des postsynaptischen Neurons. In natürlichen Systemen sind die meisten erregenden Verbindungen sowie die Verbindungen zwischen erregenden und hemmenden Neuronen adaptiv und können ihre Verstärkung in Abhängigkeit von der Korrelation zwischen prä- und postsynaptischer Aktivität ändern. Die molekularen Mechanismen, die elektrische Aktivität in dauerhafte Änderungen der synaptischen Übertragung übersetzen, werten Korrelationsmuster mit einer Präzision im Bereich von wenigen Millisekunden aus und unterstützen sowohl die erfahrungsabhängige Erzeugung von konjunktionsspezifischen Neuronen in Feed-Forward-Architekturen als auch die Bildung von Assemblies. In künstlichen Systemen kann die zeitliche Dimension als Kodierungsraum nur begrenzt genutzt werden, weil die Berechnungen in diskreten Zeitschritten erfolgen.

Ensemble-Kodierung und das Bindungsproblem

Obwohl der Algorithmus zur Fehlerkorrektur in Deep-Learning-Netzen in recht effizienter Weise die Effekte von überwachtem Lernen nachahmt, kann er nicht für das Training rekurrenter Netze eingesetzt werden, da ihm die Sensitivität für zeitliche Beziehungen fehlt. Es gibt jedoch Bemühungen, Trainingsalgorithmen zu entwerfen, die auf rekurrente Netze anwendbar sind.

Ein weiteres und besonders herausforderndes Problem im Zusammenhang mit der Ensemble-Kodierung ist das Bindungsproblem. Dieses Problem tritt immer dann auf, wenn mehr als ein Objekt vorhanden ist und wenn diese Objekte und die Beziehungen zwischen ihnen innerhalb der gleichen Netzschicht kodiert werden müssen. Wenn Ensembles nur durch erhöhte Aktivität der konstituierenden Neuronen unterschieden werden, wie von Hebb (1949) vorgeschlagen, wird es schwierig zu unterscheiden, welche der Neuronen mit erhöhter Aktivität zu welchem Ensemble gehören, insbesondere, wenn Objekte einige gemeinsame Merkmale teilen und sich räumlich überlappen. Diese Bedingung ist als Überlagerungskatastrophe bekannt. Es wurde vorgeschlagen, dass dieses Problem durch Multiplexing gelöst werden kann, d. h. durch zeitliche Trennung der verschiedenen Ensembles.

Die Entdeckung, dass Neuronen in der Großhirnrinde ihre Entladungen mit einer Präzision im Millisekundenbereich synchronisieren können (Gray et al., 1989) führte zu dem Vorschlag, dass sich die temporär zu Ensembles verbundenen Neuronen nicht nur durch eine Erhöhung ihrer Entladungsrate, sondern auch durch die präzise Synchronisation ihrer Aktionspotentiale auszeichnen könnten (Singer und Gray, 1995; Singer, 1999). Die Synchronisation steigert die Effizienz der neuronalen Antworten in den nachgeschalteten Zielzellen ebenso effektiv wie die Erhöhung der Entladungsrate, weil Neuronen wie Koinzidenzdetektoren arbeiten und durch gleichzeitig eintreffende Signale besonders stark erregt werden. Somit kann die Aktivierung der Zielzellen in der nachfolgenden Verarbeitungsstufe durch die Erhöhung entweder der Frequenz oder der Synchronizität der Entladungen in den konvergierenden Eingangsverbindungen sichergestellt werden. Der Vorteil der Kennzeichnung von Ensembles durch Synchronisation ist, dass synchrone Signale sehr schnell identifiziert werden können, während sich Unterschiede in der Entladungsfrequenz erst nach längeren Summationszeiten erkennen lassen. Daher kann die Information über die Beziehungen von Antworten sehr schnell ausgelesen und die Ensemblezugehörigkeit einzelner Neuronen in wenigen Millisekunden erkannt werden.

Rechnen im hochdimensionalen Zustandsraum

Im Gegensatz zu heutigen KI-Systemen, die im Wesentlichen auf den oben diskutierten Deep-Learning-Algorithmen basieren, weisen rekurrente Netze eine hochkomplexe nichtlineare Dynamik auf, insbesondere wenn die Knoten als Oszillatoren konfiguriert sind und wenn die Kopplungsverbindungen Verzögerungen aufweisen – wie es bei natürlichen Netzen der Fall ist. Diese Dynamik stellt einen sehr hochdimensionalen Zustandsraum zur Verfügung, der für die Realisierung von Funktionen ausgenutzt werden kann, die weit über die oben diskutierten hinausgehen und auf radikal anderen Verarbeitungsstrategien beruhen. Im Folgenden werden einige dieser Möglichkeiten diskutiert und mit kürzlich gewonnenen experimentellen Befunden untermauert.

Die nichtlineare Dynamik rekurrenter Netze wird in bestimmten KI-Systemen zur Informationsverarbeitung genutzt, wobei die entsprechenden Strategien als »Echo State, Reservoir oder Liquid Computing« angesprochen werden (Lukoševičius und Jaeger, 2009; Buonomano und Maass, 2009; D'Huys et al., 2012). In den meisten Fällen werden die Eigenschaften von rekurrenten Netzwerken in digitalen Computern simuliert, wobei nur sehr wenige der Eigenschaften von biologischen Netzwerken erfasst werden. In den künstlichen Systemen agieren die Knoten als einfache Integratoren und den Kopplungsverbindungen fehlen die meisten Eigenschaften ihrer natürlichen Vorbilder. Sie arbeiten ohne Verzögerung, haben keine spezifischen Topologien und ihre Koppelstärke ist nicht adaptiv. Den meisten künstlichen rekurrenten Netzwerken fehlen auch hemmende Interneuronen, die 20 % der Neuronen in natürlichen Systemen ausmachen und auf höchst selektive Weise mit den erregenden Neuronen interagieren.

Da außerdem die Aktualisierung der Netzwerkzustände sequentiell entsprechend dem Takt des zur Simulation verwendeten Digitalrechners erfolgen muss, können viele der analogen Berechnungen, die in natürlichen Netzwerken stattfinden, wenn überhaupt, nur durch Iterationen angenähert werden. Daher wird versucht, die Dynamik rekurrenter Netze mit analoger Technik zu simulieren. Ein origineller und hardwareeffizienter Ansatz basiert auf der Optoelektronik. Als oszillierende Knoten dienen Laserdioden, die über

Glasfasern reziprok gekoppelt sind, deren variable Länge Variationen der Kopplungsverzögerungen einführt (Soriano et al., 2013). Allen diesen Implementierungen ist gemeinsam, dass sie die charakteristische Dynamik rekurrenter Netze als Medium für die Ausführung bestimmter Berechnungen nutzen.

Da die Dynamik rekurrenter Netze bis zu einem gewissen Grad der Dynamik von Flüssigkeiten ähnelt – daher der Begriff »Liquid Computing« – lässt sich das Grundprinzip veranschaulichen, indem man die Folgen der Störung einer Flüssigkeit betrachtet. Wenn Objekte in unterschiedlichen zeitlichen Abständen und an unterschiedlichen Orten in einen Teich geworfen werden, erzeugen sie Interferenzmuster von sich ausbreitenden Wellen, deren Parameter die Größe, die Geschwindigkeit, den Ort und den Zeitpunkt des Aufpralls der Objekte widerspiegeln. Die Wellenmuster verstreichen mit einer Zeitkonstante, die durch die Viskosität der Flüssigkeit bestimmt wird, überlagern sich gegenseitig und erzeugen einen komplexen dynamischen Zustand. Dieser Zustand kann analysiert werden, indem man an mehreren Stellen im Teich die Amplitude, Frequenz und Phase der jeweiligen Wellen misst. Aus diesen Größen kann ein trainierter Klassifikator anschließend die genaue Abfolge und Art der auftreffenden »Reize« rekonstruieren.

Ähnliche Effekte treten in rekurrenten Netzwerken auf, wenn Teilmengen von Knoten durch Reize erregt werden, die eine bestimmte räumliche und zeitliche Struktur haben. Die Erregung der stimulierten Knoten breitet sich über das Netzwerk aus und erzeugt einen komplexen dynamischen Zustand, dessen raum-zeitliche Struktur durch die Konstellation der anfänglich erregten Knoten und die funktionelle Architektur der Kopplungsverbindungen bestimmt wird. Dieses reizspezifische Muster entwickelt sich aufgrund des Nachhalls über die Dauer des Stimulus hinaus weiter und verblasst dann schließlich. Wenn die Aktivität keine Änderungen in der Verstärkung der rekurrenten Verbindungen induziert hat, kehrt das Netzwerk in seinen Ausgangszustand zurück. Diese Entwicklung der Netzwerkdynamik kann dann durch Auswertung der Aktivitätsänderungen der Knoten rekonstruiert werden. Üblicherweise wird diese Entwicklung durch zeitlich variierende, hochdimensionale Vektoren oder Trajektorien dargestellt. Da sich diese Trajektorien für verschiedene Reizmuster unterscheiden, können sie genutzt werden, um Klassifikatoren für die Identifikation der jeweiligen Reize zu trainieren.

Diese Verarbeitungsstrategie hat mehrere bemerkenswerte Vorteile: i) Niedrigdimensionale Ereignisse werden in einen hochdimensionalen Zustandsraum projiziert, in dem Muster gut trennbar werden, die sich in einem niedrigdimensionalen Raum überlappen würden; ii) Informationen über sequentiell präsentierte Stimuli bleiben für einige Zeit im Medium erhalten (*Fading Memory*). So können Informationen über mehrere Reize über die Zeit integriert werden, was die Repräsentation von Sequenzen ermöglicht; iii) Informationen über die Statistik der natürlichen Umgebung (das interne Modell) können in den Gewichtsverteilungen und der Architektur der rekurrenten Verbindungen für den sofortigen Vergleich mit eingehenden sensorischen Beweisen gespeichert werden.

Diese Eigenschaften machen rekurrente Netzwerke extrem effektiv für die Klassifizierung von Eingabemustern, die sowohl eine räumliche als auch eine zeitliche Struktur aufweisen und überlappende Merkmale im niedrigdimensionalen Raum teilen. Da sich diese Netze zudem selbst organisieren und raum-zeitlich strukturierte Aktivitätsmuster erzeugen, haben sie generative Eigenschaften und können für die Vervollständigung von Mustern, die Bildung neuartiger Assoziationen und die Erzeugung von Mustern für die Steuerung von Bewegungen verwendet werden. Folglich ergänzen nun immer mehr KI-Systeme die in Deep-Learning-Netzwerken implementierte Feed-Forward-Strategie mit Algorithmen, die von rekurrenten Netzwerken inspiriert sind. Die überraschende Effizienz dieser Systeme, die in bestimmten Bereichen menschliche Leistungen übertreffen, hat die Vorstellung genährt, dass Gehirne auf die gleiche Weise arbeiten. Wenn man jedoch bedenkt, wie schnell Gehirne trotz ihrer vergleichsweise extrem langsamen Komponenten bestimmte Aufgaben lösen können und wie energieeffizient sie sind, liegt der Verdacht nahe, dass sie zusätzliche und recht unterschiedliche Strategien implementieren.

Und in der Tat unterscheiden sich natürliche rekurrente Netze von ihren künstlichen Pendants in einigen wichtigen Eigenschaften, was der wahrscheinliche Grund für ihre erstaunliche Leistung ist.

In der Hirnrinde sind viele Knoten auf Grund angeborenen Vorwissens bereits von Geburt an für viele verhaltensrelevante Merkmale selektiv, d. h. sie können nur durch bestimmte, aber wichtige raum-zeitliche Reizkonfigurationen aktiviert werden. Hinzu kommt, dass die Knoten natürlicher Systeme, die Neuronen, ein immens größeres Spektrum an integrativen und adaptiven Funktionen besitzen als die derzeit in künstlichen Netzen verwendeten Knoten. Und schließlich haben die Mikroschaltkreise die Fähigkeit zu oszillieren, was über Resonanzphänomene zu einer erheblichen Erweiterung der dynamischen Eigenschaften des Netzwerkes führt.

Auch die rekurrenten Verbindungen unterscheiden sich in wichtigen Punkten von denen, die in den meisten künstlichen Netzwerken implementiert sind. Aufgrund der langsamen Leitungsgeschwindigkeit von neuronalen Axonen weisen die Interaktionen zwischen Knoten variable Verzögerungen auf. Diese Verzögerungen streuen über einen weiten Bereich und hängen von der Entfernung zwischen den verschalteten Knoten und der Leitungsgeschwindigkeit der jeweiligen Axone ab. Dies führt zu einer äußerst komplexen Dynamik und erlaubt die Ausnutzung des Phasenraums für die Kodierung. Zudem sind die Verbindungen mit plastischen Synapsen ausgestattet, deren Stärke sich entsprechend der oben diskutierten Korrelationsregeln ändert.

Sowohl durch erfahrungsabhängige Selektion von Verbindungen während der frühen Entwicklung als auch durch erfahrungsabhängige synaptische Plastizität werden also statistisch häufige Beziehungen zwischen Merkmalen der Umwelt in der funktionellen Architektur der rekurrenten Verbindungen abgebildet und gespeichert. So spiegeln die Gewichtsverteilungen der rekurrenten Kopplungsverbindungen bereits auf niedrigen Ebenen der Verarbeitungshierarchie charakteristische Beziehungen zwischen elementaren Merkmalen von Objekten wider. Auf höheren Verarbeitungsstufen erfolgt dann nach dem gleichen Prinzip die Repräsentation von Beziehungen zwischen den komplexen Merkmalskonstellationen, die kognitive Objekte auszeichnen. Mit anderen Worten, die Hierarchie reziprok gekoppelter rekurrenter Netzwerke enthält ein Modell der Welt, das die Häufigkeit des gemeinsamen Auftretens typischer Beziehungen zwischen den Merkmalen bzw. Komponenten zusammengesetzter Wahrnehmungsobjekte widerspiegelt.

Informationsverarbeitung in natürlichen rekurrenten Netzwerken

Die vor mehr als hundert Jahren formulierten Theorien der Wahrnehmung (von Helmholtz, 1867) und eine Fülle von experimentellen Belegen weisen darauf hin, dass Wahrnehmung das Ergebnis eines konstruktiven Prozesses ist. Spärliche und verrauschte Eingangssignale werden ergänzt und auf der Basis eines internen Modells der Welt interpretiert. Dieses Modell wird verwendet, um Redundanz zu reduzieren, um charakteristische Beziehungen zwischen Merkmalen zu erkennen, um Signale zu verbinden, die von Merkmalen stammen, die ein Wahrnehmungsobjekt ausmachen, um die Trennung von Figuren vom Hintergrund zu erleichtern und um schließlich die Identifikation und Klassifikation von Wahrnehmungsobjekten zu ermöglichen. Der Speicher, der ein solch ausgeklügeltes Modell enthält, muss eine immense Kapazität haben, da die Interpretation der sich ständig ändernden sensorischen Eingangsmuster Wissen über die riesige Anzahl von unterschiedlichen Merkmalskonjunktionen erfordert, die Wahrnehmungsobjekte charakterisieren.

Darüber hinaus muss diese riesige Menge an Vorwissen in einem Format gespeichert sein, das ultraschnelles Auslesen ermöglicht, um den Anforderungen an schnelle Verarbeitung gerecht zu werden. Primaten führen im Durchschnitt drei Augenbewegungen pro Sekunde aus. Dies impliziert, dass neue visuelle Informationen etwa alle 300 Millisekunden analysiert werden müssen. Die für die Interpretation eines bestimmten sensorischen Musters erforderliche Information muss also innerhalb von Sekundenbruchteilen zur Verfügung stehen. Wie die hochdimensionale nichtlineare Dynamik von rekurrenten Netzen ausgenutzt werden könnte, um diese komplexen Funktionen zu erfüllen, wird nun noch kurz diskutiert.

Ein Charakteristikum natürlicher rekurrenter Netzwerke wie der Großhirnrinde ist, dass sie spontan aktiv sind. Die Dynamik dieser Ruheaktivität spiegelt die funktionelle Architektur des strukturierten Netzwerks wider und beherbergt somit die Gesamtheit des gespeicherten »Wissens« über die Strukturmerkmale der Umwelt. Sobald Eingangssignale verfügbar werden, lösen diese eine Kaskade von Effekten aus: Sie erregen in abgestufter Weise eine Teilmenge von merkmalsempfindlichen Knoten, und wenn die von den Eingangsmustern gelieferte Evidenz gut mit dem in der Netzwerkarchitektur gespeicherten Vorwissen übereinstimmt, wird die Netzwerkdynamik in einen bestimmten Unterzustand kollabieren, der die beste Übereinstimmung mit der entsprechenden sensorischen Evidenz bietet. Da diese Prozesse in einem sehr hochdimensionalen Zustandsraum ablaufen, sind die durch unterschiedliche Eingangsmuster induzierten Unterzustände in der Regel gut voneinander getrennt und daher leicht zu klassifizieren. Da der Übergang von der hochdimensionalen Ruheaktivität zu den Unterzuständen sehr schnell erfolgt, kann dieser Mechanismus die extrem kurzen Verarbeitungszeiten natürlicher Systeme erklären.

Experimentelle Studien, die ein solches Szenario testen, sind noch selten und wurden erst mit dem Aufkommen massiv paralleler Aufzeichnungen der Aktivität von Netzwerkknoten möglich. Bisher schienen sich jedoch die wenigen Vorhersagen, die experimentell getestet wurden, zu bestätigen. Der Kürze halber wird auf diese experimentellen Ergebnisse hier nicht eingegangen. Sie wurden kürzlich ausführlich vorgestellt (Singer, 2019a; 2021). Eine vereinfachte Darstellung der wesentlichen Merkmale eines rekurrenten Netzwerkes in der Großhirnrinde findet sich in Abb. 2.

Abschließende Bemerkungen

Hier wurden Konzepte besprochen, die den Oszillationen, der Synchronie und der komplexen Dynamik, die in einem verzögert gekoppelten, rekurrenten Netzwerk entstehen, spezifische Funktionen zuweisen. Wahrscheinlich ist, dass weitere Rechenprinzipien in natürlichen Systemen realisiert sind, die darauf warten, entdeckt zu werden. Auch müssen wir die Möglichkeit in Betracht ziehen, dass viele der spezifischen menschlichen Eigenschaften nicht allein aus den neuronalen Funktionen individueller Gehirne abgeleitet werden können. Der Grund ist, dass viele Funktionen ihre Existenz der kulturellen Evolution und der Einbettung in ein reiches sozio-kulturelles Umfeld verdanken. Wie an anderer Stelle argumentiert (Singer, 2019b), ist es wahrscheinlich, dass sich die meisten Qualitäten, die wir mit Intentionalität, Verantwortung, Moral und Bewusstsein verbinden, Zuschreibungen verdanken. Unser Selbstmodell resultiert aus sozialen Interaktionen mit anderen Menschen. Auf den Punkt gebracht lautet das Argument wie folgt: Wahrnehmungen – und dazu gehört auch die Selbstwahrnehmung und Wahrnehmung anderer Menschen – sind das Ergebnis von konstruktivistischen Prozessen, die von einem Vergleich zwischen sensorischer Evidenz und apriorischem Wissen, sogenannten Priors, abhängen. Soziale Interaktionen zwischen Agenten, die mit den kognitiven Fähigkeiten von Menschen ausgestattet sind, erzeugen durch Verabredungen immaterielle Realitäten, die als soziale oder kulturelle Realitäten angesprochen werden. Diese Realitäten werden ebenfalls in das interne Modell der Welt übernommen und bestimmen dann als implizite Priors die Wahrnehmung der Welt und der eigenen Person. Als natürliche Konsequenz erzwingen Wahrnehmungen, die von diesen kulturellen Priors geprägt sind, eine Weltsicht, die eine kategorische Trennung zwischen materiellen und immateriellen Phänomenen annimmt. Sie führen zu philosophischen Positionen, die als ontologischer Substanzdualismus angesprochen werden und erzeugen das epistemische Rätsel, dass wir uns selbst als sowohl einer materiellen als auch einer immateriellen Dimension zugehörig erleben. Intentionalität, Moral, Verantwortung und bestimmte Aspekte des Bewusstseins wie die Qualia der subjektiven Erfahrung gehören zu dieser immateriellen Dimension sozialer Realitäten.

Der Vorschlag ist, dass die immaterielle aus der materiellen Welt durch kulturelle Evolution hervorgegangen ist. Die Emergenz der spezifisch menschlichen Qualitäten (Intentionalität, Bewusstsein etc.) wäre der Hypothese zufolge durch zwei Phasenübergänge erklärbar: einen, der während der biologischen Evolution stattgefunden hat, und einen zweiten, der sich während der kulturellen Evolution vollzogen hat (siehe Abb. 3). Der erste besteht in der Ausbildung von komplexen kognitiven und exekutiven Funktionen im Rahmen der biologischen Evolution und der zweite in der Entstehung von sozialen Realitäten aus Interaktionen zwischen den kognitiven Agenten, die durch den ersten Phasenübergang hervorgebracht wurden. Dementsprechend müssen unterschiedliche Sprachspiele verwendet werden, um die Qualitäten der jeweiligen Substrate und der jeweiligen emergenten Phänomene zu erfassen.

Wenn dieses evolutionäre Szenario zutreffend ist, wäre die Folge, dass künstlichen Agenten, selbst wenn sie eines Tages Funktionen

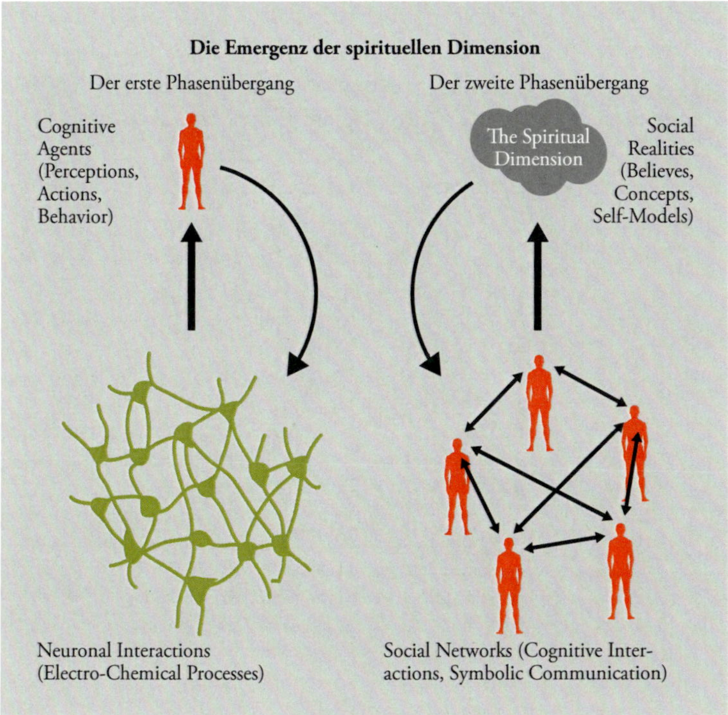

Abb. 3: Wechselwirkungen zwischen Neuronen bringen kognitive und exekutive Funktionen hervor (1. Phasenübergang, links). Im Laufe der biologischen Evolution von Nervensystemen führt zunehmende Differenzierung des Nervensystems schließlich zur Emergenz von Leistungen, die für Menschen charakteristisch sind. Interaktionen zwischen Menschen (kognitiven Agenten) initiieren die kulturelle Evolution, welche immaterielle soziale Realitäten hervorbringt (2. Phasenübergang, rechts). Diese wirken auf die Ausprägung des Selbstmodells zurück. (Nach Singer, 2019b).

erwerben sollten, die denen individueller menschlicher Gehirne ähneln – und damit ist in naher Zukunft nicht zu rechnen –, immer noch die immateriellen Dimensionen unseres Selbstmodells fehlen werden. Die einzige Möglichkeit, diese Dimension zu erlangen, wäre – zumindest soweit ich das sehe –, dass sie wie Kinder in menschlichen Gemeinschaften aufwachsen müssten, um in ihrem Selbstmodell unsere kulturellen Errungenschaften und Zuschreibungen zu verinnerlichen. Dieses würde nicht nur die Vermittlung von explizitem Wissen, sondern auch emotionale Bindung an Menschen voraussetzen. Oder diese menschengemachten Artefakte müssten die Fähigkeit entwickeln und die Möglichkeit erhalten, eigene soziale Interaktionen aufzubauen und ihre eigene kulturelle Evolution zu rekapitulieren.

Literatur

Buonomano, D.V. und Maass, W.: State-dependent computations: Spatiotemporal processing in cortical networks. In: *Nature Reviews Neuroscience* 10, 2009, S. 113–125.

D'Huys, O., Fischer, I., Danckaert, J. und Vicente, R.: Spectral and correlation properties of rings of delay-coupled elements: Comparing linear and nonlinear systems. In: *Physical Review E* 85, 2012, 056209, S. 1–5.

Gray, C.M., König, P., Engel, A.K. und Singer, W.: Oscillatory responses in cat visual cortex exhibit inter-columnar synchronization which reflects global stimulus properties. In: *Nature* 338, 1989, S. 334–337.

Hebb, D.O.: *The Organization of Behavior*, John Wiley & Sons, New York 1949.

Helmholtz, H. von: *Handbuch der Physiologischen Optik*, Leopold Voss Verlag, Hamburg und Leipzig 1867.

Lukoševičius, M. und Jaeger, H.: Reservoir computing approaches to recurrent neural network training. In: *Computer Science Review* 3, 2009, S. 127–149.

Singer, W.: Neuronal synchrony: A versatile code for the definition of relations? In: *Neuron* 24, 1999, S. 49–65.

Singer, W.: Cortical dynamics. In: *The Neocortex, Strüngmann Forum Reports* Vol. 27, Lupp J.R. (series ed.), hrsg. von W. Singer, T.J. Sejnowski und P. Rakic. MIT Press, Cambridge MA 2019a, S. 167–194.

Singer, W.: A naturalistic approach to the hard problem of consciousness. In: *Frontiers in Systems Neuroscience* 13, 2019b, 58, S. 1–9.

Singer, W.: Recurrent dynamics in the cerebral cortex: Integration of sensory evidence with stored knowledge. In: *Proceedings of the National Academy of Sciences of the U.S.A.* 118(33), 2021, e2101043118.

Singer, W. und Gray, C.M.: Visual feature integration and the temporal correlation hypothesis. In: *Annual Review of Neuroscience* 18, 1995, S. 555–586.

Soriano, M.C., Garcia-Ojalvo, J., Mirasso, C.R. und Fischer, I.: Complex photonics: Dynamics and applications of delay-coupled semiconductors lasers. In: *Reviews of Modern Physics* 85, 2013, S. 421–470.

Lars Muckli

Das Gehirn als Vorhersagemaschine

Haben die Neurowissenschaften eine Vereinigungstheorie?

Einleitung

Das Gehirn ist eine Vorhersagemaschine, lautet ein Kerngedanke moderner Theorien der Hirnforschung (Clark, 2015; Hubert, 2014). Das Gehirn ist in der Lage die Welt zu begreifen, weil es in seinen neuronalen Netzwerken Simulationen der Außenwelt generiert. Gefangen im Inneren unseres Gehirns, im Dunkeln unterhalb unserer Schädeldecke, können Nervenzellen sich ein Abbild der Außenwelt dadurch erschaffen, dass sie vorhersagen, welche Signale als nächstes von den Sinneszellen empfangen werden. Dieses einfache Prinzip, basierend auf neuronaler Vorhersage, ist für die Hirnforschung so sinnstiftend geworden, dass es zum Kerngedanken einer Vereinigungstheorie der Hirnforschung geworden ist (Friston, 2010), ähnlich sinnstiftend wie die Evolutionstheorie für die Biologie (Muckli, 2018; van Elk, 2021). Ich werde an einigen Beispielen verdeutlichen, wieso dieser Gedanke einen Paradigmenwechsel in der Hirnforschung darstellt und darlegen, wie wir mit Bildgebungsverfahren offene Fragen untersuchen.

Das Vorhersageprinzip ist überall

Das Gehirn als eine Vorhersagemaschine zu verstehen, bedeutet anzunehmen, dass Nervenzellen oder lokale Nervenzellverbände Kontextinformation aus ihrer Umgebung benutzen, um ihre eigene Aktivierung vorauszusagen (Ficco et al., 2021). Eine Nervenzelle in der Großhirnrinde empfängt tausend unterschiedliche Signale aus der Nachbarschaft und Signale von weit entfernten anderen Hirnregionen. Kann eine kleine Gruppe von Nervenzellen aus dem empfangenen Signalmuster vorhersagen, dass sie demnächst stark aktiviert wird? Die Nervenzellgruppe hat einen Haupteingang und versucht diesen nun aus den Umgebungssignalen vorherzusagen – ähnlich wie ein Surfer, der auf seinem Surfbrett liegt und versucht, aus seiner Umgebung Informationen aufzunehmen, die verwendet werden können, um die nächste große Welle vorherzusagen. Der Surfer schaut dabei sowohl in die Ferne als auch in die nähere Umgebung, hört auf die Geräusche der Brandung, beobachtet die umgebenden anderen Surfer, und zählt die Anzahl der Wellen, die seit der letzten großen Welle vergangen sind. All diese Informationen werden zu einer Vorhersage kombiniert, und wenn die Vorhersage sich verdichtet, dreht der Surfer die Richtung seines Brettes und paddelt, um zu beschleunigen, um die Welle im richtigen Moment zu erwischen. Nervenzellen bekommen aus den Tiefen des Gehirns elektrische Signale, die sie kombinieren, um die nächste Welle der Aktivierung vorherzusagen. Der Erfolg oder Misserfolg dieses Vorhersagespiels ist hierbei die Messlatte, mit der sich die Nervenzellverbände selbst beibringen, wie es draußen in der Welt zugeht, aussieht und sich anhört. Die Nervenzellen belohnen sich für richtige Vorhersagen und lernen, falsche Vorhersagen zu revidieren. Nervenzellen können das überall im Gehirn gleichzeitig und für sich üben. Es ist kein Dirigent notwendig, um dieses Lernen zu überwachen.

Dabei lernt der Organismus, die Welt zu verstehen. Beim Säugling sind diese Vorhersagesimulationen zum Beispiel damit beschäftigt, die statistischen Zusammenhänge der Außenwelt abzubilden, Geräusche und Bilder vorherzusagen (Nagai, 2019). Gegenstände, die bewegt werden und vorhersagbare Geräusche erzeugen, ermöglichen es, in den Nervenzellverbänden einen Ursache-Wirkungs-Zusammenhang zu simulieren. Die Idee ist, dass der neuronale Nervenimpuls, der die Muskeln erregt, welche zum Beispiel eine Baby-Rassel bewegen, gleichzeitig eine innere Meldung an das Hörsystem bewirkt, welches eine Simulation des zu erwartenden Geräusches generiert. Im Hörsystem des Gehirns werden kurz darauf die Vorhersagen mit den Sinneseindrücken verglichen und so – falls die Vorhersagen funktionieren – ist nun ein Ursache-Wirkungs-Modell entstanden, welches Muskelbewegung, Rassel und Ton in ihren funktionellen Interaktionen beinhaltet. Eine beachtliche Leistung: ein Modell der Außenwelt im Gehirn, von der Rassel und von den physikalischen Eigenschaften. Die Ideen sind nicht unumstritten (Clark, 2013).

Einwände sind etwa energetischer Natur – wieso Signale der Vorhersage generieren, ist das nicht zu aufwendig? Reicht es nicht, sich an die Erlebnisse zu erinnern, um sie zu verstehen? Viele Fragen entstehen auch um die Berechnung und Verarbeitung von Vorhersagefehlern: Gibt es Nervenzellen, die Vorhersagefehler berechnen? Wie wichtig sind Vorhersagefehler? Wo werden sie verarbeitet? In der allgemeinsten Formulierung jedoch – beruhend auf einer Erweiterung des Energieerhaltungssatzes (*Free Energy Principle,* Friston, 2010) – ist das Gehirn, so wie alle lebenden Zellen, dem Vorhersageprinzip unterworfen (Friston, 2013). Diese Theorie stellt eine Vereinigungstheorie dar und ist in ihrer generellen Formulierung nicht widerlegbar.

Wieso ist das Vorhersageprinzip sinnstiftend?

Stellen Sie sich vor, Sie finden eine Kiste mit Zahnrädern und verschiedenen einzelnen Bauteilen und versuchen herauszufinden, wie diese zusammengehören und welche Funktion die einzelnen Bauteile ursprünglich hatten. Sind noch alle Bauteile vorhanden? Würde es Ihnen gelingen, die Bauteile wieder zusammenzubauen? Fehlt etwas, oder ist etwas gebrochen? Was ist die eigentliche Funktion des ursprünglichen Geräts, das vor Ihnen liegt? Stellen Sie sich vor, ein außerirdisches intelligentes Wesen findet die Kiste. Das Auffinden eines Ziffernblattes oder eines Zeigers würde für uns zwar ausreichen, den Kontext zu verstehen, für Außerirdische hingegen nicht. Wir wissen, dass in Uhren mechanische Energie in regelmäßige Impulse umgesetzt wird und dass Minutenzeiger täglich 24-mal um das Zentrum des Zifferblattes rotieren und Stundenzeiger dies 2-mal täglich machen. Außerirdische würden jedoch weiteren Kontext benötigen, um dies zu verstehen.

Als Hirnforscher kennen wir viele Einzelteile des Gehirns. Wir verfügen über Verhaltensdaten des Gesamtwesens sowie über zahlreiche Informationen die Einzelheiten des zentralen Nervensystems betreffend. Dennoch ist unser Verständnis zuweilen so wie das eines Außerirdischen, der die Kiste mit Einzelteilen sieht, und das Verständnis nicht so wie das eines Erdlings, der versteht, wie im Prinzip die Einzelteile zusammenpassen.

Eine wichtige Frage stellt sich für Hirnforscher: Welche grundlegende Funktion haben die Nervenzell-Verbände, die dazu führt, dass der Organismus in seiner Gesamtheit erfolgreich und intelligent durchs Leben kommt? Können wir diese Funktion definieren? Können wir diese Funktionen so genau beschreiben, dass wir sie in einer Computersimulation nachstellen können? (Hawkins und Blakeslee, 2004).

Wir können Zahnräder versuchsweise zusammenbauen. Dabei gibt es viele erstaunliche Teilerfolge. Wir wissen, wo bestimmte Aufgaben verarbeitet werden und kennen deshalb den groben Schaltplan. Wir wissen auch, wie die Zahnräder ineinandergreifen. Wir können die Anzahl der Nervenzellen und ihrer Verbindungen abschätzen – doch tickt unsere Simulation noch nicht, so dass sie die Zeit ansagen kann. Noch sind künstliche Simulationen nicht so intelligent wie der Mensch, vor allem nicht so flexibel und anpassungsfähig wie die Menschen. Wie schaffen es Gehirne, so clever zu werden? Wie ticken Gehirne?

Das Vorhersageprinzip

Die faszinierende Antwort, warum Gehirne so gut darin sind, sich auf wechselnde Umwelten kompetent einzustellen, lautet wohl: Gehirne sind gute Vorhersagemaschinen (Clark, 2013; Hohwy, 2013). Die Kernfunktion von Nervenzellverbänden ist es, Vorhersagen zu treffen. Nervenzellverbände lösen fortwährend in ihrer unmittelbaren Umgebung Vorhersageaufgaben. Je nachdem, wie ein Nervenzellverband verschaltet ist, kann die Vorhersageaufgabe dazu beitragen, die nächste auditorische, visuelle oder somatosensorische Stimulation vorherzusagen. Im Hörsystem ist ein Zellverband zum Beispiel daran beteiligt, das Ende eines Satzes eines Gesprächspartners vorherzusagen (Grisoni et al., 2017; Simony et al., 2016). Im visuellen System wird der Flug eines Balles bereits vorhergesagt, so dass eine Ballannahme von erfahrenen Fußballspielern wie zum Beispiel Cristiano Ronaldo im Dunkeln gemacht werden kann. Eine kurze Beobachtung des Balles reicht ihm aus, um die komplette Flugbahn zu antizipieren (McDowall, 2011). Um diese Vorhersagen zu ermöglichen, müssen die Zellverbände erhebliches Wissen über die Außenwelt verinnerlicht haben. Die Theorie der Vorhersageverarbeitung (Prädiktive Verarbeitung) verweist darauf, dass im Gehirn jeder Zellverband zu jedem Zeitpunkt Trainingsdaten zur Verfügung hat. Das Weltwissen über unsere Umwelt, über Gesichter oder Gesprächspartner wird durch jede Handlung neu getestet. Auf jeder Hierarchieebene gibt es eine neue Vorhersage, die an den Sinnesinformationen getestet werden kann (Schwiedrzik und Freiwald, 2017). Stimmt die Vorhersage, dann ist das Weltwissen ausreichend und das interne Modell der Außenwelt ist brauchbar. Stimmt sie nicht, muss das interne Modell angepasst oder revidiert werden – alternativ kann die Handlung korrigiert werden, bis die Außenwelt dem internen Modell angepasst wird (Friston et al., 2017). Ist das Vorhersagemodell unpräzise, muss zum Beispiel die Körperhaltung korrigiert werden, um den Ball anzunehmen. Im Beispiel oben (McDowall, 2011) ist zu sehen, dass Cristiano Ronaldo, wenn er nicht über genügend Ballflug-Information verfügt, den Ball nicht mit dem Kopf, sondern mit dem Oberkörper annimmt, und so dem Vorhersagefehler vorbeugt.

Von Augenblick zu Augenblick lernt das Gehirn erneut, die Tauglichkeit der inneren Vorhersagemodelle und das eigene Weltwissen wird so optimiert. An Kleinkindern können wir beobachten, wie wiederholt die gleichen sensorischen Erlebnisse vom Kind ausgelöst werden und so das Weltwissen erneut getestet wird. Ein Objekt wird wiederholt auf den Boden geworfen und die Sinnessysteme sagen die Geräusche vorher. Je besser die inneren Modelle die Sinneseindrücke vorhersagen können, desto langweiliger wird das Spiel. Objekte werden zum Mund geführt, um sie zu begreifen – jede Handlung ist ein Testspiel, um die Vorhersagbarkeit zu trainieren. Im Kindesalter kommen komplexe Flugbahnen von Bällen zu den Trainingsdaten hinzu, dann soziale Interaktionen und schließlich Lebenspläne.

Das Vorhersageprinzip ermöglicht eine Erklärung, wie der Geist in die Materie der Nervenzellen kommt. Das Feuern unserer Nervenzellverbände bildet unsere Umwelt nicht deterministisch ab, sondern individuell verschieden – so wie sie für uns, mit unserer individuell verschiedenen Vorerfahrung, vorhersagbar ist. Obwohl unsere Nervenzellverbände diese Welt nie direkt erleben können, schaffen sie einen funktionellen Abdruck der Außenwelt (Clark, 2015; Hohwy, 2013). Bei gleicher Außenwelt wird dieser Wahrnehmungsabdruck zwischen unterschiedlichen Menschen funktionell nahezu identisch.

Ein Grund, warum wir uns untereinander in unserer Wahrnehmung kaum unterscheiden, ist dass wir in der funktionell gleichen Welt leben – die Rassel macht für uns alle die gleichen Geräusche, wenn sie geschüttelt wird. Für komplexere Vorhersagemodelle, die soziale Interaktionen beinhalten, werden kulturelle Normen wichtig – so zum Beispiel bei der Frage, ob zur Begrüßung die Hände geschüttelt oder die Nasen gerieben werden. Unsere kulturellen Erfahrungen bilden die Vorhersagemodelle unterschiedlich aus.

Testen von Vorhersagen in visuellen Hirnregionen

Das Gehirn ist in der Nervenimpulskette um einige Verschaltungsstationen entfernt von seiner Außenwelt. Alles, was wir begreifen, ist von den internen Vorhersagemodellen abhängig – wir erleben unsere neuronalen Modelle. Im nächsten Abschnitt werde ich zeigen, wie wir es geschafft haben, diese internen Vorhersagemodelle sichtbar zu machen: wie wir Gehirnaktivitätskarten auslesen können und sie mit simulierten Aktivitätskarten vergleichen, um so Modelle zu finden, die den internen Vorhersagemodellen entsprechen.

Zunächst ein paar einleitende Grundlagen des visuellen Systems: Lichtreize werden in der Retina des Auges in elektrische Impulse umgewandelt und entlang der Sehbahn in das Großhirn weitergeleitet. In der Großhirnrinde, im hinteren okzipitalen Kortex, werden Signale der Retina in aufsteigender Hierarchie von Hirnregionen verarbeitet (siehe Abb. 1; wir haben die visuellen Hirnregionen vermessen und farblich gekennzeichnet: Region V1 rot, V2 blau und V3 grün). Die kortikalen Regionen verarbeiten eine ansteigende Komplexität an Informationen – Konturen in V1, Objekte in V4 und Gesichter und Ortskoordinaten in höheren Regionen. Innerhalb der Hirnregionen V1, V2 und V3 hat jeder Punkt im Gehirn Zugang zu einer Raumkoordinate der Retina. Dieses Raumkoordinatensystem wird ‘retinotop’ genannt und ist wie eine verzerrte Projektionsfläche – retinotop, weil es topographische Aspekte der Retina beibehält. Die Topographie ist für den Versuchsaufbau meiner Experimente wichtig, da sie es ermöglicht, in den Karten Bereiche zu definieren, die nicht von außen stimuliert werden, aber innere Vorhersagemodelle enthalten können.

Retinotope Vorhersagen

Nachbarpunkte im Gehirn verarbeiten Nachbarpunkte der Außenwelt. Eine Gehirnkoordinate in V1, V2 und V3 verarbeitet zum Beispiel die Information der Kaffeetasse (gelber Kreis in Abb. 1), ihre umliegenden Hirnbereiche beschäftigen sich mit den umliegenden Raumkoordinaten. Jede Region (V1, V2 und V3) kann jeweils das gesamte »Fenster« sehen, das in den Augen eintrifft. Um nun innerhalb eines Nervenzellverbandes eine gute Vorhersage zu generieren, benötigt jede Region zusätzliche Kontextinformation von anderen Hirnregionen (siehe Abb. 1, die grünen Pfeile von höheren Regionen).

Stellen wir uns vor, dass die Person, deren Gehirn wir in Abbildung 1 sehen, sich zum Fenster hinbewegt – dann haben die Vorhersagemodelle die Fähigkeit, Informationen vorherzusagen, die zurzeit noch nicht sichtbar sind. Die höheren Hirnregionen (blaue Dreiecke in Abb. 1) senden ihre Vorhersagen an Regionen, die in der Hierarchie niedriger gelegen sind (Abb. 1, grüne Pfeile). Wir sehen Ausschnitte von drei Sonnenstühlen, wir sehen eine Mauer, einen Teil einer Kaffeetasse und im Hintergrund einen Busch, das Meer und die Berge. Wenn Nervenzellverbände über gute Weltmodelle verfügen, dann werden wir nicht verwundert sein, wenn der Rest der Sonnenstühle sichtbar wird, wenn der untere Teil des Kaffeebechers sichtbar wird und wenn der Hintergrund in der Ferne weitgehend unverändert bleiben wird. Unser Weltwissen generiert, was außerhalb unseres Sichtfeldes erwartet wird. Das Weltwissen ist in verteilten internen Modellen gespeichert, und es ist ein nützliches Modell der Welt genau dann, wenn es diese Veränderungen mit einer für uns ausreichenden Genauigkeit vorhersagen kann. Diese Weltmodelle beinhalten dann auch Erwartungen, die aufgrund von Geräuschen generiert werden – das Zwitschern eines Vogels, das Rauschen der Büsche im Wind, oder der Ruf einer Person, die die Veranda verlässt.

Vorhersagefehler können dazu führen, dass unsere Modelle umlernen müssen (besonders stark in der Entwicklungsphase), dass Modelle sich aktualisieren (ein neues Geräusch auf der Veranda), oder dass ein Vorhersagefehler für die gegenwärtige Aufgabe als unbedeutend interpretiert wird (das Rascheln im Baum aufgrund von Wind ist ein erwarteter Vorhersagefehler, das Rascheln unterhalb des Busches aktiviert ein internes Modell eines Tieres). Vorhersage-

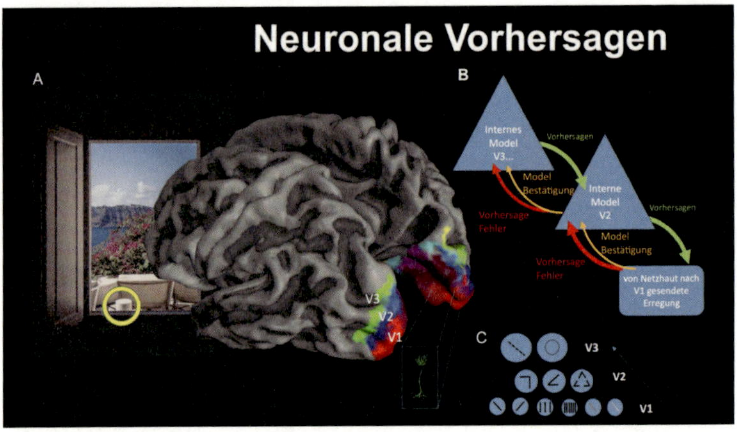

Abb. 1: (A) Bilder der Außenwelt erreichen das Auge und werden in der Netzhaut in elektrische Impulse verwandelt und zum hinteren Großhirnlappen weitergeleitet. Linke und rechte Großhirnhälften in grau. Die visuelle Sehrinde liegt im Hinterhauptlappen. Dort werden die einkommenden Signale zuerst in Region V1 (rot), dann in V2 (blau) und in V3 (grün) weiterverarbeitet. **(B)** In einer angenommenen Hierarchie projizieren höhere Regionen ihre Vorhersagen zu den unteren. **(C)** Die in der visuellen Hierarchie höher gelegene Region V3 verarbeitet Objekte, V2 Linien und Endpunkte, und V1 nur Konturen und Punkte. Die Zusammenhänge, die in V3 verarbeitet werden, geben den unteren Regionen wichtige Kontextinformation. **(B–C)** In jedem Verarbeitungsschritt versuchen neuronale Zellverbände, ihre eigene Aktivität vorherzusagen. Dabei hilft es, den Kontext von den höheren Regionen mit zu berücksichtigen. Höhere Regionen haben größeren zeitlichen und räumlichen Überblick und berücksichtigen mehr Kontext. *(Foto: Cosmic Timetraveler/Jeremy Bishop auf Unsplash.com, Gehirn verändert aus Vetter et al., 2020)*

modelle verankern uns und unsere Erinnerungen in der Welt, die wir durch sie begreifen.

Empirische Überprüfungen

Mit funktioneller Hirnbildgebung haben wir untersucht, ob das Gehirn einfügt, was es visuell vorhersagen kann. Verwendet das

Gehirn die von oben nach unten gerichteten Verbindungen, die Rückprojektionen, um einkommende Informationen vorherzusagen (siehe Abb. 1, grüne Pfeile)? Rückprojektionen kommen von Regionen, die den größeren Zusammenhang sehen, die über weiter ausgedehnte Räume und Zeitspannen blicken (Chen et al., 2015) und den Zugang zu Erinnerungen haben. Rückprojektionen von höheren Regionen spielen eine bedeutende Rolle für die Vorhersagetheorie, denn diese Projektionen generieren vorhergesagte Informationen.

Unsere fMRT-Aufnahmen fokussieren sich auf die Hirnregionen, die sich mit den Bildbereichen beschäftigen, die abgedeckt sind. Auf diese Weise können wir untersuchen, ob das Gehirn einfügt, was es erwartet, aber gegenwärtig nicht sehen kann (Smith und Muckli, 2010). Wir verwenden dazu funktionelle Magnetresonanztomographie (fMRT) – ein bildgebendes Verfahren, das es ermöglicht, mit vielen hundert Messpunkten innerhalb eines visuellen Areals die Aktivierungsverteilung genau zu bestimmen. Es wird also nicht nur gemessen, ob eine Region V1, V2 oder V3 in der Gesamtheit stärker aktiv ist, sondern welche Aktivität an jeder Koordinate verarbeitet wird. Koordinaten entsprechen Raumkoordinaten, die im Auge auf der Netzhaut empfangen werden. Aus den Aktivitätsmustern lässt sich dann berechnen, welche Bilder die Hirnregion ‚gesehen' hat oder welche Bilder die Hirnregion erwartet.

Mentale Strichzeichnungen

In unseren Experimenten lässt sich also untersuchen, welche Aktivitätsmuster in den Regionen messbar sind, die auf die abgedeckten Bereiche der Bilder schauen (Abbildung 2C unten; Morgan et al., 2019; Muckli et al., 2015; Revina et al., 2018). Die Aktivität variiert systematisch mit dem Umgebungskontext (Smith und Muckli, 2010). Würde eine Region nur das Signal der Netzhaut verarbeiten, wäre im abgedeckten Bereich immer die gleiche Aktivierung zu erwarten: ein »weißes Rechteck« (Abb. 2C unten). Wir konnten aber zeigen, dass andere Hirnregionen kontextabhängige Vorhersagen in den abgedeckten Bereich von V1 zurückprojizieren – also unter Verwendung von Projektionen aus höheren Regionen zu V1 und V2.

Es entspricht ungefähr der Information, die Probanden in einer schnellen Skizze einzeichnen würden. In Abbildung 2C (oben) sind die Strichzeichnungen von 50 Probanden dargestellt, die an unserem Versuch teilgenommen haben. Die Strichzeichnungen wurden auf einem Computer-Tablet angefertigt und die Striche übereinandergelegt. Wir haben aus verschiedenen funktionellen Magnetresonanz-Aufnahmen berechnet, welche Hirnaktivität von welchen Bildern hervorgerufen wird. Wir haben dann die Hirnaktivität berechnet, die aus den Strichzeichnungen und aus den vollständigen Bildern zu erwarten wäre. Dann haben wir die Hirnaktivität in den bedeckten Bereichen gemessen und verglichen und festgestellt, dass im abgedeckten Bereich nicht einfach nur die weiße Fläche verarbeitet wird, sondern zusätzliche Aktivität über die erwartete Bildinformation hinter der Abdeckung. Aus diesen Vergleichen wissen wir, dass unser Gehirn mentale Strichzeichnungen anfertigt und diese in die Regionen V1 und V2 projiziert. Wir nehmen an, dass dieser automatisch ablaufende Vorhersageprozess immer das Gehirn mit Vorhersagen versorgt, um es so optimal an die Umgebung anzupassen und auf Überraschungen (Vorhersagefehler) besonders gut reagieren zu können.

Unser visuelles Gehirn generiert Vorhersagemodelle und projiziert diese nach V1 – ähnlich den Strichzeichnungen unserer Probanden. Die Präzision dieser mentalen Strichzeichnungen ist nur grob (Muckli et al., 2015) und nicht auf einen räumlichen Bildfrequenzbereich beschränkt (Revina et al., 2018).

Zellmodell

Wie werden diese Vorhersagen vom Gehirn verarbeitet? Zusammen mit Kollegen im paneuropäischen 'Human Brain Project' (Amunts et al., 2016; Larkum, 2013) haben wir neuronale Schaltkreise untersucht, die sich im Tiermodell untersuchen und im Computermodell nachbilden lassen. Einem bestimmten Zelltyp, der Pyramidenzelle im Kortex, kommt die wichtige Rolle zu, zwei unterschiedliche Informationsflüsse zu verknüpfen. Der eine Informationsfluss startet von den Vorhersagemodellen, die im Gehirn generiert werden. Der andere Informationsfluss startet an den Rezeptoren im Auge oder an anderen Sinneszellen. Im Kortex werden die beiden Informationsströme verglichen (Takahashi et al., 2020). Die Vorhersagemodelle werden im Wachzustand immer dann angepasst, wenn unerwartet starke Vorhersagefehler auftreten. Im Traum laufen Vorhersagemodelle unkorrigiert weiter (Phillips et al., 2016). Der Kortex lässt sich in sechs Schichten unterteilen (I-VI). In den oberen Kortexschichten (in Abbildung 2B unten Kortexschicht I-III) erreichen die Axone, die die Vorhersagemodelle kodieren, die Dendriten der Pyramidenzelle. Der Informationsfluss, der die Lichtreflexe aus den Augen in den Kortex weiterleitet, erreicht die Pyramidenzelle in den mittleren und unteren Kortexschichten (IV-V).

Eine Pyramidenzelle dieser Art besitzt die Eigenschaft zu verstehen, ob die Außenwelt so ist, wie sich das die Person gerade vorstellt, oder ob etwas Überraschendes vorgefallen ist, das das innere Modell nicht vorhersehen konnte.

Das Vordringen mit hochauflösender Magnetresonanztomographie erlaubt es im Submillimeterbereich zu messen, muss aber weiterhin zehntausend Nervenzellen in jedem Bildpunkt gleichzeitig aufnehmen. Da die kortikalen Schichten jedoch 2-3 mm dick sind, gelingt es, die Nervenzellaktivitäten in den oberen Schichten getrennt von dem mittleren und unteren Kortex aufzunehmen. Wir konnten bestätigen, dass die Information der Vorhersagemodelle in den oberen Schichten des Kortex verfügbar ist (Muckli et al., 2015). Wir schließen daraus, dass die neuronalen Schaltkreise über kortikale Schichten hinweg Vorhersagen von Informationen mit eingegangener Information vergleichen und so zu Vorhersage-Mikroprozessoren werden (Larkum et al., 2018). Im Schlaf, wenn wir träumen, werden unsere Vorhersagen nicht mehr durch die Augeninformation korrigiert und wir erleben unsere internen Modelle (Aru et al., 2020; Marvan et al., 2021). Auch während der Anästhesie fällt dieser Schaltkreis aus und Information wird nicht mehr mit den Erwartungen verglichen (Suzuki und Larkum, 2020).

Multisensorische Vorhersagen: Sehen beim Hören

Wie verhalten sich visuelle Vorhersagemodelle, wenn Sie einen Hund bellen hören (Meienbrock et al., 2007) oder einen Vogel zwitschern? Wenn wir Geräusche hören, werden unsere internen Vorhersage-

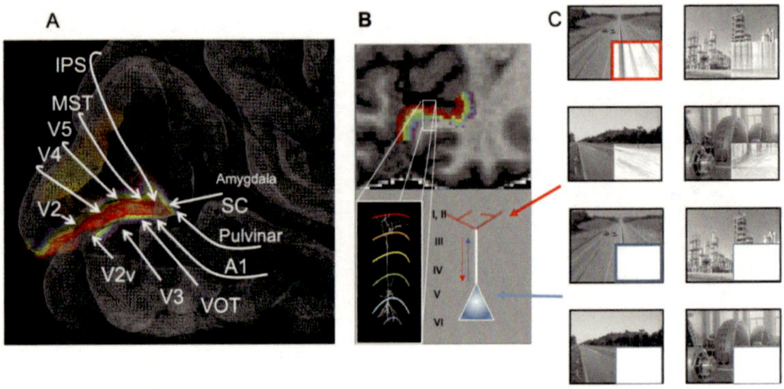

Abb. 2: (A) Die primäre visuelle Regon V1 erhält Rückmeldung von zahlreichen höheren Regionen. **(B)** Die Rückprojektionen erreichen V1 in den oberen Zellschichten (I, II, III rot/orange, *(B) angepasst aus Muckli et al., 2015*). Pyramidenzellen erstrecken sich über die Kortex-Schichten hinweg und können auf synergetische Art die Rückprojektionen mit der eingehenden Information in Schichten (V – blau/grün) verknüpfen, sei es um sie zu verstärken, abzuschwächen oder unverändert zu belassen. **(C)** Bilder, die den Probanden mit einer weißen Abdeckung gezeigt werden, werden von höheren Regionen ergänzt. Höhere Regionen senden ihre Vorhersage an V1 zurück. Die Vorhersagen liegen in den oberen Zellschichten zur Auslese bereit. Von Probanden gemalte Skizzen stimmen mit der Aktivität am besten überein. *((C) angepasst aus Morgan et al., 2019)*

modelle aktualisiert. Beeinflussen diese Vorhersagemodelle auch den visuellen Kortex? Um dies zu untersuchen, haben wir Probanden die Augen verbunden und ihre Hirnaktivität im visuellen Kortex gemessen, während sie Umgebungsgeräusche hörten, zum Beispiel Verkehrsgeräusche, Vogelgezwitscher im Wald oder Menschenstimmen (Petro et al., 2017; Vetter et al., 2014). Auditorische Information aktualisiert interne Modelle, die auch im visuellen Kortex Aktivität hervorrufen. Unsere Ergebnisse zeigen, dass der visuelle Kortex der räumlichen Informationsverarbeitung dient. Räumliche Informationen können durch Geräusche generiert werden. Visuelle Information ist räumlich genauer und kann die akustische Raumwahrnehmung überspielen (Alink et al., 2010; Chai et al., 2021). Falls die visuelle Information ausfällt, wie zum Beispiel bei Patienten, die von Geburt an blind sind,

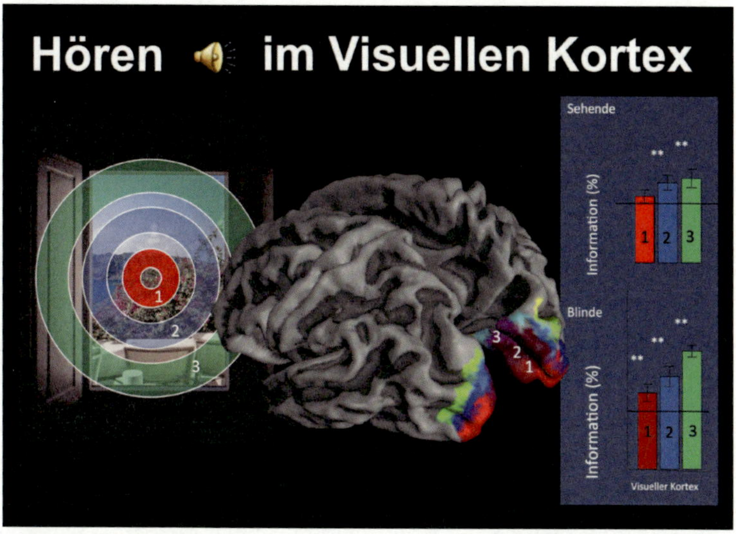

Abb. 3: Auch andere Sinnessysteme (Hören, Riechen, Berühren) generieren Vorhersagen und projizieren diese zurück in die visuelle Hirnregion. Töne von Vogelgezwitscher, Geräusche von vorbeifahrenden Autos und Stimmen von Menschen erzeugen unterschiedliche Aktivitätsmuster im Sehsystem. Akustische Reize haben einen größeren Effekt in den Teilregionen, die sich mit peripheren Signalen befassen (grün). Dort, wo wir am schärfsten sehen (rot), ist der Einfluss auditorischer Signale am geringsten.

dann übernimmt dennoch der visuelle Kortex die räumlichen Vorhersagen (Vetter et al., 2020). Unsere Ergebnisse zeigen, dass die Sinnessysteme eng verknüpft arbeiten und der visuelle Kortex vom auditorischen Kortex Informationen gesendet bekommt, und nicht nur auf die Verarbeitung von retinaler Information vom Auge beschränkt ist. Die Vermutung ist, dass die auditorischen Signale räumliche Vorhersagen im visuellen Kortex generieren.

Zusammenfassung

Ideen der Vorhersagetheorie gehen auf Immanuel Kant (Kant, 1998) und Hermann von Helmholtz (Helmholtz, 1867) zurück. Die empirische Überprüfung hat jedoch erst im letzten Jahrzehnt stattfinden können, und die Veröffentlichungen zu diesem Thema haben in den letzten Jahren exponentiell zugenommen. Im ersten Jahrzehnt des einundzwanzigsten Jahrhunderts wurden jährlich weniger als 50 Veröffentlichungen zum Thema »Predictive Processing« verfasst. Inzwischen sind es über tausend jährlich (Google Scholar »Predictive Processing«, Ficco et al., 2021).

Um Vorhersagen in visuellen Hirnregionen zu untersuchen, haben wir nicht nur, wie sonst üblich, Bilder gezeigt und die darauffolgende Hirnaktivität gemessen, sondern auch große Bereiche von präsentierten Bildern verdeckt. Visuelle Verdeckungen sind allgegenwärtig: ein Auto, das hinter einem Lastwagen verschwindet; meine Finger, die durch die Tasse in meiner Hand verdeckt werden; ein Blatt, das den Hintergrund verdeckt. In all diesen Fällen erschließt sich uns die fehlende visuelle Information durch unsere Erfahrung und die umgebende visuelle Kontextinformation. Durch die Aufnahme von Hirnaktivität in den Gehirnregionen, die verdeckte Bildinformation verarbeiten (Abb. 2C unten), können wir das Gehirn untersuchen, wenn es Vorhersagen generiert. Durch Vergleiche mit Hirnaktivitäten beim Betrachten anderer Bilder und Modellberechnungen können wir schlussfolgern, dass Vorhersagen im visuellen Kortex wie mentale Skizzen funktionieren. Der umgebende Bildkontext stimuliert die Vorhersagemechanismen und das Gehirn bereitet die Information vor, die normalerweise hinter dem abgedeckten Bildbereich zu erwarten ist.

Wichtige Kontextinformation stammt nicht nur vom Sehsystem, wir reagieren auch mit räumlichen Vorhersagen, wenn wir bestimmte Geräusche wahrnehmen. Ein ankommendes Motorgeräusch hinter uns liefert uns zum Beispiel Vorhersagen eines heranfahrenden Motorrades. Wenn die Augen geschlossen sind, also der gesamte visuelle Input fehlt, können dennoch Geräusche unsere visuell-räumlichen Vorhersagen hervorrufen. Diese visuell-räumlichen Vorhersagemodelle werden in anderen Teilen des Gehirns generiert und in den visuellen Kortex projiziert. Wir wissen noch nicht, ob die Geräusche auch mentale Strichzeichnungen generieren oder ob diese Vorhersagen weniger detailreich sind. Unsere Hirnaufnahmen zeigen, dass selbst von Geburt an blinde Probanden räumliche Vorhersagemodelle im visuellen Kortex verarbeiten. Dies deutet darauf hin, dass der visuelle

Kortex räumlicher Kognition dient – blinde Probanden können sich Landkarten vorstellen, räumlich träumen und navigieren. Der visuelle Kortex hat wohl die Struktur, interne Modelle zu erzeugen, die Raumkognition unterstützen – also multisensorische Raummodelle zu erzeugen, die als Vorhersageskizzen nicht gesehener Information dienen. David Mumford hatte vorgeschlagen, dass der visuelle Kortex wie eine aktive Tafel funktioniert: Auf die Tafel schreiben die verschiedenen Hirnregionen, was sie gerade wahrnehmen (Mumford, 1991). Eine Erweiterung dieses Modells würde vorschlagen, dass die Tafel zur Vorhersage dient als »Predictive Blackboard«: eine Tafel, auf der skizziert wird, was als nächstes passieren wird. Solch eine Vorhersagetafel im visuellen Kortex kann zu Trainingszwecken dienen, um sicherzustellen, dass unsere Gehirnmodelle die Welt richtig »begreifen« und deshalb vorhersagen können.

Literatur

Alink, A., Schwiedrzik, C. M., Kohler, A., Singer, W. und Muckli, L.: Stimulus predictability reduces responses in primary visual cortex. In: *Journal of Neuroscience* 30(8), 2010, S. 2960–2966.

Amunts, K., Ebell, C., Muller, J., Telefont, M., Knoll, A. und Lippert, T.: The Human Brain Project: Creating a European research infrastructure to decode the human brain. In: *Neuron* 92(3), 2016, S. 574–581.

Aru, J., Siclari, F., Phillips, W. A. und Storm, J. F.: Apical drive – A cellular mechanism of dreaming? In: *Neuroscience and Biobehavioral Reviews* 119, 2020, S. 440–455.

Chai, Y., Liu, T., Marrett, S., Li, L., Khojandi, A., Handwerker, D. A., Alink, A., Muckli, L. und Bandettini, P. A.: Topographical and laminar distribution of audiovisual processing within human planum temporale. In: *Progress in Neurobiology* 205, 2021, 102121.

Chen, J., Hasson, U. und Honey, C. J.: Processing timescales as an organizing principle for primate cortex. In: *Neuron* 88(2), 2015, S. 244–246.

Clark, A.: Whatever next? Predictive brains, situated agents, and the future of cognitive science. In: *The Behavioral and Brain Sciences* 36(3), 2013, S. 181–204.

Clark, A.: *Surfing Uncertainty: Prediction, Action, and the Embodied Mind,* Oxford University Press, Oxford 2015.

Ficco, L., Mancuso, L., Manuello, J., Teneggi, A., Liloia, D., Duca, S., Costa, T., Kovacs, G. Z. und Cauda, F.: Disentangling predictive processing in the brain: A meta-analytic study in favour of a predictive network. In: *Scientific Reports* 11(1), 2021, 16258.

Friston, K.: The free-energy principle: A unified brain theory? In: *Nature Reviews Neuroscience* 11(2), 2010, S. 127–138.

Friston, K.: Life as we know it. In: *Journal of the Royal Society Interface* 10(86), 2013, 20130475.

Friston, K., FitzGerald, T., Rigoli, F., Schwartenbeck, P. und Pezzulo, G.: Active inference: A process theory. In: *Neural Computation* 29(1), 2017, S. 1–49.

Grisoni, L., Miller, T. M. und Pulvermüller, F.: Neural correlates of semantic prediction and resolution in sentence processing. In: *The Journal of Neuroscience* 37(18), 2017, S. 4848–4858.

Hawkins, J. und Blakeslee, S.: *On Intelligence,* Times Books/Macmillan, New York 2004.

Helmholtz, H. v.: *Handbuch der Physiologischen Optik,* Leopold Voss, Leipzig 1867.

Hohwy, J.: *The Predictive Mind,* Oxford University Press, Oxford 2013.

Hubert, M.: Das Hypothesengenie. In: *Forschung aktuell,* Deutschlandfunk 19.01.2014, deutschlandfunk.de/hirnforschung-manuskript-das-hypothesengenie-100.html

Kant, I.: *Kritik der reinen Vernunft,* Felix Meiner, Hamburg 1998 [1781/1787].

Larkum, M.: A cellular mechanism for cortical associations: An organizing principle for the cerebral cortex. In: *Trends in Neurosciences* 36(3), 2013, S. 141–151.

Larkum, M. E., Petro, L. S., Sachdev, R. N. S. und Muckli, L.: A perspective on cortical layering and layer-spanning neuronal elements. In: *Frontiers in Neuroanatomy* 12, 2018, 56.

Marvan, T., Polák, M., Bachmann, T. und Phillips, W. A.: Apical amplification – a cellular mechanism of conscious perception? In: *Neuroscience of Consciousness* 2021(2), niab036.

McDowall, M.: *Ronaldo: Tested to the Limit,* Plum Pictures, 2011.

Meienbrock, A., Naumer, M. J., Doehrmann, O., Singer, W. und Muckli, L.: Retinotopic effects during spatial audio-visual integration. In: *Neuropsychologia* 45(3), 2007, S. 531–539.

Morgan, A. T., Petro, L. S. und Muckli, L.: Scene representations conveyed by cortical feedback to early visual cortex can be described by line drawings. In: *The Journal of Neuroscience* 39(47), 2019, S. 9410–9423.

Muckli, L.: Theory of predictive brain as important as evolution – Prof. Lars Muckli (interview by K. Casey). In: *Horizon, the EU Research and Innovation magazine,* 29.05.2018, europa.eu/!m3GbHm

Muckli, L., De Martino, F., Vizioli, L., Petro, L. S., Smith, F. W., Ugurbil, K., Goebel, R. und Yacoub, E.: Contextual feedback to superficial layers of V1. In: *Current Biology* 25(10), 2015, S. 2690–2695.

Mumford, D.: On the computational architecture of the neocortex. In: *Biological Cybernetics* 65(2), 1991, S. 135–145.

Nagai, Y.: Predictive learning: Its key role in early cognitive development. In: *Philosophical Transactions of the Royal Society of London. Series B, Biological Sciences* 374(1771), 2019, 20180030.

Petro, L. S., Paton, A. T. und Muckli, L.: Contextual modulation of primary visual cortex by auditory signals. In: *Philosophical Transactions of the Royal Society of London. Series B, Biological Sciences* 372(1714), 2017. DOI: 10.1098/rstb.2016.0104

Phillips, W. A., Larkum, M. E., Harley, C. W. und Silverstein, S. M.: The effects of arousal on apical amplification and conscious state. In: *Neuroscience of Consciousness* 2016(1), niw015.

Revina, Y., Petro, L. S. und Muckli, L.: Cortical feedback signals generalise across different spatial frequencies of feedforward inputs. In: *NeuroImage* 180, 2018, S. 280–290. DOI: 10.1016/j.neuroimage.2017.09.047

Schwiedrzik, C. M. und Freiwald, W. A.: High-level prediction signals in a low-level area of the Macaque face-processing hierarchy. In: *Neuron* 96(1), 2017, S. 89–97. e5.

Simony, E., Honey, C. J., Chen, J., Lositsky, O., Yeshurun, Y., Wiesel, A. und Hasson, U.: Dynamic reconfiguration of the default mode network during narrative comprehension. In: *Nature Communications* 7, 2016, 12141.

Smith, F. W. und Muckli, L.: Nonstimulated early visual areas carry information about surrounding context. In: *Proceedings of the National Academy of Sciences of the United States of America* 107(46), 2010, S. 20099–20103.

Suzuki, M. und Larkum, M. E.: General anesthesia decouples cortical pyramidal neurons. In: *Cell* 180(4), 2020, S. 666–676.e13.

Takahashi, N., Ebner, C., Sigl-Glöckner, J., Moberg, S., Nierwetberg, S. und Larkum, M. E.: Active dendritic currents gate descending cortical outputs in perception. In: *Nature Neuroscience* 23(10), 2020, S. 1277–1285.

van Elk, M.: A predictive processing framework of tool use. In: *Cortex* 139, 2021, S. 211–221.

Vetter, P., Bola, Ł., Reich, L., Bennett, M., Muckli, L. und Amedi, A.: Decoding natural sounds in early »visual« cortex of congenitally blind individuals. In: *Current Biology* 30(15), 2020, S. 3039–3044.e2.

Vetter, P., Smith, F. W. und Muckli, L.: Decoding sound and imagery content in early visual cortex. In: *Current Biology* 24(11), 2014, S. 1256–1262.

Kim Eliane Stäubli und Bigna Lenggenhager

Körper und Kognition

Wie die Körperwahrnehmung das Denken beeinflusst

Der Bedeutung sensomotorischer Prozesse, des Körpers und dessen Wahrnehmung für unser Denken und Fühlen wurde in der kognitiven Psychologie lange Zeit nur wenig Beachtung geschenkt. Ziel dieses Beitrags ist es, einen Einblick zu geben in einen zunehmend wichtigeren Forschungsbereich der Psychologie, welcher die Erforschung des Zusammenhangs zwischen körperlichen und kognitiven Prozessen ins Zentrum rückt. Als Einführung in dieses Thema stellen wir das Konzept des verkörperten Denkens (»embodied cognition«) vor und zeigen anhand einiger Beispiele, wie sich Körper und Kognition wechselseitig beeinflussen. Danach wenden wir uns der Rolle der subjektiven Körper- und Selbstwahrnehmung zu und zeigen auf, wie sie experimentell manipuliert werden kann, um deren Einfluss auf kognitive Prozesse zu untersuchen, und präsentieren einige Beispielsstudien.

Verkörpertes Denken (»embodied cognition«)

In den traditionellen kognitiven Neurowissenschaften wird das Gehirn oft relativ isoliert von Körper und Umwelt betrachtet und untersucht. Der Körper wird dabei als passive Quelle sensorischer Information betrachtet, die vom Gehirn verarbeitet wird, sowie als Mittel, die vom Gehirn berechneten und geplanten Bewegungen auszuführen. Eine solche Auffassung des Gehirns und des Denkens, welche stark von der Computeranalogie geprägt ist, wird jedoch zunehmend kritisch hinterfragt. Verschiedene Theorien betonen, dass das Gehirn als integraler Teil des physischen Körpers (verkörpert, »embodied«) und der Umwelt (situiert, »embedded«) betrachtet werden soll, um die Komplexität der menschlichen Kognition zu verstehen. Solche Theorien werden oft unter dem Oberbegriff Theorien des *verkörperten Denkens* (engl. *embodied cognition*) zusammengefasst. Obwohl sich die Annahmen bezüglich des Ausmaßes und der Art der wechselseitigen Beeinflussung von Körper und Kognition stark unterscheiden, sind sie sich in einem Punkt einig: Kognition basiert stärker als bisher angenommen auf sensorischen, perzeptiven und motorischen Prozessen, die wiederum von der Morphologie und der Physiologie des Körpers abhängig sind. Empirische und klinische Studien zeigen außerdem, dass die Wahrnehmung des Körpers stark vom physischen Körper abweichen kann und dass das subjektive Körpererleben in der Interaktion von Körper und Kognition eine wichtige modulierende Rolle spielt (Dijkerman und Lenggenhager, 2018). Demnach kann das subjektive Körpererleben sowohl Wahrnehmung als auch Denken und Handeln beeinflussen.

Der Einfluss der Kognition auf sensomotorische Prozesse

Sensomotorische Prozesse umfassen sämtliche Abläufe der Wahrnehmung und der Bewegung sowohl im Gehirn (kortikal) als auch im restlichen Körper (peripher). Oft sind wir uns gar nicht bewusst, wie stark sich kognitive Prozesse auf kortikale und periphere sensomotorische Prozesse auswirken können. Dennoch gibt es eine Vielzahl von Studien, die mit unterschiedlichen Methoden zeigen konnten, dass sensomotorische Prozesse zum Beispiel durch Verarbeitung von Sprache oder sozialer Kognition verändert werden können.

In verschiedenen Studien konnte gezeigt werden, dass das Verstehen von Sprache spezifische, mit der Bedeutung des Gesprochenen bzw. Geschriebenen zusammenhängende Aktivität im sensomotorischen Kortex aktivieren kann (siehe z. B. Willems und Casasanto, 2011). Hauk et al. (2004) konnten zum Beispiel aufzeigen, dass die Verarbeitung handlungsbezogener Wörter spezifische Areale im Motorkortex aktiviert. Versuchspersonen lasen dazu Verben, die entweder Bewegungen der Füße (»kick«), der Hände (»pick«) oder des Gesichts (»lick«) beinhalteten. Analysen der funktionellen Magnetresonanztomographie des Gehirns zeigten, dass die Aktivitätsmuster im Prämotorkortex während des Lesens dieser Verben jeweils den Mustern entsprachen, die auftraten, wenn

Versuchspersonen ihre Füße, Hände oder ihr Gesicht tatsächlich bewegten. Kognitive Prozesse der Sprache haben demnach einen direkten Einfluss auf sensomotorische Aktivität und dadurch das Potential, unsere Wahrnehmung zu modulieren.

Ähnlich kann sich auch die kognitive Aktivierung emotionaler und sozialer Konzepte auf sensomotorische Prozesse und Wahrnehmung auswirken. Ergebnisse aus verschiedenen Studien (z. B. Zhong und Leonardelli, 2008) lassen zum Beispiel darauf schließen, dass die Aktivierung des Konzepts der *emotionalen Wärme* einen direkten Effekt auf unsere Temperaturwahrnehmung hat. Man kann also davon ausgehen, dass sich unsere physische Umgebung wärmer anfühlt, wenn wir soziale Wärme erfahren, als wenn wir z. B. durch sozialen Ausschluss emotionale Kälte erleben. Dieser Effekt stellt sich nicht nur in Situationen unmittelbaren sozialen Ein- beziehungsweise Ausschlusses ein, sondern kann schon durch die reine Vorstellung von Situationen, in denen man entweder Teil einer Gruppe war oder davon ausgeschlossen wurde, hergestellt werden.

Dass die Aktivierung sozialer Konzepte, zum Beispiel von sozialen Einstellungen, auch einen Einfluss auf die Aktivierung des motorischen Systems und den Körper hat, soll am folgenden Beispiel deutlich gemacht werden: Befinden wir uns in einer sozialen Situation, zum Beispiel in einem Gespräch mit einem Arbeitskollegen, wird sich unser Verhalten mit großer Wahrscheinlichkeit an das der anderen Person anpassen (Seibt et al., 2015). Ohne dass wir uns dessen bewusst sind, verändern wir die Art und Weise, wie wir stehen, sprechen und welche Mimik wir benutzen, und passen uns damit intuitiv an unser Gegenüber an. Dies wird in der Psychologie als *Mimikry* (engl.: *mimicry*) bezeichnet. Bei der Mimikry von Gesichtsausdrücken (engl.: *facial mimicry*) verändert sich die Aktivität unserer Gesichtsmuskeln als Reaktion auf die Wahrnehmung des Gesichtsausdrucks einer anderen Person. Dies geschieht meist so schnell, dass wir es weder wahrnehmen noch bewusst steuern können (Dimberg und Thunberg, 1998). Interessanterweise ist jedoch die Stärke solcher Mimikry abhängig von der sozialen Kognition gegenüber der anderen Person (Seibt et al., 2015). Likowski et al. (2008) konnten zum Beispiel zeigen, dass die Mimikry von Gesichtsausdrücken davon abhängt, ob man die Person, die man vor sich hat, positiv, negativ oder neutral einschätzt. Auf emotionale Gesichtsausdrücke von Personen, denen in einer vorangehenden Aufgabe positive Persönlichkeitseigenschaften zugeschrieben wurden, reagierten Versuchspersonen mit einer anderen muskulären Reaktion als auf neutral oder negativ eingeschätzte Gesichter. Soziale Einstellungen hatten in diesem Experiment also einen klaren Einfluss auf motorische Prozesse im Bereich des Gesichts. Auf ähnliche Weise können auch andere kognitive Variablen wie zum Beispiel politische oder rassistische Einstellungen die Mimikry von Gesichtszügen beeinflussen (Bourgeois und Hess, 2008; Hess, 2001; McHugo et al., 1991).

Ein Beispiel aus unserer eigenen Gruppe (Macauda et al., 2019) basiert auf der sogenannten Perspektivenübernahme, einem kognitiven Prozess von erheblicher Relevanz in menschlichem Sozialverhalten. Die Perspektivenübernahme ist der mentale Prozess, der es uns Menschen ermöglicht, die Perspektive einer anderen Person zu simulieren und somit die Welt (sowohl räumlich als auch abstrakt) aus deren Perspektive wahrzunehmen. In unserem Experiment haben wir untersucht, inwieweit eine solche Simulation eines Perspektivenwechsels die Aktivität von primär sensorischen vestibulären Arealen verändert. Dabei haben wir uns auf das vestibuläre System konzentriert, das bei einer aktiven Ganzkörperbewegung (also beim Gehen an die Stelle des anderen) involviert wäre. In der funktionellen Magnetresonanztomographie wurde die Hirnaktivität von Personen während der Ausführung einer mentalen egozentrischen Perspektivenübernahme gemessen und mit der Aktivität verglichen, die durch künstliche Stimulation des Gleichgewichtsorganes ausgelöst wurde. Wir fanden, dass während der mentalen Perspektivenübernahme und bei der vestibulären Stimulation gleiche Areale im insulären Kortex aktiviert wurden.

Die hier präsentierten Studien sind nur einige Beispiele dafür, wie sensomotorische Prozesse durch verschiedenste Aspekte der Kognition beeinflusst werden. Sei es Erinnerung, Emotion, soziale Einstellung oder Perspektivenübernahme, unser körperlicher Zustand und unsere Wahrnehmung werden stets auch durch kognitive Prozesse verändert und können dadurch nie als eine exakte Abbildung unserer Umwelt verstanden werden.

Der Einfluss sensomotorischer Prozesse auf die Kognition

Dass umgekehrt auch körperliche Prozesse kognitive Prozesse beeinflussen können, konnte ebenso in verschiedenen Studien und für verschiedene Bereiche aufgezeigt werden. Eine Reihe von Studien zu diesem Thema, welche in den letzten Jahren die Aufmerksamkeit von Psychologen und Neurowissenschaftlern, aber auch mediale Aufmerksamkeit auf sich gezogen hat, beschäftigte sich mit der Auswirkung der Körperhaltung auf verschiedene kognitive Prozesse wie zum Beispiel affektive Zustände, Machtgefühle und Risikotoleranz (siehe z. B. Carney et al., 2015). Während einige dieser Resultate nicht repliziert werden konnten (siehe z. B. Ranehill et al., 2015), deutet doch vieles darauf hin, dass sich das Denken durch Veränderungen in sensomotorischen Prozessen verändern lässt (siehe z. B. Gallagher, 2005). Eine Reihe von Studien hat nachgewiesen, dass sich Veränderungen in den Energiereserven des Körpers auf die Einschätzung von Distanzen und Steigungen auswirken können. Personen mit reduzierten Energielevels, z. B. durch vorangehende körperliche Betätigung oder durch chronisch reduzierte körperliche Leistungsfähigkeit auf Grund chronischer Schmerzen oder fortgeschrittenen Alters, schätzen Steigungen als signifikant steiler (z. B. Proffitt et al., 1995) und Distanzen als signifikant weiter ein (z. B. Proffitt et al., 2003; Witt et al., 2009) als Personen mit normaler körperlicher Leistungsfähigkeit. Die meisten von uns haben diesen Effekt schon am eigenen Leib erfahren: Die Strecke zwischen Arbeitsplatz und Zuhause erscheint nach einem anstrengenden Tag plötzlich anstrengender als morgens. In mehreren Experimenten wurde zudem ein direkter Einfluss aktuell verfügbarer metabolischer Energie (z. B. Glukoselevels) auf die Einschätzung von Steigungen und Distanzen gefunden (z. B. Schnall et al., 2010). So konnte der Effekt der Überschätzung von Steigungen und Distanzen nach sportlicher Aktivität durch den Konsum eines Getränks mit hohem Glukosegehalt deutlich reduziert werden.

Wie bereits beschrieben, besteht eine Beziehung zwischen dem Empfinden sozialer Wärme und der Temperaturwahrnehmung. Während einige Studien (z. B. Zhong und Leonardelli, 2008) einen Effekt von sozialer Wärme auf Temperaturwahrnehmung gefunden hatten, konnten andere (z. B. Williams und Bargh, 2008) zeigen, dass experimentell veränderte Temperaturwahrnehmung die kognitive Einschätzung anderer Menschen verändern kann. Die Resultate dieser Studien zeigten zum Beispiel, dass Personen, die einen warmen Gegenstand in der Hand halten, dem Protagonisten einer Geschichte signifikant »wärmere« Persönlichkeitszüge zuschreiben, als Personen, die einen kalten Gegenstand in der Hand halten.

Auch die kognitive Verarbeitung komplexer, abstrakter Konzepte kann durch sensomotorische Prozesse beeinflusst werden. So reduziert sich zum Beispiel der Glaube an das Konzept des freien Willens deutlich, sobald sich Personen in einem Zustand befinden, in welchem körperliche Bedürfnisse nicht gestillt wurden, in dem also zum Beispiel Hunger, Durst, Harndrang, Bedürfnis nach Sexualität oder nach Schlaf stark präsent waren (Ent und Baumeister, 2014). Die Autoren erklärten dies damit, dass Personen in den genannten Situationen von ihrem Körper unbewusst daran erinnert werden, dass ihr eigener Wille nicht die einzige Instanz ist, die ihre Handlungen kontrolliert. Dies scheint wiederum deren Meinungen und Haltungen zum Konzept des freien Willens zu beeinflussen. Auf ähnliche Weise kann motorische Stimulation, induziert durch vor- bzw. rückwärts- und links- bzw. rechts-gerichtete Körperbewegungen, das Denken über das abstrakte Konzept der Zeit (z. B. Miles et al., 2010; Santiago et al., 2007) sowie die numerische Kognition (z. B. Eerland et al., 2011) beeinflussen.

Körpererleben und Kognition

In den zuvor geschilderten Experimenten war den Versuchspersonen die Veränderung in den sensomotorischen Prozessen meist nicht bewusst. Die gegenseitige Beeinflussung von kognitiven und physischen, sensomotorischen Prozessen wurde mittels empirischer Studien gemessen, ohne dass das bewusste Körpererleben der Probanden verändert wurde. Jedoch scheint im Rahmen der Interaktion von Körper und Kognition auch die bewusste Körperwahrnehmung einen modulierenden Effekt zu haben (Dijkerman und Lenggenhager, 2018). Obwohl der Körper bei vielen alltäglichen Tätigkeiten eine zentrale Rolle spielt, nehmen wir ihn oft nicht bewusst wahr. Dennoch können wir die Aufmerksamkeit bewusst auf den Körper lenken und erleben ihn und die Umwelt stets auf eine direkte Weise aus einer Erstpersonenperspektive und uns selbst als räumlich sowie zeitlich verkörperte/n Akteur/in (Stanghellini, 2009).

Unser körperliches Bewusstsein beinhaltet verschiedene phänomenologische Aspekte. Als zentral beschrieben wurden die Erstpersonenperspektive (engl. *first-person perspective*), das Kontrollgefühl über den eigenen Körper und dessen Bewegungen (engl. *feeling of agency*), sowie die Identifikation mit seinem eigenen Körper (engl. *feeling of ownership*). Zudem kann auf das eigene Körperbild bzw. -schema, also das Erleben der Größe oder Position des Körpers mehr oder weniger akkurat zugegriffen werden. Diese Aspekte des körperlichen Erlebens scheinen zwar über Zeit und Raum stabil zu sein, lassen sich aber trotzdem durch experimentelle Manipulation zumindest temporär verändern. Zudem gehen auch zentrale (z. B. außerkörperliche Erfahrungen) und periphere neurologische Erkrankungen (z. B. Amputation oder Rückenmarksverletzung) sowie psychiatrische Erkrankungen (z. B. Anorexie oder Körperschemastörung) oft mit verändertem Körpererleben einher (siehe z. B. Ionta et al., 2011; Lenggenhager et al., 2013; Lenggenhager et al., 2015; Porciello et al., 2020). Dasselbe gilt für verschiedene veränderte Bewusstseinszustände, wie sie zum Beispiel durch Psychedelika hervorgerufen werden oder bei Schlaf- bzw. Traumzuständen sowie Meditation und Hypnose auftreten können (siehe z. B. Ho et al., 2020; Millière et al., 2018; Noreika et al., 2020).

Aktive, probabilistische Körperwahrnehmung

Es stellt sich nun die Frage, wie unser Körpererleben über Zeit und Ort relativ stabil und dabei doch so plastisch sein kann, dass es sich an einen sich ständig verändernden Körper anpassen kann und sich sogar durch einfachste experimentelle Manipulationen kurzfristig verändern lässt. Eine Antwort darauf findet man durch nähere Auseinandersetzung mit den Eigenschaften menschlicher Wahrnehmung im Generellen. Man kann davon ausgehen, dass unsere Wahrnehmung sowohl aktiver als auch probabilistischer Natur ist und sowohl »bottom-up« von den momentanen sensorischen Eindrücken als auch

»top-down» von längerfristigen Erwartungen und Überzeugungen geprägt wird (siehe z. B. Friston, 2005; Hohwy, 2013).

Frühe sensorische Erfahrungen und gelernte Überzeugungen beeinflussen die Wahrnehmung späterer sensorischer Signale erheblich. Dieser Einfluss der Erwartung ist fundamental für eine schnelle Reaktionsfähigkeit auf sensorische Stimuli sowie die Disambiguierung mehrdeutiger sensorischer Eindrücke. Sensorische Erfahrung im dreidimensionalen Raum und dadurch entstandene Erwartungen sind zum Beispiel unerlässlich, um Distanzen und Perspektiven richtig einschätzen zu können, und bilden somit die Basis für eine angemessene Interaktion mit der eigenen unmittelbaren Umgebung. Solche Erwartungen können oft anhand von eindrücklichen Illusionen aufgezeigt werden. Ein Beispiel einer solchen Illusion im visuellen Bereich ist der sogenannte *Shepard-Tisch*. Er verdankt seinen Namen dem Psychologen Roger N. Shepard, welcher die optische Illusion 1990 in seinem Buch vorstellte und erklärte (Shepard, 1990). Vergleichen Sie die Abbildungen der Flächen, abgebildet in Abb. 1. Welche der Flächen ist länger?

Wenn Sie die linke Abbildung gewählt haben, stimmen Sie mit den meisten Menschen, die diese Aufgabe durchgeführt haben, überein. Tatsächlich basieren beide Flächen jedoch auf der Zeichnung desselben Parallelogramms; sie unterscheiden sich voneinander also einzig in der Ausrichtung – das eine Parallelogramm wurde auf die Seite gedreht – und den dazu gezeichneten Tischbeinen und Schatten. Anhand der Tischbeine erkennen wir die Figuren als Tische und die Flächen als Tischplatten. Dies hat zur Folge, dass wir die Abbildungen sofort als dreidimensionale Objekte wahrnehmen, was wiederum unsere Einschätzung der Größe der zweidimensionalen Flächen verzerrt und zum illusorischen Effekt des Shepard-Tischs führt.

An diesem Beispiel wird deutlich, dass das Wissen über die Dreidimensionalität der Welt die Wahrnehmung grundlegend beeinflusst und kaum unterdrückt werden kann.

Genauso plastisch und aktiv ist auch die Wahrnehmung unseres eigenen Körpers, was vielleicht noch überraschender ist. Die Körperwahrnehmung wird dauernd aktualisiert und in gewissem Sinne neu kreiert, indem verschiedene sensorische – innere und äußere – Signale gewichtet und integriert werden (*Bottom-up-Einflüsse*) (Apps und Tsakiris, 2014). Gleichzeitig beeinflussen unsere Erwartungen bezüglich unseres Körpers, also beispielsweise wie er aussehen oder

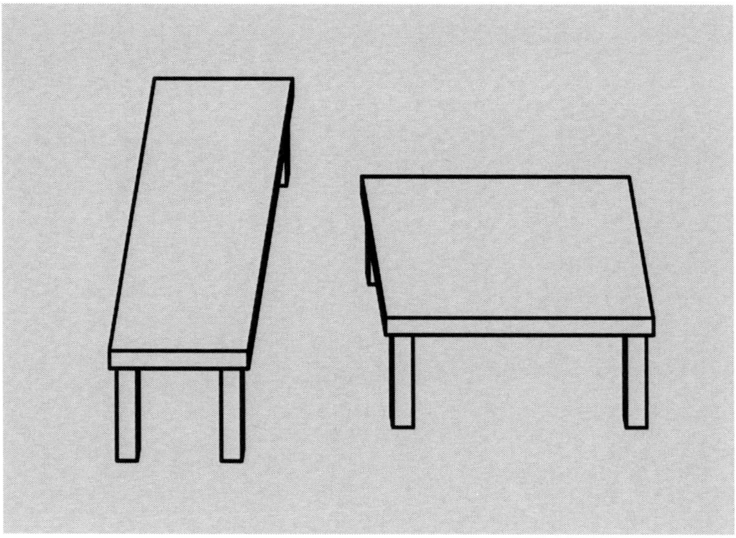

Abb. 1: Shepard-Tisch

wie er sich bewegen sollte, die Körperwahrnehmung stark (*Top-down-Einflüsse*). Unser Gehirn macht ständig Vorhersagen über sensorische Signale aufgrund von Erfahrung und gleicht diese dann mit dem tatsächlichen Input der verschiedenen sensorischen Systeme ab.

Die Rolle von Bottom-up- und Top-down-Einflüssen für das Körpererleben wird nun schon seit mehreren Jahrzehnten untersucht. Schon Ende des 19. Jahrhunderts führte der Psychologe George M. Stratton ein Experiment durch, in welchem er sich mit einer Konstruktion aus drei Spiegeln schwebend vor seinen eigentlichen Körper hin projizieren konnte (siehe Abb. 2a für eine schematische Darstellung der Konstruktion). Er dokumentierte die Auswirkung von solch veränderten multisensorischen Signalen auf sein Körpererleben ausführlich (Stratton, 1899) und schloss daraus, dass *multisensorische Synchronität* äußerst relevant ist für das Körpererleben und dass sich ebensolches durch synchrone, aber inhaltlich widersprüchliche Informationen einfach verändern lässt, solange sie mehr oder weniger mit den Erwartungen übereinstimmen. Multisensorische Synchronität beschreibt dabei das zeitgleiche Auftreten von Stimuli, die von

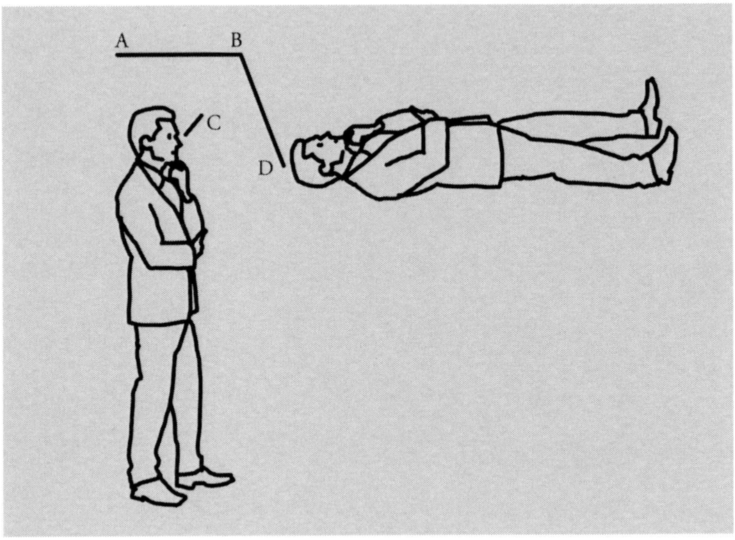

Abb. 2a: Beispiele zur Veränderung des Körpererlebens durch experimentelle Manipulation: Aufbau des Experiments von Stratton (1899). Mithilfe eines Gestells war ein erster Spiegel (AB) über dem Kopf der Versuchsperson und ein zweiter (BD) in einem 120°-Winkel zum ersten befestigt. Ein dritter Spiegel (C) wurde direkt vor den Augen platziert, wodurch die Person ihren eigenen Körper stets aus der Vogelperspektive in der Position D sehen und sich gleichzeitig frei bewegen konnte.

verschiedenen sensorischen Modalitäten verarbeitet werden und oft von derselben Quelle ausgehen. Beispiele dafür findet man im Alltag zuhauf: Man hört einen Glockenschlag im selben Moment wie man sieht, wie der Hammer auf der Glocke auftrifft, oder man sieht eine Hand auf der Schulter und spürt an derselben Stelle gleichzeitig eine Berührung.

Multisensorische Synchronität und Plastizität der Körperwahrnehmung

Wie Stratton 1899 schon erkannt hat, ist die Wahrnehmung und Integration verschiedener synchroner sensorischer Signale zentral für

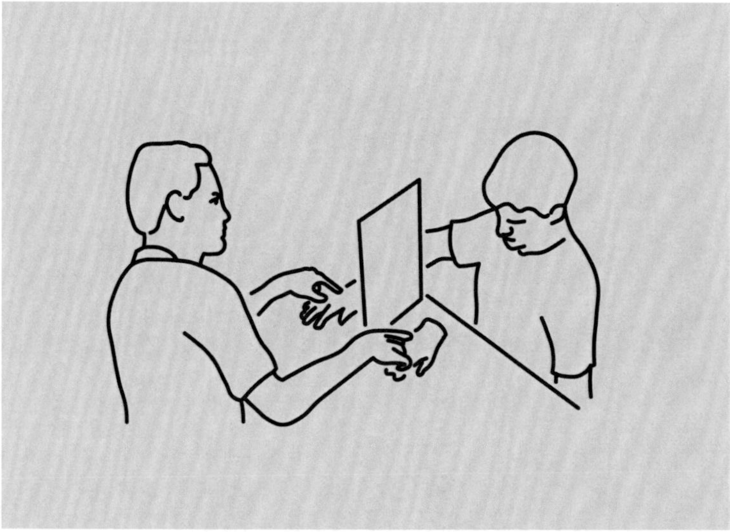

Abb. 2b: Exemplarischer Aufbau einer Gummihand-Illusion. Die echte Hand wird aus dem Blickfeld entfernt und danach zeitgleich mit einer ins Sichtfeld gerückten Gummihand berührt, woraufhin sich das Gefühl einstellt, die Gummihand sei die eigene.

die Körperwahrnehmung. Das Gehirn muss aus den verschiedenen intero- und exterozeptiven sensorischen Signalen, die ganz unterschiedlich kodiert sind, eine einheitliche Körperwahrnehmung konstruieren. Bereits im frühen Kindesalter ist die Entwicklung der Fähigkeit des Erkennens von multisensorischer Synchronität deshalb grundlegend für die Entwicklung der Fähigkeit, sich selbst von anderen Objekten und Vorgängen in der Umwelt abzugrenzen und dadurch als von anderen Objekten und Personen distinkt zu erfahren (Bahrick, 2013). Man konnte zeigen, dass schon Säuglinge sehr früh unterschiedlich auf multisensorische Synchronität und Asynchronität reagieren.

Die Tendenz des Gehirns, synchrone Signale verschiedener Modalitäten miteinander in Verbindung zu setzen und daraus eine auch

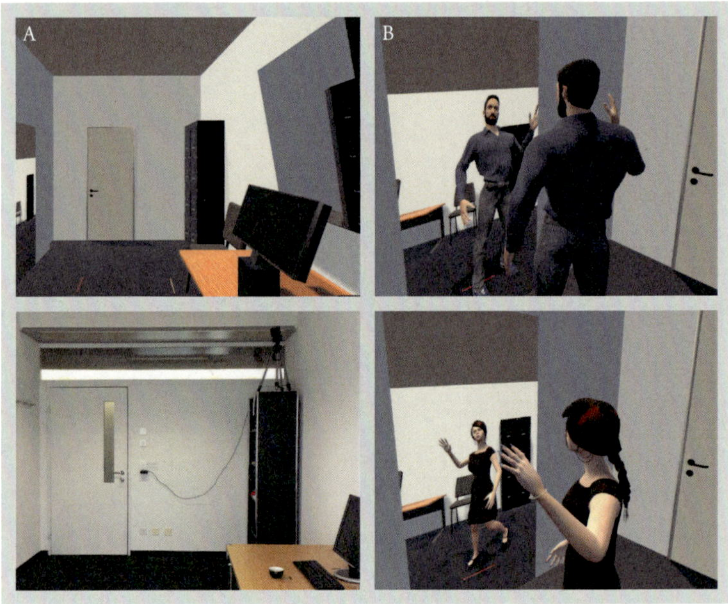

Abb. 2c: Exemplarische Darstellung einer veränderten Verkörperung in virtueller Realität, hier am Beispiel eines virtuellen Geschlechtertauschs, bei dem Versuchspersonen aus Erstpersonen-Perspektive in den Körper eines Avatars des anderen Geschlechts schlüpften (Bolt et al., 2021). Dazu trugen sie eine Virtual-Reality-Brille sowie mehrere Tracker, mittels deren ihre Bewegungen aufgezeichnet wurden. Der virtuelle Raum (A oben), den die Personen in der Virtual-Reality-Brille sehen konnten, war beinahe identisch mit dem realen Raum (A unten), enthielt jedoch zusätzlich einen Spiegel, in dem sich die Personen im Körper des Avatars betrachten konnten (B). So konnten sie sich durch den Raum bewegen und ihren »neuen« Körper kennenlernen. Durch die Synchronität zwischen den eigenen Bewegungen und den Bewegungen des Avatars wurde eine Ganzkörper-Illusion erzeugt, bei der sich das Gefühl einstellte, der Körper des Avatars könnte der eigene sein.

entsprechend den Top-down-Prozessen sinnvolle Wahrnehmung zu konstruieren, macht sich auch die mittlerweile sehr bekannte *Gummihand-Illusion* (engl. *rubber hand illusion*) zunutze, welche als das Paradebeispiel für die experimentelle Modulation von Körperwahrnehmung gilt. Dabei kann man durch synchrones Berühren

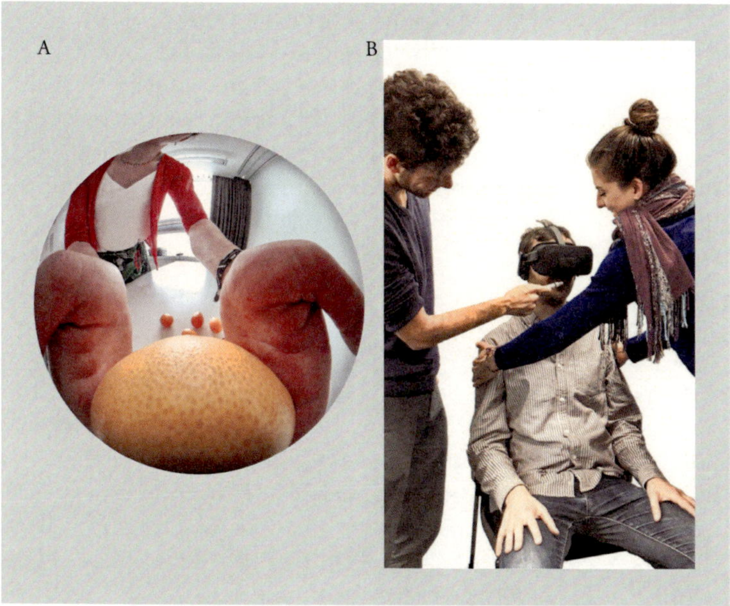

Abb. 2d: Exemplarische Darstellung einer veränderten Verkörperung mittels 235°-Videos. Roel Lesur et al. (2020) führten durch multisensorische Stimulation eine Ganzkörper-Illusion herbei, in der Versuchspersonen eine Grapefruit verkörpern konnten. Die Versuchsperson trug dafür eine Virtual-Reality-Brille (B) und sah darin ein Video aus der vermeintlichen Erstpersonenperspektive einer Grapefruit, welches zeigt, wie die Frucht an beiden Seiten zusammengepresst wird (A). Gleichzeitig wurde die Schulter der Versuchsperson synchron gepresst und ein Grapefruit-Duft unter die Nase der Versuchsperson gehalten, um die Selbstidentifikation mit der Frucht zu verstärken.

einer Gummihand und der aus dem Blickfeld entfernten echten Hand die Illusion erzeugen, die Gummihand sei die eigene (siehe Abb. 2b). Nebst dem subjektiven Empfinden werden dadurch auch verschiedene behaviorale und physiologische Prozesse verändert, was darauf hinweist, dass die Gummihand sowohl bewusst als auch unbewusst ins Körperschema aufgenommen worden ist. Armel und Ramachandran (2003) und viele weitere Autoren haben nach erfolgreicher Induktion der Illusion zum Beispiel eine erhöhte Hautleitfähigkeit (Marker für Emotionalität) als Reaktion auf eine Bedrohung der Gummihand nachgewiesen. Zudem konnte mehrfach gezeigt werden, dass die Position der eigenen Hand nach Induktion der Illusion als näher an der Position der Gummihand eingeschätzt wird als zuvor (*proprioceptive drift*, Botvinick und Cohen, 1998). Dabei ist der Effekt der Illusion stets größer bei synchroner als bei asynchroner multisensorischer Stimulation.

Während bei der Gummihand-Illusion nur eine Gliedmaße verkörpert wird, ist es bei einer *Ganzkörper-Illusion* (engl. *full body illusion*) möglich, durch multisensorische Stimulation die Verkörperung eines gesamten Körpers herbeizuführen (Petkova et al., 2011). Es wird also die Illusion erzeugt, ein fremder Körper sei der eigene, wodurch sich das Körpererleben noch flexibler verändern lässt als bei der Verkörperung einer fremden Hand. Gerade der technische Fortschritt hat in den vergangenen Jahren viele neue Möglichkeiten für die Erzeugung dieser Art von Illusionen geschaffen. So wird mithilfe mobiler Endgeräte oder Virtual-Reality-Techniken die Verkörperung virtueller Avatare möglich (auch bekannt als *virtual embodiment*), die in ihren Eigenschaften flexibel angepasst werden können und deren Verkörperung das Körpererleben auf verschiedenste Weise verändern kann.

Durch entsprechende multisensorische Stimulation kann die Körperwahrnehmung also zumindest kurzzeitig grundlegend verändert werden. Dabei können einzelne fremde Körperteile (siehe Abb. 2b), ganze fremde Körper (siehe Abb. 2c) und sogar nicht-menschliche Objekte wie Tiere oder Früchte (siehe Abb. 2d) verkörpert werden, was die Plastizität der Körperwahrnehmung auf anschauliche Weise verdeutlicht.

Die Wirkung von (verändertem) Körpererleben auf Kognition

Von großem wissenschaftlichen, aber auch praktischen Interesse ist nun der Einfluss von solch experimentell verändertem Körpererleben auf verschiedene affektive und kognitive Prozesse. Frühe Studien haben zum Beispiel gezeigt, dass Vorurteile gegenüber Personen mit dunklerer Hautfarbe bei hellhäutigen Personen verringert werden können, wenn diese die Gummihand-Illusion mit einer dunkelhäutigen Gummihand erlebt haben (z. B. Farmer et al., 2014; Maister et al., 2013). Ähnliche Effekte konnten auch in virtueller Realität nachgewiesen werden, wenn sich Probanden in einem Körper einer anderen Hautfarbe wahrnahmen (siehe z. B. Hasler et al., 2017; Peck et al., 2013). Da diese Ergebnisse darauf hindeuten, dass die Verkörperung eines anderen Körpers einen Einfluss auf soziale Kognition haben kann, ist die Erforschung der Wirkung experimentell veränderten Körpererlebens auf affektive und kognitive Prozesse auch potenziell relevant bei der Auseinandersetzung mit gesellschaftlichen Widersprüchen.

Yee und Bailenson (2007) führten im Kontext der Verkörperung von Avataren in virtuellen Umgebungen den Begriff des *Proteus-Effekts* ein. Dieser besagt, dass sich die Kognition und eigene Empfindungen an den Körper anpassen, den man gerade verkörpert. Mittlerweile liegen Resultate etlicher Studien vor, welche den Proteus-Effekt im Zusammenhang verschiedenster kognitiver Prozesse bestätigen. Van der Hoort und Ehrsson (2014) konnten zum Beispiel zeigen, dass die Größe des Avatars, den man im Experiment verkörpert, einen Einfluss auf die räumliche Kognition hat. In ihrem Experiment wurde deutlich, dass sich Distanz- und Größenwahrnehmung deutlich verändern, wenn man in der virtuellen Realität einen kleineren im Vergleich zu einem größeren Körper verkörpert. Preston und Ehrsson (2018) fanden Veränderungen der Körperzufriedenheit von Versuchspersonen abhängig von der Art des Körpers, den sie in der virtuellen Realität verkörperten. Effekte der Verkörperung eines Avatars auf die Persönlichkeit konnten ebenfalls nachgewiesen werden. Zum Beispiel wurde in einer Studie von Banakou et al. (2013) gezeigt, dass sich Personen tendenziell eher kindliche Persönlichkeitsmerkmale zuordnen, nachdem sie ein Kind verkörpert haben, als wenn sie zuvor einen Erwachsenen verkörpert haben. Eine weitere Studie verdeutlichte zudem, dass die Illusion, keinen Körper zu haben, dazu führt, dass Versuchspersonen weniger soziale Angst und eine schwächere physiologische Reaktion zeigen (Guterstam et al., 2015). In einer Studie unserer Gruppe wurden Versuchspersonen mittels virtueller Realität in einen

Avatar des jeweils anderen Geschlechts versetzt (Bolt et al., 2021; siehe Abb. 2c). Den Versuchspersonen wurden dann verschiedene kognitive Aufgaben gestellt, die sie innerhalb dieser virtuellen Realität im Körper des anderen Geschlechts lösen müssen. Dabei konnten wir zeigen, dass Frauen unabhängig von ihrem eigenen Geschlecht in einem männlichen Avatar impulsiver handelten als in einem weiblichen Avatar, was einen Proteus-Effekt nahelegt.

Auch außerkörperliche Erfahrungen, induziert zum Beispiel mittels virtueller Realität, können einen Einfluss auf die Kognition haben. Zum Beispiel zeigten Bourdin et al. (2017), dass Personen nach solchen experimentell induzierten außerkörperlichen Erfahrungen ihre Angst vor dem Sterben als deutlich geringer einschätzen als zuvor bzw. als Personen ohne außerkörperliche Erfahrungen.

Bei all diesen Experimenten ist die gefühlte Verkörperung und dadurch deren Effekt auf kognitive Variablen immer abhängig von der Synchronität der multisensorischen Stimulation.

Fazit und Ausblick

Wie wir nun gesehen haben, kann man davon ausgehen, dass es eine Verbindung zwischen sensomotorischen Prozessen, dem Körpererleben und kognitiven Prozessen gibt. Wir wissen zudem auch, dass das Körpererleben erstaunlich plastisch ist und durch multisensorische Stimulation verändert werden kann. Auf diese Weise temporär verändertes Körpererleben scheint dabei verschiedene kognitive Prozesse (teils nachhaltig) verändern zu können.

Man muss jedoch auch anmerken, dass viele Studien, die Aspekte der Verbindung von Körper(erleben) und kognitiven Prozessen untersucht haben, noch nicht repliziert sind und mit eher kleinen Stichproben durchgeführt wurden. Weiter sind zugrunde liegende Prozesse noch zu wenig erforscht. Für ein breiteres Verständnis dieses Bereichs der kognitiven Neuropsychologie braucht es also noch intensive Forschung, die zum einen bereits durchgeführte Studien mit größeren Stichproben aus verschiedenen Populationen repliziert und sich zum anderen mit der neuronalen Grundlage dieser Prozesse beschäftigt. Der technische Fortschritt, zum Beispiel im Bereich der virtuellen Realität, bietet dafür eine spannende Grundlage.

Eine umfassende Erforschung der Verbindung zwischen sensomotorischen Prozessen, Körpererleben und Kognition ist wichtig, da sie Theorien und Modelle der traditionellen Neuropsychologie erweitert und dadurch zur neurowissenschaftlichen und psychologischen Grundlagenforschung beiträgt. Außerdem kann aus den Forschungsergebnissen eine Vielzahl an praktischen Implikationen abgeleitet werden. Einsichten aus der Untersuchung von Körpererleben und dessen Verbindung mit kognitiven Prozessen führen unter anderem zu einem tieferen Verständnis von psychischen Störungen, welche explizit mit verändertem Körpererleben einhergehen. Für Personen mit Erkrankungen wie zum Beispiel einer Körperschemastörung oder einer Essstörung können so potenziell effektive Therapien und Unterstützungsangebote entwickelt werden (Clus et al., 2018). Aber auch für andere Störungen, die mit einer Veränderung des Körpererlebens einhergehen, wie Depression oder Psychose, können neue, körperzentrierte, therapeutische Ansätze entwickelt werden (Fuchs und Schlimme, 2009). Auch in der Neurorehabilitation haben therapeutische Ansätze mit verkörperter virtueller Realität zum Beispiel nach Rückenmarksverletzungen oder nach einer Amputation erste Erfolge gezeigt (Ramakonar et al., 2011). In edukativen Settings können virtuelle Verkörperungen von anderen Menschen zum Beispiel verwendet werden, um Vorurteile und Ängste abzubauen (Farmer et al., 2014).

Die Forschung zu Theorien des verkörperten Denkens dient also dem Fortschritt im wissenschaftlichen sowie im klinischen Bereich und kann zur Auseinandersetzung mit gesellschaftlichen Anliegen wie Fremdenfeindlichkeit oder Gleichberechtigung beitragen.

Literatur

Apps, Matthew A. J. und Tsakiris, Manos: The free-energy self: A predictive coding account of self-recognition. In: *Neuroscience & Biobehavioral Reviews* 41, 2014, S. 85–97. DOI: 10.1016/j.neubiorev.2013.01.029.

Armel, K. Carrie und Ramachandran, Vilayanur S.: Projecting sensations to external objects: Evidence from skin conductance response. In: *Proceedings of the Royal Society of London. Series B: Biological Sciences* 270(1523), 2003, S. 1499–1506. DOI: 10.1098/rspb.2003.2364.

Bahrick, Lorraine E.: Body perception: Intersensory origins of self and other perception in newborns. In: *Current Biology* 23(23), 2013, R1039–41. DOI: 10.1016/j.cub.2013.10.060.

Banakou, Domna, Groten, Raphaela und Slater, Mel: Illusory ownership of a virtual child body causes overestimation of object sizes and implicit attitude changes. In: *Proceedings of the National Academy of Sciences* 110(31), 2013, S. 12846–51. DOI: 10.1073/pnas.1306779110.

Bolt, Elena, Ho, Jasmine T., Roel Lesur, Marte, Soutschek, Alexander, Tobler, Philippe N. und Lenggenhager, Bigna: How the virtually embodied gender influences social and temporal decision making, eingereicht 2021. DOI: 10.31234/osf.io/84v9n.

Botvinick, Matthew und Cohen, Jonathan: Rubber hands ›feel‹ touch that eyes see. In: *Nature* 391(6669), 1998, S. 756–756. DOI: 10.1038/35784.

Bourdin, Pierre, Barberia, Itxaso, Oliva, Ramon und Slater Mel: A virtual out-of-body experience reduces fear of death. In: *PLOS ONE* 12(1), 2017, e0169343. DOI: 10.1371/journal.pone.0169343.

Bourgeois, Patrick und Hess, Ursula: The impact of social context on mimicry. In: *Biological Psychology* 77(3), 2008, S. 343–352. DOI: 10.1016/j.biopsycho.2007.11.008.

Carney, Dana R., Cuddy, Amy J.C. und Yap, Andy J.: Review and summary of research on the embodied effects of expansive (vs. contractive) nonverbal displays. In: *Psychological Science* 26(5), 2015, S. 657–663. DOI: 10.1177/0956797614566855.

Clus, Damien, Larsen, Mark Erik, Lemey, Christophe und Berrouiguet, Sofian: The use of virtual reality in patients with eating disorders: Systematic review. In: *Journal of Medical Internet Research* 20(4), 2018, e157. DOI: 10.2196/jmir.7898.

Dijkerman, Chris und Lenggenhager, Bigna: The body and cognition: The relation between body representations and higher level cognitive and social processes. In: *Cortex* 104, 2018, S. 133–139. DOI: 10.1016/j.cortex.2018.06.001.

Dimberg, Ulf und Thunberg, Monika: Rapid facial reactions to emotional facial expressions. In: *Scandinavian Journal of Psychology* 39(1), 1998, S. 39–45. DOI: 10.1111/1467-9450.00054.

Eerland, Anita, Guadalupe, Tulio M. und Zwaan, Rolf A.: Leaning to the left makes the Eiffel tower seem smaller: Posture-modulated estimation. In: *Psychological Science* 22(12), 2011, S. 1511–1514. DOI: 10.1177/0956797611420731.

Ent, Michael R. und Baumeister, Roy F.: Embodied free will beliefs: Some effects of physical states on metaphysical opinions. In: *Consciousness and Cognition* 27, 2014, S. 147–154. DOI: 10.1016/j.concog.2014.05.001.

Farmer, Harry, Maister, Lara und Tsakiris, Manos: Change my body, change my mind: The effects of illusory ownership of an outgroup hand on implicit attitudes toward that outgroup. In: *Frontiers in Psychology* 4, 2014, 1016, S. 1–10. DOI: 10.3389/fpsyg.2013.01016.

Friston, Karl: A theory of cortical responses. In: *Philosophical Transactions of the Royal Society B: Biological Sciences* 360(1456), 2005, S. 815–836. DOI: 10.1098/rstb.2005.1622.

Fuchs, Thomas und Schlimme, Jann E.: Embodiment and psychopathology: A phenomenological perspective. In: *Current Opinion in Psychiatry* 22(6), 2009, S. 570–575. DOI: 10.1097/YCO.0b013e3283318e5c.

Gallagher, Shaun: *How the Body Shapes the Mind,* Oxford University Press, Oxford 2005.

Guterstam, Arvid, Abdulkarim, Zakaryah und Ehrsson, H. Henrik: Illusory ownership of an invisible body reduces autonomic and subjective social anxiety responses. In: *Scientific Reports* 5(1), 2015, 9831, S. 1–8. DOI: 10.1038/srep09831.

Hasler, Béatrice S., Spanlang, Bernhard und Slater, Mel: Virtual race transformation reverses racial in-group bias. In: *PLOS ONE* 12(4), 2017, e0174965. DOI: 10.1371/journal.pone.0174965.

Hauk, Olaf, Johnsrude, Ingrid und Pulvermüller, Friedemann: Somatotopic representation of action words in human motor and premotor cortex. In: *Neuron* 41(2), 2004, S. 301–307. DOI: 10.1016/s0896-6273(03)00838-9.

Hess, Ursula: The communication of emotion. In: *Emotions, Qualia, and Consciousness,* hrsg. von Alfred Kaszniak. World Scientific, Singapur 2001, S. 397–409.

Ho, Jasmine T., Preller, Katrin H. und Lenggenhager, Bigna: Neuropharmacological modulation of the aberrant bodily self through psychedelics. In: *Neuroscience & Biobehavioral Reviews* 108, 2020, S. 526–541. DOI: 10.1016/j.neubiorev.2019.12.006.

Hohwy, Jakob: The Predictive Mind, Oxford University Press, Oxford 2013.

van der Hoort, Björn und Ehrsson, H. Henrik: Body ownership affects visual perception of object size by rescaling the visual representation of external space. In: *Attention, Perception, & Psychophysics* 76(5), 2014, S. 1414–1428. DOI: 10.3758/s13414-014-0664-9.

Ionta, Silvio, Heydrich, Lukas, Lenggenhager, Bigna, Mouthon, Michael, Fornari, Eleonora, Chapuis, Dominique, Gassert, Roger und Blanke, Olaf: Multisensory mechanisms in temporo-parietal cortex support self-location and first-person perspective. In: *Neuron* 70(2), 2011, S. 363–374. DOI: 10.1016/j.neuron.2011.03.009.

Lenggenhager, Bigna, Hilti, Leonie und Brugger, Peter: Disturbed body integrity and the »rubber foot illusion«. In: *Neuropsychology* 29(2), 2015, S. 205–211. DOI: 10.1037/neu0000143.

Lenggenhager, Bigna, Scivoletto, Giorgio, Molinari, Marco und Pazzaglia, Mariella: Restoring tactile awareness through the rubber hand illusion in cervical spinal cord injury. In: *Neurorehabilitation and Neural Repair* 27(8), 2013, S. 704–708. DOI: 10.1177/1545968313491009.

Likowski, Katja U., Mühlberger, Andreas, Seibt, Beate, Pauli, Paul und Weyers, Peter: Modulation of facial mimicry by attitudes. In: *Journal of Experimental Social Psychology* 44(4), 2008, S. 1065–1072. DOI: 10.1016/j.jesp.2007.10.007.

Macauda, Gianluca, Moisa, Marius, Mast, Fred W., Ruff, Christian C., Michels, Lars und Lenggenhager, Bigna: Shared neural mechanisms between imagined and perceived egocentric motion: A combined GVS and fMRI study. In: *Cortex* 119, 2019, S. 20–32. DOI: 10.1016/j.cortex.2019.04.004.

Maister, Lara, Sebanz, Natalie, Knoblich, Günther und Tsakiris, Manos: Experiencing ownership over a dark-skinned body reduces implicit racial bias. In: *Cognition* 128(2), 2013, S. 170–178. DOI: 10.1016/j.cognition.2013.04.002.

McHugo, Gregory J., Lanzetta, John T. und Bush, Lauren K.: The effect of attitudes on emotional reactions to expressive displays of political leaders. In: *Journal of Nonverbal Behavior* 15(1), 1991, S. 19–41. DOI: 10.1007/BF00997765.

Miles, Lynden K., Nind, Louise K. und Macrae, C. Neil: Moving through time. In: *Psychological Science* 21(2), 2010, S. 222–223. DOI: 10.1177/0956797609359333.

Millière, Raphaël, Carhart-Harris, Robin L., Roseman, Leor, Trautwein, Fynn-Mathis und Berkovich-Ohana, Aviva: Psychedelics, meditation, and self-consciousness. In: *Frontiers in Psychology* 9, 2018, 1475, S. 1–29. DOI: 10.3389/fpsyg.2018.01475.

Noreika, Valdas, Windt, Jennifer M., Kern, Markus, Valli, Katja, Salonen, Tiina, Parkkola, Riitta, Revonsuo, Antti, Karim, Ahmed A., Ball, Tonio und Lenggenhager, Bigna: Modulating dream experience: Noninvasive brain stimulation over the sensorimotor cortex reduces dream movement. In: *Scientific Reports* 10(1), 2020, 6735. DOI: 10.1038/s41598-020-63479-6.

Peck, Tabitha C., Seinfeld, Sofia, Aglioti, Salvatore M. und Slater, Mel: Putting yourself in the skin of a black avatar reduces implicit racial bias. In: *Consciousness and Cognition* 22(3), 2013, S. 779–787. DOI: 10.1016/j.concog.2013.04.016.

Petkova, Valeria I., Björnsdotter, Malin, Gentile, Giovanni, Jonsson, Tomas, Li, Tie-Qiang und Ehrsson, H. Henrik: From part- to whole-body ownership in the multisensory brain. In: *Current Biology* 21(13), 2011, S. 1118–1122. DOI: 10.1016/j.cub.2011.05.022.

Preston, Catherine und Ehrsson, H. Henrik: Implicit and explicit changes in body satisfaction evoked by body size illusions: Implications for eating disorder vulnerability in women. In: *PLOS ONE* 13(6), 2018, e0199426. DOI: 10.1371/journal.pone.0199426.

Proffitt, Dennis R., Bhalla, Mukul, Gossweiler, Rich und Midgett, Jonathan: Perceiving geographical slant. In: *Psychonomic Bulletin & Review* 2(4), 1995, S. 409–428. DOI: 10.3758/BF03210980.

Proffitt, Dennis R., Stefanucci, Jeanine, Banton, Tom und Epstein, William: The role of effort in perceiving distance. In: *Psychological Science* 14(2), 2003, S. 106–112. DOI: 10.1111/1467-9280.t01-1-01427.

Ramakonar, Hari, Franz, Elizabeth A. und Lind, Christopher R. P.: The rubber hand illusion and its application to clinical neuroscience. In: *Journal of Clinical Neuroscience* 18(12), 2011, S. 1596–1601. DOI: 10.1016/j.jocn.2011.05.008.

Ranehill, Eva, Dreber, Anna, Johannesson, Magnus, Leiberg, Susanne, Sul, Sunhae und Weber, Roberto A.: Assessing the robustness of power posing: No effect on hormones and risk tolerance in a large sample of men and women. In: *Psychological Science* 26(5), 2015, S. 653–656. DOI: 10.1177/0956797614553946.

Roel Lesur, Marte, Aicher, Helena, Delplanque, Sylvain und Lenggenhager, Bigna: Being short, sweet, and sour: Congruent visuo-olfactory stimulation enhances illusory embodiment. In: *Perception* 49(6), 2020, S. 693–696. DOI: 10.1177/0301006620928669.

Saetta, Gianluca, Ho, Jasmine T., Bekrater-Bodmann, Robin, Brugger, Peter, Dijkerman, H. Chris und Lenggenhager, Bigna: Limb apparent motion perception: Modification by TDCS, and clinically or experimentally altered bodily states. In: *BioRxiv* 2021.03.06.433957. DOI: 10.1101/2021.03.06.433957.

Santiago, Julio, Lupáñez, Juan, Pérez, Elvira und Funes, María Jesús: Time (also) flies from left to right. In: *Psychonomic Bulletin & Review* 14(3), 2007, S. 512–516. DOI: 10.3758/BF03194099.

Schnall, Simone, Zadra, Jonathan R. und Proffitt, Dennis R.: Direct evidence for the economy of action: Glucose and the perception of geographical slant. In: *Perception* 39(4), 2010, S. 464–482. DOI: 10.1068/p6445.

Seibt, Beate, Mühlberger, Andreas, Likowski, Katja U. und Weyers, Peter: Facial mimicry in its social setting. In: *Frontiers in Psychology* 6, 2015, 1122, S. 1–21. DOI: 10.3389/fpsyg.2015.01122.

Shepard, Roger N: *Mind Sights: Original Visual Illusions, Ambiguities, and Other Anomalies, with a commentary on the play of mind in perception and art,* W. H. Freeman and Co., New York 1990.

Stanghellini, Giovanni: Embodiment and schizophrenia. In: *World Psychiatry* 8(1), 2009, S. 56–59. DOI: 10.1002/j.2051-5545.2009.tb00212.x.

Stratton, George M.: The spatial harmony of touch and sight. In: *Mind* 8(32), 1899, S. 492–505.

Willems, Roel M. und Casasanto, Daniel: Flexibility in embodied language understanding. In: *Frontiers in Psychology* 2, 2011, 116, S. 1–11. DOI: 10.3389/fpsyg.2011.00116.

Williams, L. E. und Bargh, John A.: Experiencing physical warmth promotes interpersonal warmth. In: *Science* 322(5901), 2008, S. 606–607. DOI: 10.1126/science.1162548.

Witt, Jessica K., Linkenauger, Sally A., Bakdash, Jonathan Z., Augustyn, Jason S., Cook, Andrew und Proffitt, Dennis R.: The long road of pain: Chronic pain increases perceived distance. In: *Experimental Brain Research* 192(1), 2009, S. 145–148. DOI: 10.1007/s00221-008-1594-3.

Yee, Nick und Bailenson, Jeremy: The Proteus effect: The effect of transformed self-representation on behavior. In: *Human Communication Research* 33(3), 2007, S. 271–290. DOI: 10.1111/j.1468-2958.2007.00299.x.

Zhong, Chen-Bo und Leonardelli, Geoffrey J.: Cold and lonely: Does social exclusion literally feel cold? In: *Psychological Science* 19(9), 2008, S. 838–842. DOI: 10.1111/j.1467-9280.2008.02165.x.

Robin Bekrater-Bodmann und Herta Flor

Körperrepräsentation und Schmerz

Von der Theorie zur Therapie

Einleitung

Schmerz stellt eine fundamentale menschliche Wahrnehmungsqualität dar. Die Internationale Vereinigung zum Studium des Schmerzes (*International Association for the Study of Pain)* definiert Schmerz als eine unangenehme sensorische und emotionale Erfahrung, die mit tatsächlichen oder potenziellen Gewebeschäden verbunden ist oder diesen ähnelt (*»an unpleasant sensory and emotional experience associated with, or resembling that associated with, actual or potential tissue damage«;* Raja et al., 2020). Diese Definition hebt die Komplexität der Schmerzwahrnehmung hervor, die keine physikalische Entsprechung im Sinne einer akuten Verletzung voraussetzt. Damit umfasst sie auch Schmerzsyndrome, die für nicht betroffene Personen nur schwer nachzuvollziehen sind, wie beispielsweise Phantomschmerzen nach Amputation, d. h. Schmerzen in einem nicht mehr vorhandenen Körperteil.

Die Amputation eines Armes oder Beines stellt eine der schwerwiegendsten Verletzungen der körperlichen Integrität eines Menschen dar. Nach Angaben des Statistischen Bundesamtes (2020), das sich auf Daten von Versorgungsämtern und vergleichbaren Einrichtungen mit Auskunftspflicht stützt, lebten Ende 2019 in Deutschland rund 53.000 Menschen mit dem Verlust einer oder mehrerer Gliedmaßen. Epidemiologische Studien zeigen, dass die Mehrheit aller Amputierten die Präsenz eines Phantoms berichtet, d. h. die fortwährende Wahrnehmung des nicht mehr vorhandenen Körperteils (Kooijman et al., 2000). Chronischer Phantomschmerz, der zeitlich anhaltende schmerzhafte Empfindungen im Phantom und damit außerhalb des physischen Körpers beschreibt, ist von besonderer klinischer Relevanz, da er bei der Mehrheit aller Amputierten auftritt (Diers et al., 2022), die Lebensqualität negativ beeinträchtigt (van der Schans et al., 2002) und nur unbefriedigend auf pharmakologische Behandlungen anspricht (Alviar et al., 2016). Da der Beginn der Phantomschmerzsymptomatik, anders als bei vielen anderen Schmerzsyndromen, meist auf ein konkretes Ereignis (nämlich die Amputation) zurückgeführt werden kann, öffnet ihre Erforschung ein Fenster zum Verständnis des Zusammenspiels von Körper und Gehirn. Vor allem der Interaktion zwischen Körper- und Schmerzwahrnehmung kommt hier eine besondere Bedeutung zu, auch für die Entwicklung neuer, auf Mechanismen basierender Therapieansätze, die bei weitem nicht auf den Phantomschmerz beschränkt sind. Der vorliegende Beitrag stellt die aktuellen Befunde zur Interaktion von Körperrepräsentation und Schmerzwahrnehmung nach Amputation vor, erläutert, wie dieses Wissen unsere theoretischen Vorstellungen der zugrundeliegenden Prozesse beeinflusst, und wie sich diese Erkenntnisse nutzen lassen, um innovative Therapien zu entwickeln.

Psychobiologische Konsequenzen einer Amputation

Neben amputationsbedingten neuronalen Veränderungen in der Körperperipherie und auf Rückenmarksebene (z. B. Foell et al., 2011) wird vor allem die Rolle von funktionellen und strukturellen Veränderungen im Gehirn für die Entwicklung und Aufrechterhaltung von Phantomschmerzen diskutiert (Flor et al., 2006; Kuner und Flor, 2017). Es zeichnet sich ab, dass Veränderungen in einem komplexen neuronalen Netzwerk mit dem Phantomschmerzerleben in Beziehung stehen (Flor und Andoh, 2017). Der vorliegende Beitrag wird sich allerdings auf die Veränderungen in der sogenannten Körperkarte – einer organisierten Repräsentation von einzelnen Körperteilen – des primären somatosensorischen Kortex konzentrieren, und wie diese mit dem Phantomschmerz in Verbindung stehen.

Traditionell wird der primäre somatosensorische Kortex als übergeordnete Verarbeitungsinstanz für den Körper betreffende Reize angesehen; jedoch spielt er auch eine Rolle in der Konsolidierung sensomotorischen Lernens im Allgemeinen (z. B. Kumar et al., 2019; Arce-McShane et al., 2016). Das bedeutet, dass er auch in Verhaltensanpassungen involviert ist, die sich aus den sensorischen (und motorischen) Gegebenheiten des Körpers ergeben. Die Körperkarte des primären somatosensorischen Kortex repräsentiert jeden Teil des

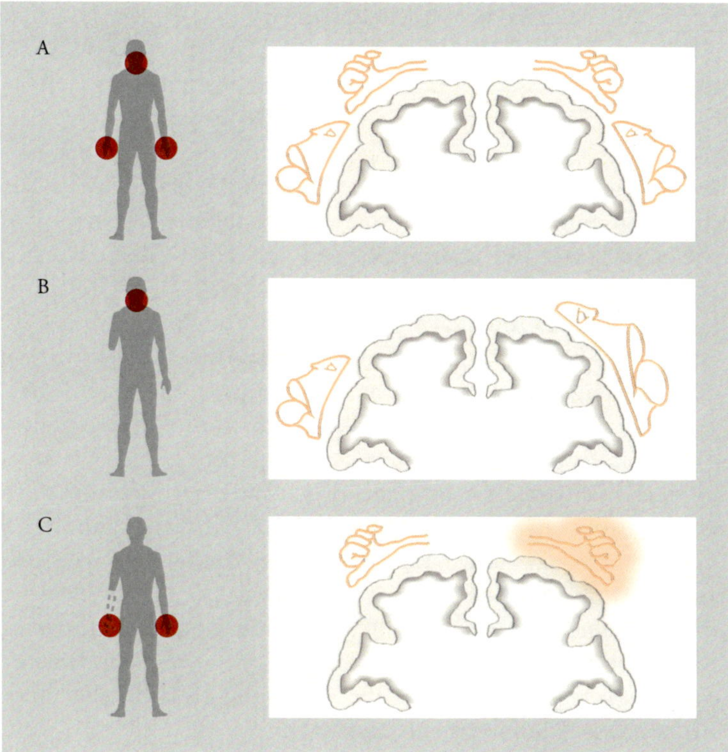

Abb. 1: Körperkarte des primären somatosensorischen Kortex. Dargestellt ist ein Teil des Homunkulus im Anschnitt der rechten und linken Hirnhälfte.

A) Bei nicht amputierten Personen finden sich bei (motorischer oder sensorischer) Stimulation von Hand und Gesicht (in der Silhouette rot markiert) im somatosensorischen Kortex beider Hirnhälften nahezu symmetrische Körperkarten. Dabei sind Hand und Lippe entsprechend ihrer höheren Empfindlichkeit auch größer repräsentiert (orange dargestellt).

B) Bei Lippenstimulation findet man bei armamputierten Personen in der der Amputation gegenüberliegenden Hirnhälfte ein vergrößertes Repräsentationsareal für die Lippe, das in Richtung der ehemaligen Handrepräsentation verschoben ist, ein Prozess, der als Reorganisation bezeichnet wird und dessen Ausmaß mit dem Phantomschmerz positiv korreliert ist (Flor et al., 1995).

C) Führen Amputierte mit Phantomschmerzen Bewegungen mit ihrem Phantom aus (in der Silhouette gestrichelt dargestellt), zeigt das gegenüberliegende Handareal – im Vergleich zu der nicht betroffenen Seite – eine höhere Aktivität (Makin et al., 2013), in der Abbildung verdeutlicht durch die Aura.

Körpers in einem eigenen Abschnitt, dessen Größe der Sensibilität des jeweiligen Körperteils entspricht (Penfield und Rasmussen, 1951): so ist beispielsweise die Lippe überproportional groß und nah zur ebenfalls überproportional vergrößerten Repräsentation der Hand gelegen (Abb. 1A). Dabei ist zu beachten, dass die Repräsentationen überlappen, der somatosensorische Homunkulus (siehe Abb. 1) also eine idealisierte Vorstellung ist und dass es multiple Karten gibt, die dynamisch sind und kontextabhängig variieren (Makin und Flor, 2020).

Es stellte sich früh die Frage, wie sich der langfristige Verlust von sensorischer Information, beispielsweise durch eine Amputation, auf die Funktion des primären somatosensorischen Kortex auswirken würde. Die Stimulation des chirurgisch durchtrennten Mittelarmnervs (*Nervus medianus*) bei Affen führt kurz nach dem Eingriff erwartbar zu einer Inaktivität des korrespondierenden Bereichs im primären somatosensorischen Kortex. Nach einigen Wochen kann jedoch wieder neuronale Aktivität beobachtet werden, welche allerdings mit der Stimulation des Ellen- (*Nervus ulnaris*) und Speichennervs (*Nervus radialis*) zusammenhängt: Den durch die Durchtrennung des Mittelarmnervs »nutzlos« gewordenen Bereichen wurden neue Funktionen zugewiesen – hier die Verarbeitung sensorischer Informationen von benachbarten Nerven (Merzenich et al., 1983). Dieser Befund ist ein eindrucksvolles Beispiel für neuronale Plastizität als Reaktion auf veränderte sensorische Bedingungen des Körpers. Interessanterweise wirkt sich diese Plastizität auch auf die Organisation der Körperkarte über größere Distanzen aus: Wird bei Versuchsaffen ein Arm vollständig deafferenziert, werden also alle sensorischen (und motorischen) Nerven durchtrennt, führt dies dazu, dass der Bereich des primären somatosensorischen Kortex, der keine Informationen mehr aus dem Arm erhält, vom angrenzenden Gesichts- und Lippenbereich besetzt wird – die Repräsentation des Gesichts breitet sich in den ehemaligen Armbereich aus, und die Nervenzellen dieser Region verarbeiten von nun an sensorische Informationen aus dem Gesicht (Pons et al., 1991). Dieser als Reorganisation bezeichnete Prozess stellt ein neurophysiologisches Äquivalent der veränderten Körpersensorik nach Deafferenzierung dar (Abb. 1B).

Die plastischen Gehirnprozesse nach einer Amputation gehen mit einer veränderten Wahrnehmung einher: So berichten manche

Amputierte von sogenannten übertragenen Empfindungen (Ramachandran et al., 1992), bei denen eine taktile Stimulation am Stumpf oder (im Fall von Armamputationen) sogar des Gesichts eine Berührungsempfindung im Phantom auslösen kann. In seltenen Fällen kann die kortikale Körperkarte auf der Haut nachvollzogen werden, indem die Berührung benachbarter Hautareale Empfindungen in einzelnen Phantomfingern auslöst. Durch geeignete Stimulationsmethoden kann so auch das Ausmaß der Reorganisation mittels bildgebender Verfahren (z. B. funktionelle Magnetresonanztomographie oder Magnetenzephalographie) bestimmt werden. Zwar ließ sich in nachfolgenden Untersuchungen kein direkter Zusammenhang zwischen übertragenen Empfindungen und der Reorganisation des somatosensorischen Kortex nachweisen (Grüsser et al., 2001); es gibt jedoch einen Zusammenhang zum Phantomschmerz.

So konnten Flor et al. (1995) zeigen, dass das Ausmaß der Reorganisation direkt mit der berichteten Intensität des Phantomschmerzes zusammenhängt. Dieser Befund wurde wiederholt für Phantomschmerzen, aber auch für andere Schmerzsyndrome gefunden (z. B. Flor et al., 1997; Vartiainen et al., 2009). Gleichzeitig scheint der Bereich, der für den verlorenen Körperteil zuständig war, überaktiviert zu sein (Abb. 1C), was ebenfalls mit Phantomschmerzen assoziiert ist (Makin et al., 2013). Diese Befunde belegen die enge Verbindung zwischen Veränderungen in zentralen Körperkarten und dem Erleben von Phantomschmerz, obwohl nicht abschließend geklärt ist, ob diese Veränderungen eine Ursache oder Folge der Schmerzen sind. Jedoch bietet sich ein Ansatzpunkt für eine auf diesen Mechanismen basierende Therapie der nur schwer zu behandelnden Phantomschmerzen.

Amputation und Körperwahrnehmung

Der primäre somatosensorische Kortex ist nicht nur an der Wahrnehmung taktiler und schmerzhafter Reize beteiligt, sondern auch an anderen Aspekten der Köperwahrnehmung. Dabei reagiert das Gehirn auf die wahrgenommene, nicht auf die physikalische Realität. Ein Beispiel dafür ist die sogenannte Trichter-Illusion, bei der durch die gleichzeitige Gabe mehrerer kurzer taktiler Stimuli an auseinander liegenden Punkten auf der Haut ein einziger Reiz in der Mitte des

Stimulationsmusters wahrgenommen wird, obwohl an dieser Stelle gar kein Reiz gegeben wurde. Interessanterweise reagiert der primäre somatosensorische Kortex nicht mit einem Aktivitätsmuster, das der physikalischen Stimulation entspricht, sondern gemäß der Wahrnehmung mit einem einzelnen Aktivierungspunkt (Chen et al., 2003).

Auch komplexes Körpererleben bildet sich in einem wahrnehmungsabhängigen kortikalen Organisationsmuster ab: In mehreren Studien an nicht amputierten Probanden konnten Schäfer et al. (2007; 2009) zeigen, dass sich die illusionäre Wahrnehmung eines unnatürlich verlängerten oder sogar eines dritten Armes in einer veränderten Körperkarte des primären somatosensorischen Kortex widerspiegelt. Obwohl der primäre somatosensorische Kortex zwar nicht unmittelbar am bewussten Körpererleben beteiligt ist (vgl. z. B. Grivaz et al., 2017), kommt es in der Folge einer veränderten Körperwahrnehmung hier zu dynamischen funktionellen Anpassungen.

Diese zeigen sich auch für die Körperwahrnehmung nach Amputation. Ein Beispiel dafür ist die Wahrnehmung eines sogenannten Teleskops: Rund ein Viertel aller Amputierten gibt an, dass sich in ihrer Wahrnehmung das Phantom im Vergleich zur vorhandenen Gliedmaße verkürzt hat (Diers et al., 2022). In extremen Fällen fühlen die Betroffenen ihre Hand oder ihren Fuß direkt am oder sogar im Stumpf. Die Präsenz eines Teleskops ist eng mit Reorganisationsprozessen im primären somatosensorischen Kortex verbunden (Grüsser et al., 2001) und tritt oft in Kombination mit Phantomschmerzen auf, was wiederum die Wechselbeziehung zwischen Hirnveränderungen, Körperwahrnehmung und Schmerzerleben hervorhebt.

Da die Ursache dieser Phänomene in einer durch die Amputation beeinträchtigten Körperintegrität zu liegen scheint, und das Gehirn darüber hinaus in einem bemerkenswerten Ausmaß dazu in der Lage ist, sich an wahrgenommene Realitäten anzupassen, kamen in den 1990er Jahren in Folge der Arbeiten zur kortikalen Reorganisation erste Überlegungen auf, diese Erkenntnisse therapeutisch nutzbar zu machen. Die möglicherweise dysfunktionalen Gehirnveränderungen könnten, so die Annahme, durch stimulationsinduzierte Plastizität wieder rückgängig gemacht und damit der Phantomschmerz verringert werden. Aus diesen anfänglichen Überlegungen haben sich mehrere Anwendungsgebiete herausgebildet, die durch eine Manipulation der Körperrepräsentation das Phantomschmerzerleben zu beeinflussen versuchen. So kann durch Prothesen und Spiegeltraining, aber auch durch Hirnstimulation sowie Gehirn-Computer-Interfaces und Neurofeedback, die Hirnorganisation und damit der Phantomschmerz beeinflusst werden (Moseley und Flor, 2012). Diese Ansätze werden im Folgenden kurz beschrieben.

Prothesen

Prothesen werden seit Jahrhunderten eingesetzt, um die körperliche Integrität und insbesondere die Funktionalität nach einer Amputation – zumindest teilweise – wiederherzustellen. Bereits frühe Studien zeigten, dass sich die Verwendung von Prothesen auf die Körperwahrnehmung von Amputierten auswirkt. So führt beispielsweise das Tragen einer Prothese zu einer Überschätzung der Stumpflänge (McDonnell et al., 1989). Andere Studien fanden einen Zusammenhang zwischen der Verwendung einer aktiv durch Muskelaktivität ansteuerbaren (= funktionellen), nicht jedoch einer realistisch aussehenden, aber passiven (= kosmetischen) Prothese und der wahrgenommenen Lebendigkeit des Phantoms (Hunter et al., 2008). Wie Giummarra et al. (2010) berichten, geben etwa 30% der prothesennutzenden Amputierten an, dass ihr Phantom mit der Prothese verschmelzen oder das Phantom in der Prothese verschwinden würde, was abermals auf eine Interaktion von Körper- und Prothesenwahrnehmung hindeutet (Abb. 2A). Die Nichtbenutzung einer Prothese ist wiederum mit der Wahrnehmung eines Teleskops, d. h. einer empfundenen Verkürzung des Phantoms, korreliert (Mayer et al., 2008). Da dieses Phänomen – wie oben beschrieben – eng mit der Reorganisation des primären somatosensorischen Kortex zusammenhängt, kann umgekehrt geschlossen werden, dass das Tragen einer Prothese dysfunktionale Gehirnveränderungen verhindern und sich positiv auf den Phantomschmerz auswirken könnte. Tatsächlich zeigen Studien an Armamputierten, dass die regelmäßige Verwendung einer funktionellen, nicht aber einer kosmetischen Prothese negativ sowohl mit der Intensität von Phantomschmerzen als auch der Reorganisation des primären somatosensorischen Kortex assoziiert ist (Lotze et al., 1999; Weiss et al., 1999). Dieser Zusammenhang ist seitdem wiederholt sowohl für

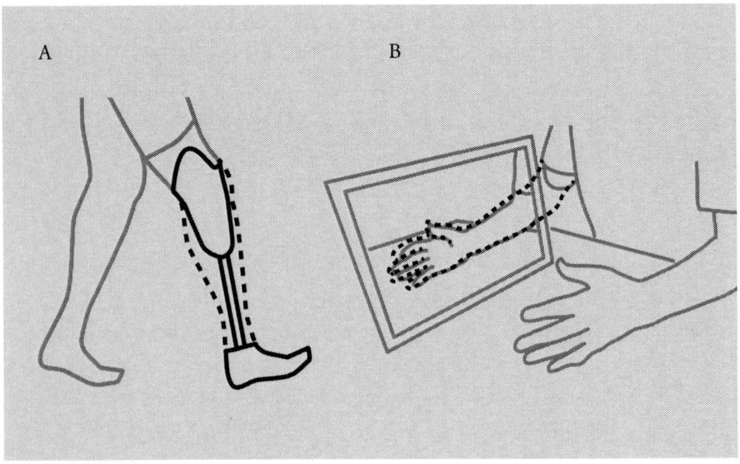

Abb. 2: Auf die Körperwahrnehmung abzielende Therapieansätze für Phantomschmerzen.
A) Vor allem funktionelle Prothesen können als Teil des Körpers wahrgenommen werden.
B) Bei der Spiegeltherapie soll die Wahrnehmung zweier intakter Gliedmaßen erzeugt werden. Besonders effektiv scheinen beide Ansätze zu sein, wenn die Bewegungen des »künstlichen« Körperteils (hier: die Prothese oder die Reflexion der intakten Gliedmaße) mit dem Phantom (gestrichelt dargestellt) in der Wahrnehmung in Übereinstimmung gebracht werden können.

Bein- als auch Armamputierte berichtet worden (z. B. Dietrich et al., 2018; Raichle et al., 2008).

Die meisten bisherigen Studien untersuchten den Zusammenhang zwischen Phantomschmerzen und prothesenbezogenen Merkmalen, wie beispielsweise die Tragehäufigkeit oder die Art der Prothese. Der Wahrnehmung des Amputierten in Bezug auf die Prothese ist bisher jedoch nur wenig Aufmerksamkeit geschenkt worden. Das Prothesenerleben könnte allerdings von besonderer Bedeutung sein, da es letztlich wesentlichen Einfluss auf die Hirnrepräsentationen nehmen könnte. So kann angenommen werden, dass Prothesen, die als vollwertiger Ersatz eines Körperteils empfunden werden, stärkere Effekte auf den Phantomschmerz ausüben, als Prothesen, die als bloßes Werkzeug wahrgenommen werden. Tatsächlich deuten erste Ergebnisse darauf hin, dass die Wahrnehmung einer Prothese als Körperteil seltener mit dem Auftreten von Phantomschmerz assoziiert ist (Kern et al., 2009). Dieser Befund konnte nicht nur repliziert, sondern auch dahingehend erweitert werden, dass eine vorteilhafte Prothesenwahrnehmung mit einer geringeren Phantomschmerzintensität assoziiert ist und dieser Zusammenhang auch dann bedeutsam bleibt, wenn die Häufigkeit des Prothesengebrauchs statistisch kontrolliert wird (Bekrater-Bodmann et al., 2021). Eigene, bisher unveröffentlichte Daten deuten darüber hinaus darauf hin, dass die Reorganisation des primären somatosensorischen Kortex umso geringer ist, je stärker die Prothese als Körperteil wahrgenommen wird, was wiederum die Bedeutung wahrnehmungsabhängiger Effekte beim Prothesengebrauch hervorhebt.

Spiegeltherapie

Ein anderer auf die Körperwahrnehmung abzielender Ansatz für die Therapie von Phantomschmerzen wurde in den 1990er Jahren vorgeschlagen. Ramachandran und Rogers-Ramachandran (1996) stellten vor Armamputierten einen Spiegel so auf, dass die Reflexion der gesunden Gliedmaße bei den Teilnehmern die Illusion erzeugte, zwei intakte Gliedmaßen zu besitzen (Abb. 2B). Die Amputierten wurden dann gebeten, einfache Bewegungen mit ihrem intakten Arm auszuführen und die Bewegung im Spiegel zu beobachten. Anekdotisch konnten so bei einigen Teilnehmern unangenehme Krämpfe im Phantom reduziert werden.

Weitere experimentelle Studien zeigten, wie dieser Spiegelaufbau die Wahrnehmung des Phantoms beeinflusst. So erhöht das Betrachten einer gespiegelten Gliedmaße bei Amputierten das Bewusstsein für das Phantom und seine Bewegungen (Hunter et al., 2003). Es wurde daher angenommen, dass die enge Wechselwirkung zwischen sensorischen und motorischen Informationen auch positive und dauerhafte Auswirkungen auf den Phantomschmerz von Amputierten haben könnte. Chan et al. (2007) führten eine Studie zu dieser als Spiegeltherapie bekannt geworden Art der Phantomschmerzbehandlung bei Beinamputierten durch. Die Experimentalgruppe wurde instruiert, vier Wochen lang für mehrere Minuten täglich

Bewegungen mit dem vorhandenen Bein vor einem Spiegel auszuführen, während die Kontrollprobanden entweder Bewegungen vor einem verdeckten Spiegel oder nur in ihrer Vorstellung ausführten. Es zeigte sich, dass alle Teilnehmer, die vor einem Spiegel trainierten, eine Reduktion des Phantomschmerzes berichteten, während es in den beiden anderen Gruppen nur jeweils eine Minderheit war. Dieses Ergebnis legt nahe, dass die Kombination von motorischer Information mit der entsprechenden visuellen Rückmeldung entscheidend für die positiven Effekte der Spiegeltherapie ist. Von besonderer Bedeutung scheint hierbei zu sein, dass die beobachtete Bewegung mit der ausgeführten Phantombewegung in Übereinstimmung gebracht werden kann (Abb. 2A). Kikkert et al. (2017) berichten, dass eine generell beeinträchtigte Bewegungsfähigkeit des Phantoms sowohl mit Phantomschmerzen als auch mit einer Überaktivierung im primären sensorischen (und motorischen) Kortex assoziiert ist (Abb. 1C). Bereits ein kurzes Spiegeltraining kann die Kontrolle über Bewegungen des Phantoms verbessern (Imaizumi et al., 2017), und nach einem mehrwöchigen Training normalisiert sich auch die kortikale Aktivierung (Chan et al., 2019).

Die Spiegeltherapie scheint somit neuronale Prozesse zu normalisieren, die durch die Amputation dysfunktional verändert wurden, was sich auch positiv auf den Phantomschmerz auswirkt. Es liegt daher nahe anzunehmen, dass sich die Effektivität der Spiegeltherapie auch in der Normalisierung kortikaler Körperkarten abbilden sollte. Foell et al. (2014) konnten zeigen, dass sich nach einem vierwöchigen täglichen Spiegeltraining die Reorganisation des primären somatosensorischen Kortex bei Armamputierten mit Phantomschmerzen zurückbildete. Das Ausmaß dieser Normalisierung korrelierte mit der Reduktion des Phantomschmerzes. Interessanterweise erwies sich die Präsenz eines Teleskops als Prädiktor für die Effektivität der Therapie: Die Probanden, die eine Verkürzung ihres Phantoms berichteten, sprachen nicht auf die Behandlung an. Parallel erhobene Daten zur Körperwahrnehmung legen nahe, dass Probanden mit einem Teleskop die beobachtete Bewegung nicht mit ihrem verkürzten Phantom in Einklang bringen konnten, und dass sie deshalb nicht von der Therapie profitierten (Foell et al., 2014).

Da die Spiegeltherapie auf den Reflexionen der vorhandenen Gliedmaße beruht, kommt diese Art der Therapie somit schnell an ihre Grenzen, wenn eine Störung der Körperwahrnehmung vorliegt. Moderne Technik zur Erzeugung virtueller oder erweiterter Realitäten, dargeboten zum Beispiel durch eine Computerbrille, könnten den Anwendungsbereich deutlich erweitern. So konnten Thøgersen et al. (2020) zeigen, dass individuell an die Phantomwahrnehmung (beispielsweise ein Teleskop) angepasste virtuelle Modelle von Gliedmaßen im Rahmen einer (virtuellen) Spiegeltherapie auch bei diesen Amputierten positive Effekte auf den Phantomschmerz und die Organisation des primären somatosensorischen Kortex haben können. In Zukunft wird dieser Technik vermutlich eine noch größere Bedeutung in der Behandlung von Phantomschmerzen, aber auch anderen Schmerzsyndromen zukommen.

Andere Ansätze zur Beeinflussung von Körperkarten

Wie oben beschrieben, spielt der primäre somatosensorische Kortex eine wichtige Rolle bei der Konsolidierung von sensomotorischen Lernprozessen. Daher lassen sich lernpsychologische Methoden einsetzen, um seine Organisation und damit auch das Phantomschmerzerleben bei Amputierten positiv zu beeinflussen. So konnten Flor et al. (2001) zeigen, dass ein taktiles Diskriminationstraining am Amputationsstumpf, über die Dauer von zwei Wochen, sowohl Phantomschmerzen als auch die kortikale Reorganisation bei Armamputierten reduziert. Bei dieser Art des Lernens ist die Rückmeldung über die eigene (sensorische) Leistung entscheidend für den Erfolg des Trainings. Noch direkter wendet das Neurofeedback dieses Lernprinzip an: Hier werden Gehirnsignale von einem Computer in Echtzeit analysiert und derart übersetzt, dass sie an den Patienten zurückgemeldet werden können – beispielsweise graphisch auf einem Bildschirm. So kann die unbewusste neuronale Aktivität der Wahrnehmung des Patienten zugänglich gemacht werden, der dadurch eine Selbstregulation der neuronalen Prozesse erlernt. Yanagisawa et al. (2016) konnten zeigen, dass dieses Prinzip genutzt werden kann, um Armamputierte eine künstliche Hand bewegen zu lassen: Mit Phantombewegungen einhergehende motorische Signale wurden mittels Magnetenzephalographie erfasst und dem Patienten durch die Bewegung einer Roboterhand zurückgemeldet. Das Training mit diesem sogenannten Brain-Computer-Interface löste plastische Veränderungen im sensorischen (und motorischen) Kortex aus, die mit Veränderungen im Phantomschmerzerleben assoziiert waren. Nicht-invasive Hirnstimulation scheint darüber hinaus in bestimmten Fällen geeignet zu sein, die plastischen Prozesse zu unterstützen. So zeigten Kikkert et al. (2019), dass bereits eine einmalige 20-minütige Anwendung von transkranieller Gleichstromstimulation bei Armamputierten die plastischen Effekte von Phantombewegungen verstärkt und bis mindestens eine Woche nach der Intervention den Phantomschmerz reduziert. Zukünftige Untersuchungen müssen zeigen, ob und unter welchen Umständen diese Therapieansätze außerhalb des experimentellen Kontexts eingesetzt werden können.

Fazit

Das Erleben von Phantomschmerz nach einer Amputation hängt mit Reorganisationsprozessen kortikaler Körperkarten zusammen. Eine Korrektur der veränderten Körperrepräsentation durch den Einsatz von Prothesen, Spiegeln oder der direkten Veränderung der Hirnaktivität reduziert den Phantomschmerz und normalisiert die Organisation kortikaler Körperkarten. Diese Befunde heben die enge Verbindung zwischen Körperrepräsentation und Schmerzwahrnehmung hervor. Das Verständnis der zugrundeliegenden Mechanismen hat Implikationen, die weit über den Phantomschmerz hinausgehen: An die individuelle Wahrnehmung angepasste Behandlungsansätze könnten in Zukunft bei vielen verschiedenen chronischen Schmerzsyndromen eingesetzt werden.

Literatur

Alviar, M. J. M., Hale, T. und Lim-Dungca, M.: Pharmacologic interventions for treating phantom limb pain. In: *Cochrane Database of Systematic Reviews* 10(10), 2016, CD006380.

Arce-McShane, F. I., Ross, C. F., Takahashi, K., Sessle, B. J. und Hatsopoulos, N. G.: Primary motor and sensory cortical areas communicate via spatiotemporally coordinated networks at multiple frequencies. In: *Proceedings of the National Academy of Sciences* 113(18), 2016, S. 5083–5088.

Bekrater-Bodmann, R., Reinhard, I., Diers, M., Fuchs, X. und Flor, H.: Relationship of prosthesis ownership and phantom limb pain: Results of a survey in 2383 limb amputees. In: *Pain* 162(2), 2021, S. 630–640.

Chan, A. W. Y., Bilger, E., Griffin, S., Elkis, V., Weeks, S., Hussey-Anderson, L., ... und Baker, C. I.: Visual responsiveness in sensorimotor cortex is increased following amputation and reduced after mirror therapy. In: *Neuroimage: Clinical* 23, 2019, 101882.

Chan, B. L., Charrow, A. P., Howard, R., Pasquina, P. F., Heilman, K. M. und Tsao, J. W.: Mirror therapy for phantom limb pain. In: *New England Journal of Medicine* 357(21), 2007, S. 2206–2207.

Chen, L. M., Friedman, R. M. und Roe, A. W.: Optical imaging of a tactile illusion in area 3b of the primary somatosensory cortex. In: *Science* 302(5646), 2003, S. 881–885.

Diers, M., Krumm, B., Fuchs, X., Bekrater-Bodmann, R., Milde, C., Trojan, J., ... und Flor, H.: The prevalence and characteristics of phantom limb pain and non-painful phantom phenomena in a nationwide survey of 3,374 unilateral limb amputees. In: *The Journal of Pain* 23(3), 2022, S. 411–423.

Dietrich, C., Nehrdich, S., Seifert, S., Blume, K. R., Miltner, W. H., Hofmann, G. O. und Weiss, T.: Leg prosthesis with somatosensory feedback reduces phantom limb pain and increases functionality. In: *Frontiers in Neurology* 9, 2018, 270.

Flor, H. und Andoh, J.: Origin of phantom limb pain: A dynamic network perspective. In: *e-Neuroforum* 23(3), 2017, S. 111–116.

Flor, H., Braun, C., Elbert, T. und Birbaumer, N.: Extensive reorganization of primary somatosensory cortex in chronic back pain patients. In: *Neuroscience Letters* 224(1), 1997, S. 5–8.

Flor, H., Denke, C., Schaefer, M. und Grüsser, S.: Effect of sensory discrimination training on cortical reorganisation and phantom limb pain. In: *The Lancet* 357(9270), 2001, S. 1763–1764.

Flor, H., Elbert, T., Knecht, S., Wienbruch, C., Pantev, C., Birbaumers, N., ... und Taub, E.: Phantom-limb pain as a perceptual correlate of cortical reorganization following arm amputation. In: *Nature* 375(6531), 1995, S. 482–484.

Flor, H., Nikolajsen, L. und Jensen, T. S.: Phantom limb pain: A case of maladaptive CNS plasticity? In: *Nature Reviews Neuroscience* 7(11), 2006, S. 873–881.

Foell, J., Bekrater, Bodmann, R., Diers, M. und Flor, H.: Mirror therapy for phantom limb pain: brain changes and the role of body representation. In: *European Journal of Pain* 18(5), 2014, S. 729–739.

Foell, J., Bekrater-Bodmann, R., Flor, H. und Cole, J.: Phantom limb pain after lower limb trauma: Origins and treatments. In: *International Journal of Lower Extremity Wounds* 10(4), 2011, S. 224–235.

Giummarra, M. J., Georgiou Karistianis, N., Nicholls, M. E., Gibson, S. J., Chou, M. und Bradshaw, J. L.: Corporeal awareness and proprioceptive sense of the phantom. In: *British Journal of Psychology* 101(4), 2010, S. 791–808.

Grivaz, P., Blanke, O. und Serino, A.: Common and distinct brain regions processing multisensory bodily signals for peripersonal space and body ownership. In: *Neuroimage* 147, 2017, S. 602–618.

Grüsser, S.M., Winter, C., Mühlnickel, W., Denke, C., Karl, A., Villringer, K. und Flor, H.: The relationship of perceptual phenomena and cortical reorganization in upper extremity amputees. In: *Neuroscience* 102(2), 2001, S. 263–272.

Hunter, J.P., Katz, J. und Davis, K.D.: The effect of tactile and visual sensory inputs on phantom limb awareness. In: *Brain* 126(3), 2003, S. 579–589.

Hunter, J. P., Katz, J. und Davis, K. D.: Stability of phantom limb phenomena after upper limb amputation: A longitudinal study. In: *Neuroscience* 156(4), 2008, S. 939–949.

Imaizumi, S., Asai, T. und Koyama, S.: Agency over phantom limb enhanced by short-term mirror therapy. In: *Frontiers in Human Neuroscience* 11, 2017, 483.

Kern, U., Busch, V., Rockland, M., Kohl, M. und Birklein, F.: Prävalenz und Risikofaktoren von Phantomschmerzen und Phantomwahrnehmungen in Deutschland. In: *Schmerz* 23(5), 2009, S. 479–488.

Kikkert, S., Mezue, M., O'Shea, J., Henderson Slater, D., Johansen, Berg, H., Tracey, I. und Makin, T.R.: Neural basis of induced phantom limb pain relief. In: *Annals of Neurology* 85(1), 2019, S. 59–73.

Kikkert, S., Mezue, M., Slater, D.H., Johansen-Berg, H., Tracey, I. und Makin, T.R.: Motor correlates of phantom limb pain. In: *Cortex* 95, 2017, S. 29–36.

Kooijman, C.M., Dijkstra, P. U., Geertzen, J.H., Elzinga, A. und van der Schans, C.P.: Phantom pain and phantom sensations in upper limb amputees: An epidemiological study. In: *Pain* 87(1), 2000, S. 33–41.

Kumar, N., Manning, T.F. und Ostry, D.J.: Somatosensory cortex participates in the consolidation of human motor memory. In: *PLoS Biology* 17(10), 2019, e3000469.

Kuner, R. und Flor, H.: Structural plasticity and reorganisation in chronic pain. In: *Nature Reviews Neuroscience* 18, 2017, S. 20–30.

Lotze, M., Grodd, W., Birbaumer, N., Erb, M., Huse, E. und Flor, H.: Does use of a myoelectric prosthesis prevent cortical reorganization and phantom limb pain? In: *Nature Neuroscience* 2(6), 1999, S. 501–502.

Makin, T.R., Scholz, J., Filippini, N., Slater, D.H., Tracey, I. und Johansen-Berg, H.: Phantom pain is associated with preserved structure and function in the former hand area. In: *Nature Communications* 4(1), 2013, S. 1–8.

Mayer, A., Kudar, K., Bretz, K. und Tihanyi, J.: Body schema and body awareness of amputees. In: *Prosthetics and Orthotics International* 32(3), 2008, S. 363–382.

McDonnell, P.M., Scott, R. N., Dickison, J., Theriault, R.A. und Wood, B.: Do artificial limbs become part of the user? New evidence. In: *Journal of Rehabilitation Research and Development* 26(2), 1989, S. 17–24.

Merzenich, M.M., Kaas, J.H., Wall, J.T., Sur, M., Nelson, R.J. und Felleman, D.J.: Progression of change following median nerve section in the cortical representation of the hand in areas 3b and 1 in adult owl and squirrel monkeys. In: *Neuroscience* 10(3), 1983, S. 639–665.

Moseley, G.L. und Flor, H.: Targeting cortical representations in the treatment of chronic pain: a review. In: *Neurorehabilitation and Neural Repair* 26(6), 2012, S. 646–652.

Penfield, W. und Rasmussen, T.: *The Cerebral Cortex of Man*, Macmillan, New York 1950.

Pons, T. P., Garraghty, P. E., Ommaya, A. K., Kaas, J. H., Taub, E. und Mishkin, M.: Massive cortical reorganization after sensory deafferentation in adult macaques. In: *Science* 252(5014), 1991, S. 1857–1860.

Raichle, K. A., Hanley, M. A., Molton, I., Kadel, N. J., Campbell, K., Phelps, E., ... und Smith, D. G.: Prosthesis use in persons with lower- and upper-limb amputation. In: *Journal of Rehabilitation Research and Development* 45(7), 2008, S. 961–972.

Raja, S. N., Carr, D. B., Cohen, M., Finnerup, N. B., Flor, H., Gibson, S., ... und Vader, K.: The revised International Association for the Study of Pain definition of pain: Concepts, challenges, and compromises. In: *Pain* 161(9), 2020, S. 1976–1982.

Ramachandran, V. S. und Rogers-Ramachandran, D.: Synaesthesia in phantom limbs induced with mirrors. In: *Proceedings of the Royal Society of London. Series B: Biological Sciences* 263(1369), 1996, S. 377–386.

Ramachandran, V. S., Stewart, M. und Rogers-Ramachandran, D. C.: Perceptual correlates of massive cortical reorganization. In: *Neuroreport* 3(7), 1992, S. 583–586.

Schaefer, M., Flor, H., Heinze, H. J. und Rotte, M.: Morphing the body: Illusory feeling of an elongated arm affects somatosensory homunculus. In: *Neuroimage* 36(3), 2007, S. 700–705.

Schaefer, M., Heinze, H. J. und Rotte, M.: My third arm: Shifts in topography of the somatosensory homunculus predict feeling of an artificial supernumerary arm. In: *Human Brain Mapping* 30(5), 2009, S. 1413–1420.

Statistisches Bundesamt: *Statistik der schwerbehinderten Menschen, Kurzbericht 2019*, Statistisches Bundesamt, Wiesbaden 2020.

Thøgersen, M., Andoh, J., Milde, C., Graven-Nielsen, T., Flor, H. und Petrini, L.: Individualized augmented reality training reduces phantom pain and cortical reorganization in amputees: A proof of concept study. In: *Journal of Pain* 21(11–12), 2020, S. 1257–1269.

van der Schans, C. P., Geertzen, J. H., Schoppen, T. und Dijkstra, P. U.: Phantom pain and health-related quality of life in lower limb amputees. In: *Journal of Pain and Symptom Management* 24(4), 2002, S. 429–436.

Vartiainen, N., Kirveskari, E., Kallio-Laine, K., Kalso, E. und Forss, N.: Cortical reorganization in primary somatosensory cortex in patients with unilateral chronic pain. In: *Journal of Pain* 10(8), 2009, S. 854–859.

Weiss, T., Miltner, W. H., Adler, T., Brückner, L. und Taub, E.: Decrease in phantom limb pain associated with prosthesis-induced increased use of an amputation stump in humans. In: *Neuroscience Letters* 272(2), 1999, S. 131–134.

Yanagisawa, T., Fukuma, R., Seymour, B., Hosomi, K., Kishima, H., Shimizu, T., ... und Saitoh, Y.: Induced sensorimotor brain plasticity controls pain in phantom limb patients. In: *Nature Communications* 7, 2016, 13209.

Joachim Bauer

Akteur des Geistes: Das Selbst

Seine Rolle als sozialer Ansprechpartner und innerer Arzt

Der Geist braucht jemanden, der sozusagen die Arbeit macht; jemanden, der ihn denkt und kommuniziert. Dieser Akteur des Geistes ist das menschliche »Selbst«. Im ersten Teil meiner Ausführungen werde ich zeigen, dass das menschliche Selbst am Beginn des Lebens nicht von alleine entsteht, sondern seine Entstehung der Begegnung mit signifikanten Anderen verdankt. Nachdem ich hier den Akzent auf die *Abhängigkeit* des Selbst von anderen Menschen gesetzt habe, werde ich im zweiten Teil die *Autonomiebestrebungen* des menschlichen Selbst ansprechen – und in diesem Zusammenhang die Bedeutung der menschlichen Sprache thematisieren. Im dritten Teil möchte ich darauf eingehen, wie das, was Menschen als Geist untereinander kommunizieren, sich auf das menschliche Selbst auswirkt und – darüber hinausgehend – in den Körper hineinwirken kann.

1. Die Entstehung des menschlichen Selbst

Die Entdeckung der neuronalen Selbst-Netzwerke – sie werden im Englischen als »Self Networks« bezeichnet – ist erst wenige Jahre alt. Sie haben ihren Sitz im Stirnhirn, im sogenannten Präfrontalen Cortex. Diese Gehirnregion ist zum Zeitpunkt der Geburt neurobiologisch noch unreif und nicht funktionsfähig. Daraus folgt: Menschliche Säuglinge sind zwar erlebende Subjekte und besitzen die jedem Menschen zukommende unantastbare Würde. Über ein Selbst verfügen sie jedoch noch nicht. Säuglinge wissen nach der Geburt und einige Zeit danach weder, wer sie sind, noch was sich »da draußen« abspielt. Sie sind anfangs nicht einmal in der Lage, zwischen sich und der Außenwelt zu differenzieren, sie können beides noch nicht trennen. Dass der Mensch am Beginn des Lebens ohne ein »Selbst« das Licht der Welt erblickt, war eine von Psychologen schon lange gehegte Vermutung. Den letztgültigen Nachweis für deren Richtigkeit erbrachten jedoch erst die modernen Neurowissenschaften.

Warum sind wir Menschen nach der Geburt nicht annähernd so kompetent wie junge Katzen, Hunde oder Pferde? Die scheinbare Benachteiligung des Menschen hat einen Grund. Die Natur hat im Laufe der letzten Millionen Jahre den menschlichen Körperbauplan verändert. Dass die Evolution den menschlichen Kopf größer werden ließ, war nicht unproblematisch und hätte zur Folge haben können, dass irgendwann keine Mutter die Geburt ihres Kindes überleben würde. Die von der Natur für dieses Dilemma vorgesehene Lösung war die Vorverlegung der Geburt. Evolutionär gesehen sind menschliche Säuglinge Frühgeburten, auch dann, wenn sie aus frauenärztlich-geburtshilflicher Sicht zum richtigen Zeitpunkt, also in der vierzigsten Schwangerschaftswoche, den Mutterleib verlassen.

Die Anfänge der Selbst-Werdung vollziehen sich in den ersten etwa vierundzwanzig Lebensmonaten und beruhen, wie ich noch näher darlegen werde, auf Resonanzen, die der Säugling in seinen Bezugspersonen auslöst. Diese Resonanzen kehren – als gezeigtes Verhalten – von den Bezugspersonen zum Kind zurück und lösen dann wiederum im Kind eine Resonanzreaktion aus. Die neuronale Grundlage dieses Geschehens bildet das System der Spiegelneuronen. Wenn Kinder Resonanz erleben, verändern sie sich. Sie brauchen Resonanzerfahrungen für ihre biologische Entwicklung. Dem Säugling, der selbst noch über kein Selbst verfügt, dienen Bezugspersonen als eine Art »externes Selbst«. Andy Clark und David Chalmers prägten im Jahre 1998 den Begriff des »Extended Mind«, den sie aber vor allem auf technische Hilfsmittel und nur am Rande auf die zwischenmenschliche Beziehung anwandten. Der bedeutsamste »Extended Mind« des Menschen ist, worauf Clark und Chalmers hinzuweisen vergaßen, der andere Mensch.

Wenn wir als Erwachsene untereinander kommunizieren, adressieren wir bei unserem jeweiligen Gegenüber die Selbst-Systeme. Wenn Andere uns ansprechen oder wenn wir hören, wie Andere über uns sprechen, dann zeigen die in unserem Stirnhirn beheimateten Selbst-Netzwerke eine messbare heftige Sofortreaktion. Wie aber kommunizieren wir mit Säuglingen, bei denen ein Selbst und dessen neuronale Grundlage, die Selbst-Systeme, noch fehlen? Unsere Intuition weiß die Antwort. Das Erste und Wichtigste ist die Aufnahme von Blickkontakt. Doch damit ist es nicht getan. Wir spiegeln den Säugling, wir gehen zu ihm in Resonanz. Wir lassen die Mimik des Säuglings, seine Bewegungen und seine Stimme – kurz gesagt seine Körpersprache – auf uns wirken, gefolgt von einem sich daran unmittelbar anschließenden zweiten Schritt: Wir beginnen unwillkürlich, die von der Körpersprache des Kindes ausgehende Botschaft zu imitieren, wobei wir der Botschaft, die wir an das Kind zurückschicken, etwas Eigenes hinzufügen. Dass auch Säuglinge – intuitiv und völlig unbewusst – im Prinzip in der Lage sind, ihrerseits in Resonanz zu gehen und die Mimik eines Erwachsenen zumindest ansatzweise zu imitieren, war eine der bedeutendsten Entdeckungen der Säuglingsforschung.

Der Weg, über den Säugling und Bezugsperson in Kontakt kommen können, ist also wechselseitige Spiegelung und Resonanz. Da der Säugling noch kein Selbst besitzt und sich daher auch nicht steuern kann, müsste ein Spiegelungs- und Resonanzmechanismus, der den Säugling in Kontakt mit seinen Bezugspersonen bringen soll, spontan, intuitiv, prä-reflexiv, also unabhängig von gedanklichen Turnübungen und anstrengungsfrei funktionieren. Tatsächlich hat die Evolution dem Menschen – und einigen weiteren Spezies – einen solchen Mechanismus zur Verfügung gestellt. Die neuronale Grundlage, die es ermöglicht, mit Säuglingen und Kleinkindern via Spiegelung und Resonanz in Kontakt zu kommen, wird durch das System der Spiegelneuronen oder Spiegelnervenzellen gebildet.

Das System der Spiegelneuronen ist bereits kurz nach der Geburt – zwar noch nicht perfekt, aber hinreichend – funktionstüchtig. Dieses System ist kein Echosystem und produziert keine Echophänomene, wie gelegentlich zu lesen ist. Es ist ein Resonanzsystem. Ich will das an einem Beispiel verdeutlichen: Wer zwei korrekt gestimmte Gitarren in geringem Abstand einander gegenüberstellt und die tiefe E-Saite der einen Gitarre kräftig zupft und sie so zum Klingen bringt, diese Saite kurz darauf dann aber mit der Hand dämpft und wieder verstummen lässt, der wird die E-Saite der anderen Gitarre leise nachklingen hören, obwohl sie nicht angetastet worden war. Sie war von der inzwischen verstummten E-Saite der ersten Gitarre zum Mit-Klingen (lateinisch: »resonare«) gebracht, sozusagen »angesteckt« worden. Ganz anders beim Echo: Der Schrei, den wir in einer Bergschlucht ausstoßen und der von der gegenüberliegenden Felswand als Echo zurückkehrt, ist *unser* Schrei, nicht der Schrei der Felswand. Im Gegensatz dazu handelt es sich beim Klang der in Resonanz versetzten E-Saite der zweiten Gitarre um einen Klang dieser zweiten E-Saite. Im Moment der Resonanz verändert sich das, was in Resonanz geht, in unserem Beispiel ist das die zweite E-Saite. Die Felswand dagegen bleibt im Moment des Echophänomens das, was sie war, sie verändert ihren Zustand nicht und fängt nicht an, zu rufen oder zu erklingen!

Resonanzen, die in Bezugspersonen durch die Wahrnehmung des Kindes ausgelöst werden, transportieren die Gestimmtheiten der Bezugspersonen dem Kind gegenüber, sie beinhalten die Art des Umgangs mit dem Kind, aber auch eine bestimmte Sicht auf die Welt und eine bestimmte Art, in der Welt zu handeln und mit Problemen umzugehen. Vor allem geben sie dem Kind eine Auskunft über sich selbst. Säuglinge suchen in den sich ihnen zuwendenden Gesichtern ihrer Bezugspersonen intensiv nach Möglichkeiten zu wechselseitiger Resonanz. Was der Säugling, viele Mal am Tag, über viele Wochen und Monate hinweg im Kontext von Spiegelungserfahrungen erlebt, wird abgespeichert, verändert ihn und wird zum Kern seines Selbst. Was die Bezugsperson dem Kind zurückmeldet, wird zu einem Teil der psychischen und biologischen Realität des Kindes. Das Stirnhirn, welches zum Zeitpunkt der Geburt noch funktionsuntüchtig war und später die Selbst-Netzwerke beheimaten wird, durchläuft in den ersten zwei Lebensjahren einen neurobiologischen Reifungsprozess, so dass sich jetzt Vorläufer eines Selbstsystems ausbilden können.

Die frühe und zeitlebens enge Koppelung zwischen Ich und Du, zwischen Selbst und Anderem macht den Menschen zu einem sozialen Wesen par excellence. Dies bedeutet nicht, dass der Mensch moralisch »gut« sei. Richtig ist und bleibt aber: Keine andere Spezies kooperiert derart gut, gerne und effektiv wie der Mensch. Der Grund, warum Menschen als Erwachsene gut kooperieren können, liegt in der frühen Ich-Du-Koppelung und dem sich daraus ergebenden Zwei-Perspektiven-Selbst. Dieses hat zur Folge, dass Menschen sich, besser als jedes andere Lebewesen, in Mitmenschen, aber auch in viele Tierarten einfühlen können. Der Mensch hat aus dem Nachteil der – aus evolutionärer Sicht – zu frühen Geburt also einen Vorteil gemacht. Die Geburt des menschlichen Selbst aus einer vorgegebenen sozialen und kulturellen Situation ist Teil der biologischen Bestimmung unserer Spezies.

2. Das Selbst auf dem Weg zu Autonomie – Die Bedeutung des Spracherwerbs

Die Koppelung des frühkindlichen Selbst an das Du der Hauptbezugsperson(en) ist ein Bezugsrahmen, dem das Kind etwas Eigenes entgegenstellen will. Das Kind beginnt so bald als möglich, seine Spielräume auszutesten und den Vorgaben der sich kümmernden Erwachsenen seinen eigenen Willen entgegenzusetzen. Dies ergibt sich als natürliche Folge aus den im Verlauf des zweiten Lebensjahres herangereiften kindlichen Kompetenzen. Die Sinne sind jetzt geschärft. Das Kind ist über das Existieren einer Innen- und Außenwelt orientiert. Es erlebt die gewaltigen Potentiale seiner sich entwickelnden Motorik. Die Fähigkeit, auf eigenen Beinen stehen und laufen zu können, potenziert dies alles zu einem mächtig aufkeimenden Gefühl, Selbst-wirksam zu sein.

Eine ganz besondere Rolle bei der Entwicklung von Autonomie spielt die im zweiten Lebensjahr einsetzende Entwicklung der Sprache. Sie wird sich zu einem Kernstück des Selbst entwickeln. Auch beim Erwerb der Sprache spielen, wie Untersuchungen zeigen konnten, Spiegelungs- und Resonanzvorgänge eine bedeutende, wahrscheinlich sogar entscheidende Rolle: Wenn Erwachsene den Säugling oder das Kleinkind ansprechen, dann werden, obwohl es der Sprache noch nicht mächtig ist, in seinem Gehirn nicht nur die für das Hören, sondern die zukünftig auch für das Sprechen zuständigen Bereiche aktiviert. Beim bloßen Hören werden also bereits vor dem Erwerb der Sprache im kindlichen Gehirn jene Bereiche der Hirnrinde in neuronale Resonanz versetzt, die später einmal die Sprache produzieren werden. Diese durch Zuhören hervorgerufene neuronale Resonanz dient, wie vermutet werden darf, der Stimulation und dem Training der späteren Sprachregion. Kaum in der Lage, erste Sprachbruchstücke zu produzieren, entdeckt das Kind die Möglichkeit, Nein zu sagen, dem Geist der Anderen seinen eigenen Geist entgegenzusetzen und damit seine Autonomie zu markieren.

Die Sprache kann Dinge, die »faktisch« passieren und »real« erlebt werden, *begleiten*, zum Beispiel dadurch, dass sie logische Zusammenhänge zwischen einer Folge von Geschehnissen herstellt. Sie kann faktisches Geschehen aber auch *ersetzen*, zum Beispiel etwas aktuell *nicht* Geschehenes oder *nicht* Erlebtes in die Vorstellung oder in Erinnerung bringen. Viele Menschen, auch Biologen und Mediziner unterliegen der irrigen Annahme, dass etwas, das sich nicht »faktisch« oder »real« zugetragen habe, sondern »nur« sprachlich mitgeteilt, also »nur« symbolisiert worden sei, biologisch ohne Relevanz sei. Dies ist, wie ich im dritten Teil meiner Ausführungen anhand empirischer Daten zeigen werde, ein fundamentaler Irrtum.

Spracherwerb bedeutet die Herstellung einer Verknüpfung zwischen einerseits etwas Gesagtem und andererseits etwas Faktischem, das gemeint und durch die Sprache symbolisiert wird. Diese Verknüpfung wird erlernt, verinnerlicht und ist neuronal verankert. Dies ist der Grund, warum die Sprache im Menschen erwiesenermaßen neurobiologische Wirkungen erzeugen kann wie ein faktisches Geschehen. Was Menschen sich gegenseitig sagen, kann eine gewaltige biologische Wirkung haben.

So wie sich im Kleinkind ohne zwischenmenschliche Beziehung kein Selbst entwickeln kann, so bedarf auch die Entwicklung eines eigenen Geistes der Inspiration durch Bezugspersonen, im späteren Leben dann durch Mentorinnen oder Mentoren. Inspirationen sind ein Aspekt von »Geist«. Geistige Anstöße, die Kinder und Jugendliche von ihren Eltern, pädagogischen Begleitern und Mentoren erhalten, haben etwas Virales, sie lösen in ihren Adressaten Resonanz aus und führen in ihnen ein kreatives, zur Entfaltung und Selbstvermehrung neigendes Eigenleben. Zu diesem Eigenleben des Geistes im Kind gehört auch der Widerspruch oder die Verweigerung. Dies entbindet uns aber nicht von der Notwendigkeit, Kinder und Jugendliche an konkrete Angebote, an den Erwerb von Kultur, von Wissen und Kompetenzen heranzuführen. Erziehung ist Teil der biologischen Bestimmung des Menschen. Wenn wir es unterlassen, etwas von ihnen zu fordern, dann werden Kinder in ihrem Selbstbewusstsein geschwächt, wie die berühmt gewordenen Untersuchungen von Diana Baumrind an Kindern, die unter Laissez-faire-Bedingungen aufwuchsen, zeigen.

3. Neurobiologische Effekte von Geist auf das Selbst

Akteur des Geistes ist, wie ich in den ersten beiden Teilen meiner Ausführungen dargelegt habe, das menschliche Selbstsystem. Das Selbst ist jedoch nicht nur Akteur des Geistes, es ist auch sein Adressat. Mehr noch: Geist verändert das Selbst, seine neurobiologischen Korrelate eingeschlossen. Bevor wir die Schnittstelle zwischen Geist und Selbst näher untersuchen, brauchen wir eine Definition, was wir mit Geist meinen.

- Wenn wir davon sprechen, dass eine Handlung in einem bestimmten Geist geschehen oder eine Aussage in einem bestimmten Geist getroffen worden sei, dann bezeichnet Geist eine innere Haltung oder Intention (im Englischen am ehesten »Spirit«).
- Mit Geist meinen wir aber auch die Sprache, sprachliche Produkte, Erzählungen und Vorstellungen – sie sind Gegenstand der Geisteswissenschaften (in der Welt der Medien würde man von »Contents« sprechen).
- Schließlich verbinden wir mit dem Begriff des Geistes den mentalen Zustand eines Menschen, wobei wir entweder reflektieren, ob jemand überhaupt Geist – also Ideen oder Intelligenz – hat, oder aber, mit *welchen* Gedanken oder Gefühlen ein Mensch befasst ist, in welchem Geisteszustand er sich befindet (was dem englischen »Mind« nahekommen würde).

Wenn der Begriff des Geistes hier von mir verwandt wird, dann also in dem soeben vorgegebenen, dreifachen Definitionsrahmen, also 1. »Geist« als innere Haltungen und Intentionen (Spirit); 2. »Geist«, wie er sich in sprachlichen Produkten zeigt (Contents); und 3. »Geist« als die Gestimmtheit und Gefühlswelt eines Menschen (Mind).

Das *Selbst-System* ist Teil der biologischen Grundausstattung des Menschen. Kommunikation von »Geist« benötigt biologische Akteure und setzt funktionsfähige neuronale Korrelate des Selbst voraus. Nun aber begegnen wir einem Paradox. Einerseits: Ohne Biologie kann es keine Kommunikation von Geist geben. Andererseits: Der zwischen Menschen kommunizierte Geist, die zwischen Menschen kommunizierten *Inhalte* sind nicht-stofflicher Natur.

Das, was kommuniziert wird, also der Geist, »reitet« gleichsam auf den biologischen Trägern. Wie ein von *einem* Menschen an einen *anderen* gerichtete sprachliche Botschaft, also Geist, auf den neurobiologischen Selbst-Strukturen »reitet« und beim angesprochenen anderen Menschen biologische Veränderungen bewirken kann, zeigt ein eindrucksvolles Experiment der Neurowissenschaftlerin Leah Somerville. Bekanntlich ist es Menschen nicht egal, was andere über sie denken, vor allem dann, wenn es sich um Mitmenschen handelt, die einem wichtig sind. Sie wollte wissen, ob die Selbst-Systeme eines Menschen eine biologische, also das materielle Substrat verändernde Reaktion zeigen, wenn dieser Mensch hört, was Mitmenschen, mit denen er sich befreundet wähnt, über ihn sagen. Während der einen Hälfte der Versuchspersonen, die einzeln im Scanner lagen, mitgeteilt wurde, die von ihnen genannten Freunde hätten sich überraschenderweise negativ über sie geäußert, teilte man der anderen Hälfte mit, man habe nur positive Einschätzungen gehört. Beide Auskünfte hatten bei den Testpersonen im neuronalen Selbst-System massive biologische Reaktionen zur Folge. Die Ausschläge dieser Reaktion gingen allerdings, abhängig von der Art der Auskunft, in diametral entgegengesetzte Richtungen. Beide Auskünfte, sowohl die negative als auch die positive, waren, was die Art und Lautstärke der Sprechstimme betraf, in der gleichen phonetischen Dosis gegeben worden. Daher war es nicht etwa der von den gehörten Worten stammende Schallwellen-Input, sondern ausschließlich der nicht-stoffliche Inhalt, also der Geist der Nachricht, der – abhängig vom Inhalt der Information – einen spezifischen biologischen Effekt, eine Resonanzreaktion ausgelöst hatte.

Zwischen den Selbst-Systemen von Menschen, die miteinander zu tun haben, kann es zu sehr eindrucksvollen Wechselwirkungen kommen, vor allem dann, wenn sich Menschen besonders nah, verbunden oder ähnlich fühlen. Ich kann hier nicht darauf eingehen und muss Sie auf mein Buch verweisen. Rational erklärbar und verstehbar wurden die merkwürdigen Wechselwirkungen, nachdem entdeckt wurde, dass neuronale Netzwerke, in denen unsere Vorstellungen über das *eigene* Selbst gespeichert sind, teilweise identisch sind mit Netzwerken, in denen das Bild gespeichert ist, das wir uns von *anderen* Menschen machen. Die Überlappung zwischen den beiden Repräsentanzen ist vor allem dann sehr ausgeprägt, wenn die andere

Person uns nahesteht oder persönlich bedeutsam ist. Selbst und Anderer, Ich und Du haben also ein großes gemeinsames neuronales Terrain, beide sind in hohem Maße neuronal gekoppelt. In unserem Selbst steckt also immer auch ein Stück »Du«. Hinsichtlich des Ausmaßes der Überlappung lassen sich bei Menschen unterschiedlicher Kulturen Unterschiede feststellen, die in unserer durch starke Migrationsbewegungen gekennzeichneten Welt von erheblichem Interesse sind.

Dass die Selbst-Zustände einer Person im *eigenen* Körper biologisch wirksam sind, ist eine aus neurobiologischer und medizinischer Sicht gesicherte Tatsache. Die Selbst-Systeme des Stirnhirns sind mit allen relevanten nachgeordneten neuronalen Schaltstellen des Gehirns verbunden, die dann ihrerseits das Angst- und Stresssystem, das Immunsystem, den Kreislauf und das Vegetativum kontrollieren. Psychische Befindlichkeiten, innere Einstellungen oder Erwartungen eines Menschen können einen signifikanten Einfluss auf die Gesundheit haben. Im Körper einer durch anhaltende Angst und ständigen Stress belasteten Person kommt es – wie kürzlich eindrucksvoll gezeigt werden konnte – in zahlreichen Organen zu körperlichen Veränderungen, insbesondere zu sich schleichend entwickelnden chronisch-entzündlichen Veränderungen an sämtlichen Blutgefäßen, was unter anderem Bluthochdruck, eine koronare Herzerkrankung, einen Schlaganfall und den vorzeitigen Tod zur Folge haben kann.

Dass signifikante, also bedeutsame Mitmenschen im jeweils eigenen Selbst-System neuronal repräsentiert sind, bedeutet, dass wichtige *andere* Menschen *in uns* so etwas wie eine neuronale »Außenstelle« haben. Daher können Veränderungen des Selbst-Zustandes einer anderen, für mich bedeutsamen Person, die mit mir kommuniziert, in meinem eigenen Selbst-System Resonanzen auslösen. Ebenso werden, wenn ich meinerseits mit einer mir nahestehenden Person kommuniziere, meine Haltungen, meine Verhaltensweisen und mein Befinden sich auf diese Person auswirken, da ich in ihr ebenfalls mit einer neuronalen »Außenstelle« repräsentiert bin. Das erklärt, warum Personen, die von zufriedenen oder glücklichen Mitmenschen umgeben sind, selbst ein höheres Maß an Lebenszufriedenheit und Glück erleben. Geist steckt an.

Eine Untersuchung von über 1.900 in fester Lebensgemeinschaft lebenden Paaren, bei der die Lebenszufriedenheit und der Gesundheitszustand beider Partner mit aufwendigen Methoden sorgfältig erfasst worden war, zeigte nicht nur ein höheres Maß subjektiv erlebten Glücks und höhere Lebenszufriedenheit, wenn der Partner – oder die Partnerin – selbst glücklich und zufrieden war. Auch der objektive Gesundheitszustand derjenigen, die glückliche Partner oder Partnerinnen hatten, war signifikant besser als bei denen, deren Lebenspartner seelisch belastet waren. Wie ansteckend der Geist – eine im Selbst-System verankerte innere Haltung –, gesünder zu leben, sein kann, zeigte eine weitere Untersuchung an über 3.700 Paaren: Wenn ein Partner sein Gesundheitsverhalten konkret verbesserte, tat es auch der andere.

Das Leitmotiv dieses Symposiums war und ist die Frage nach dem Sitz des Geistes. Ich komme zum Schluss und möchte zusammenfassen, was aus meiner Sicht zu der Frage, wo der Geist seinen Sitz habe, gesagt werden kann.

1. Zunächst braucht der Geist einen Akteur. Dieser Akteur ist das menschliche Selbst. Das Selbst hat einerseits eine *subjektive*, psychologische Seite: Wir alle haben eine Vorstellung davon, *dass* wir sind, und *wer* wir sind. Ebenso hat dieses Selbst aber auch eine *objektive* Seite: Mittels neurowissenschaftlicher Methoden lassen sich neuronale Netzwerke identifizieren, welche die subjektiven Vorstellungen abspeichern, die wir über das Selbst der eigenen Person – und über das Selbst signifikanter Anderer – haben. So weit zum Selbst als dem Akteur des Geistes.

2. Der Mensch ist bei Geburt zwar ein fühlendes Wesen. Ein Selbst haben menschliche Neugeborene jedoch nicht – ausweislich der neurobiologischen Unreife jener präfrontalen Areale des Gehirns, die sich entlang der ersten Lebensmonate und -jahre als Sitz der Selbstsysteme entwickeln werden.

3. Die Kommunikation zwischen neugeborenen menschlichen Säuglingen und ihren Bezugspersonen basiert, jenseits von unmittelbaren körperlichen Interaktionen, auf Resonanzprozessen. Säugling und Bezugspersonen senden körpersprachliche und durch die Tonalität der Stimme erzeugte Signale in Richtung ihres jeweiligen Gegenübers aus. Diese Signale transportieren Botschaften, die man als Vor-Formen von Geist interpretieren

könnte. Vonseiten des Säuglings lautet die Botschaft: »Ich bin da«, vonseiten der Bezugspersonen lautet sie: »Du bist da«.

4. Die ausgesandten Signale rufen im jeweiligen Gegenüber eine Resonanz hervor. Neuronale Grundlage dieses Resonanzgeschehens ist das System der Spiegelneuronen, über welches insbesondere Stimmungen und Gefühlzustände von einer Person auf die andere übertragen werden können.

5. Resonanzen, die das Kind – als Antwort auf die von ihm ausgesandten Signale – von seinen Bezugspersonen zurückerhält, geben dem Kind nicht nur eine Auskunft darüber, *dass* es existiert, sondern auch darüber, *wer* es ist. Die grundlegendste Auskunft betrifft die Frage, wie willkommen das Kind ist. Weitere Auskünfte betreffen den weiteren situativen und interpersonellen Kontext, in den das Kind hineingeboren wurde.

6. Die Resonanzen, die das Kind im Laufe der ersten Monate von seinen Bezugspersonen zurückerhält, werden im Gehirn des Kindes im Limbischen System abgespeichert. Das Integral der über Monate abgespeicherten sozialen Botschaften findet Eingang in die Speicher der sich parallel entwickelnden Selbst-Netzwerke und lässt entstehen, was das Kind als den ersten Kern seines Selbst erlebt.

7. Dieses entstehende Selbst des Kindes bemächtigt sich nunmehr der Sprache, bei deren Erwerb neuronale Resonanzmechanismen wiederum eine wichtige Rolle spielen. Botschaften, die bis dahin vorsprachlich – durch Blicke, Mimik, Tonalität der Stimme und andere körpersprachliche Zeichen – symbolisiert und vermittelt werden mussten, könnten jetzt sprachlich symbolisiert werden. Die Sprache, insbesondere die Möglichkeit, »Nein« zu sagen, verstärkt die Möglichkeiten des Selbst, aus seiner anfänglichen totalen Abhängigkeit vom Du herauszutreten und Autonomie zu erwerben.

8. Selbstsystem und Sprache ermöglichen von nun an den lebenslangen interpersonellen Austausch von Geist. Zur Definition von Geist zählen, gemäß meiner eingangs gegebenen Definition, Haltungen, Intentionen, Ideen, Vorstellungen, Handlungs-

weisen, kulturelle Vollzüge, aber auch Gefühle und Gestimmtheiten.

9. Elemente, aus denen sich Geist komponiert, sind von einer Person auf die andere übertragungs- und ansteckungsfähig. Durch Sprache oder Körpersprache kommunizierter Geist kann angesprochene Adressaten nicht nur psychologisch, sondern auch körperlich erreichen und biologisch verändern.

10. Seinen Sitz hat der Geist nicht an einem neuronalen Ort, sondern im interpersonellen »Dazwischen«, also dort, wo Menschen miteinander kommunizieren, miteinander fühlen und miteinander handeln.

Literatur

Bauer, Joachim: *Warum ich fühle, was du fühlst – Intuitive Kommunikation und das Geheimnis der Spiegelneurone,* Hoffmann und Campe, Hamburg 2005. Taschenbuch-Ausgabe: Heyne, München 2006, 23. Aufl. 2016.

Bauer, Joachim: *Selbststeuerung – Die Wiederentdeckung des freien Willens,* Blessing, München 2015. Taschenbuch-Ausgabe: Heyne, München 2018.

Bauer, Joachim: *Wie wir werden, wer wir sind – Die Entstehung des menschlichen Selbst durch Resonanz*, Blessing, München 2019. Taschenbuch-Ausgabe: Heyne, München 2022.

Baumrind, Diana: Current patterns of parental authority. In: *Developmental Psychology Monograph* 4(1, Teil 2), 1971, S. 1–103.

Baumrind, Diana: The influence of parenting style on adolescent competence and substance use. In: *Journal of Early Adolescence* 11(1), 1991, S. 56–95.

Clark, Andy und Chalmers, David J.: The extended mind. In: *Analysis* 58(1), 1998, S. 7–19.

Somerville, Leah H., Kelley, Wiiliam M. und Heatherton, Todd F.: Self-esteem Modulates Medial Prefrontal Cortical Responses to Evaluative Social Feedback. In: *Cerebral Cortex* 20(12), 2010, S. 3005–3013.

John-Dylan Haynes und Matthias Eckoldt

Mit der Kraft der Gedanken

Gehirn-Computer-Schnittstellen und Hirnimplantate zwischen Realität und Fiktion

Im Frühsommer 2017 wurde die Weltöffentlichkeit hellhörig. Die damalige Facebook-Managerin Regina Dugan kündigte an, Mark Zuckerbergs Unternehmen werde sich künftig auch dem Gedankenlesen zuwenden. Das hochgesteckte Ziel: Texte und Befehle ohne den Umweg über eine Tastatur direkt aus dem Gehirn zu verfassen. Dann könnte man eine Textnachricht aufsetzen oder Likes verteilen, ohne das Smartphone aus der Tasche zu holen – allein mit Gedankenkraft.

Der Tenor hiesiger Schlagzeilen war eindeutig: »Facebook will Gedanken lesen!« (*Die Zeit*), »Das weltgrößte Online-Netzwerk möchte zukünftig menschliche Überlegungen direkt in Text verwandeln.« (*Computerbild*). Auch ethische Bedenken wurden laut: Wie ist es um den Datenschutz bestellt, wenn Facebook nun auch noch Zugang zu den Hirndaten – und mithin möglicherweise zu den Gedanken – von Nutzern bekommt?

Eine Schnittstelle zu den Gedanken

Was Facebook hier vorschwebt, ist sogenanntes *Brain Reading*, genauer gesagt die Decodierung von mentalen Zuständen aus Aktivitätsmustern des Gehirns. Hier speziell sollen Gedanken aus der Hirnaktivität decodiert werden, um technische Geräte zu steuern. Ein Gerät, das so etwas möglich macht, nennt man in der Fachwelt ein *Brain-Computer-Interface*, kurz BCI.

Solche Gehirn-Computer-Schnittstellen kennt man aus vielen Science-Fiction-Filmen. In *Matrix* zum Beispiel steckt Neo einen Stecker in seinen Hinterkopf und verbindet so sein Gehirn mit der virtuellen Welt. Das ist zurzeit natürlich noch Science-Fiction, denn eine solche Vorrichtung würde ein komplette Verkopplung des

Gehirns mit einem Computer erfordern. Mit diesem müsste alles, was im Gehirn gespeichert ist – Bilder, Töne, Berührungen, Gerüche und vieles mehr – synchronisiert werden.

Facebooks Ideen für eine Umsetzung sind im Vergleich dazu sehr einfach: Unsere Gedanken sollen in Befehle für Textnachrichten verwandelt werden. Das Unternehmen wartet sogar schon mit genauen Vorstellungen von der Schreibgeschwindigkeit seiner BCIs auf: 100 Wörter pro Minute sollen von der neuen Technologie aus der Hirnaktivität ausgelesen und verschriftlicht werden. Das wäre das doppelte Tempo dessen, was eine frisch ausgebildete Schreibkraft mit dem Zehn-Finger-System tippen kann. Das Gerät soll erkennen, welches von 1.000 möglichen Worten eine Person gedacht hat, und dabei eine Fehlerquote von unter 17 Prozent erreichen.

Facebooks Tüftler wollen direkt am Sprachzentrum des Gehirns ansetzen. Das hätte einen Vorteil: Damit behielte ein Nutzer die Kontrolle darüber, welche Gedanken an die Schnittstelle übermittelt werden und welche nicht. Denn nur solche Gedanken, die jemand innerlich aussprechen würde, wären zugänglich, alle anderen blieben der Technik verborgen.

Die langfristige Vision von Facebook ist eine nichtinvasive Maschine, das heißt, in Schädel und Gehirn soll operativ nicht eingegriffen werden. Das würde die Akzeptanz in der Öffentlichkeit sicherlich deutlich erhöhen. Umgesetzt werden soll das System laut Facebook in Form einer stilvollen Brille, die die Gehirnschnittstelle zugleich noch mit Inhalten einer virtuellen Realität speisen kann.

Wie das praktisch aussieht? Hier ein fiktives Beispiel: Stellen Sie sich vor, Sie treffen im Flur einen Bekannten, dessen Name Ihnen nicht einfällt. Sie denken still vor sich hin »Wie heißt der noch gleich?«, Facebooks Gerät erkennt die Frage, sucht per Gesichtserkennung nach dem Namen und blendet ihn in Ihrer Brille ein. Die Peinlichkeit, den Namen Ihres Bekannten nicht parat zu haben, bleibt Ihnen (und ihm) somit erspart.

Aber wie würde man so ein System realisieren? Das MRT ist allein aufgrund seines Gewichtes für diesen Zweck nicht tauglich. Man müsste andere, leichtere und mobilere Techniken verwenden, wie etwa die Elektroenzephalographie (EEG), bei welcher Elektroden auf der Kopfhaut platziert werden, um die elektrische Aktivität des Gehirns zu messen. Es gibt bereits kommerziell verfügbare, mobile

EEG-Systeme, die sehr leicht anzulegen und im Alltag – etwa beim Einkaufen – zu tragen sind. Allerdings sind EEG-basierte Gehirn-Computer-Schnittstellen weit davon entfernt, beliebige Gedanken und Sprachbefehle aus der Hirnaktivität auszulesen. Denn die verschiedenen Worte und Bedeutungen, die wir denken können, unterscheiden sich im EEG nicht hinreichend, um mit guten Trefferquoten ausgelesen zu werden.

Stattdessen arbeitet man bei Gehirn-Computer-Schnittstellen mit einem Trick. Die Idee besteht darin, dass man Gedanken und Befehle nicht direkt aus der Hirnaktivität ausliest, sondern die reine Vorstellung von Bewegungen zur Ansteuerung eines technischen Gerätes nutzt. Will man beispielsweise mit der Kraft der Gedanken einen Cursor auf einem Bildschirm steuern, muss er in zwei Richtungen, nämlich horizontal (x-Achse) und vertikal (y-Achse), zu bewegen sein. Mithilfe eines BCIs ist es möglich, die Werte auf der x-Achse zu verändern, indem man sich vorstellt, die linke Hand zu bewegen. Die y-Achse wird dementsprechend über den Gedanken an die Bewegung der rechten Hand gesteuert. Der Computer erkennt diese motorischen Signale, liest sie aus und bewegt damit den Cursor so, als würde er von einer mit der Hand bedienten Computer-Maus dirigiert. Nach einer Trainingsphase sind mit dieser Methode gute Erfolge zu erzielen.

Doch es muss in aller Deutlichkeit festgehalten werden: Das BCI lernt dabei nicht beliebige Gedanken (wie etwa den Wunsch, eine Textnachricht zu verfassen). Vielmehr braucht es die Unterstützung durch den Nutzer, der durch seine motorischen Vorstellungen, die rechte oder linke Hand zu bewegen, den Befehl buchstabiert. Es ist also eine enge Kooperation zwischen Mensch und Maschine erforderlich. Der Mensch muss Signale erzeugen, die der Computer aus dem EEG auslesen kann.

Mit BCI-Techniken werden seit Jahren viele solcher sogenannten Speller, also Buchstabierhilfen, realisiert. Die Probanden stellen sich vor, wie sie bestimmte Bewegungen ausführen. Das auf diese Weise erzeugte EEG-Signal steuert eine Buchstabenauswahl an. Ähnlich wie bei der Eingabe der Adresse in das Navigationssystem im Auto werden die gewünschten Buchstaben einzeln ausgewählt und auf diese Weise zu Wörtern zusammengesetzt. Erste Versuche dazu gab es bereits in den 1960er-Jahren, durchgeführt vom Physiker Edmond Dewan, der ein wahres Multitalent war und über so diverse Themen wie EEG, REM-Schlaf, Turbulenz und Kugelblitze gearbeitet hat. Er brachte Probanden bei, eine bestimmte Schwingung ihrer Hirnaktivität, das Alpha-Signal ihres EEGs, zu steuern, und wandelte die Stärke dieses Signals in den Morsecode um. Eine kurze Alphawelle stand für einen Punkt, eine lange für einen Strich. Dabei wurden gute Trefferquoten erreicht, obwohl damals die Datenanalyse in Echtzeit noch nicht möglich war.

In den letzten Jahren sind auf diese Weise nicht nur Buchstabierhilfen entwickelt worden. Die Signale können auch dazu verwendet werden, behinderten Menschen zu ermöglichen, ihre Rollstühle zu steuern. Auch die Bedienung der Hebelarme beim Flippern ist damit in Echtzeit möglich. Das EEG hat hier im Vergleich zum MRT einen weiteren großen Vorteil. Es ist nicht nur mobil und leicht, sondern es ermöglicht die Echtzeitsteuerung von Spielen und Geräten.

Spielen mit der Kraft der Gedanken

Die Gaming-Industrie zeigt sich ebenfalls an BCIs interessiert; sie will Menschen direkt und ohne den Umweg über Joystick oder Controller eine Spielekonsole steuern lassen. Man verspricht sich davon eine ganz neue Generation von Spielen. Solche Systeme werden bereits kommerziell angeboten, und es gibt dafür auch mobile, einfach anzuwendende EEG-Kappen zu kaufen. Allerdings gerät beim Gaming sogar das schnelle EEG-Signal an seine Grenzen. Mithilfe herkömmlicher Controller und Joysticks lassen sich Spiele oft rascher und genauer steuern als mit dem EEG, da das menschliche Bewegungssystem zeitlich hochpräzise arbeitet. Wenn etwa ein Geiger die eng getakteten Passagen von Paganinis Capriccio Nr. 24 spielt, hat er pro Note nur etwa eine sechzehntel Sekunde Zeit. Für jede Note muss das Griffbrett mit den Saiten zum richtigen Zeitpunkt für den Bruchteil einer Sekunde sehr genau getroffen werden. Da die nächste Note woanders auf dem Griffbrett liegt, müssen die Finger innerhalb dieser sechzehntel Sekunde umgesetzt werden. Gut trainierte Computerspieler kommen auf ähnlich rasante Bewegungssequenzen. Solche blitzschnellen Abfolgen sind derzeit mit dem EEG nicht erreichbar.

Eine dem Gaming verwandte Anwendung von BCIs findet man im Bereich Biofeedback, wo Menschen lernen, ihre eigenen Hirnsignale zu steuern. Bereits in den 1970er-Jahren gab es Versuche, das EEG für die Intensivierung von Entspannungszuständen zu nutzen. Da die Alpha-Wellen vor allem im Entspannungszustand auftreten, entstand die Hoffnung, man könne lernen, sich zu entspannen, indem man den Ausschlag dieser Wellen erhöht. Dazu wurde die Stärke des Alpha-Signals im EEG gemessen und dem Probanden kontinuierlich angezeigt. Der Proband sollte dann selbst nach Methoden suchen, wie er die Aktivität seiner Alpha-Wellen steigern konnte.

Diese Biofeedback-Experimente waren durchaus erfolgreich. Zum Schluss des EEG-basierten Entspannungstrainings waren die Alpha-Wellen und damit die Entspannung in der Regel höher als zu Beginn. Allerdings gab es einen kleinen Wermutstropfen. Zwar war die Intensität der Alphawellen größer als zu Beginn. Noch höher als am Ende des Experiments war jedoch das Niveau der Alpha-Wellen in der Ruhephase, bevor der Versuch startete. Man kann sich also in der Tat mithilfe von Gehirn-Computer-Schnittstellen entspannen, aber noch zielführender könnte es zu sein, sich gar nicht zu sehr auf die Entspannung zu konzentrieren, sondern einfach ohne BCI ruhig dazusitzen …

Die Illusion der Kontrolle

Natürlich gibt es auf dem BCI-Markt auch viele Unternehmen, die allein aus der Faszination für neue technische Möglichkeiten Gewinn schlagen wollen, egal welcher Nutzen damit verbunden ist. Bereits im Jahr 2010 fragte der Spiegel-Redakteur Hilmar Schmundt bei mir an, ob wir ein Spiel testen könnten, das damit warb, Hirnwellen zur Steuerung zu verwenden. Ich stimmte zu. Schmundt brachte einen Hochglanzkarton mit der Aufschrift *MindFlex* zu mir ins Labor. Darin lag ein auf verschiedene Arten aufbaubarer Parcours, ein blauer Ball und ein Stirnband, mit dem das EEG gemessen werden sollte. Der Ball wird in dem Spiel von einem Gebläse in der Luft gehalten; je stärker es pustet, desto höher fliegt der Ball. Die Stärke des Luftstroms – und damit die Höhe des Balls – sollte nun durch Gedankenkraft beeinflusst werden.

Laut Hersteller misst das Gerät mit dem EEG-Stirnband die Konzentration des Spielers; je höher diese ausfällt, desto höher steigt der Ball. Wenn man sich entspannt, sinkt der Ball wieder herunter. Der geübte Spieler kann der Spielanleitung zufolge schließlich allein durch seine Gedankenkraft einen schwierigen Parcours bewältigen, bei dem der Ball durch mehrere enge Ringe manövriert werden muss, die in unterschiedlichen Höhen in einem drehbaren Kreis montiert sind. Möchte man den Ball durch einen Ring bringen, muss jener erst die richtige Höhe erreichen, anschließend kann man dann den Kreisparcours mit der Hand ein Stück weiterdrehen. Um die Aufgabe zu lösen, koordiniert man also zwei Steuerungen: Man steuert die Schwebehöhe des Balls mit »Gedankenkraft« und den Rest per Hand.

Bei uns am Institut setzte ein regelrechter Konkurrenzkampf unter den Mitarbeitern ein. Jeder wollte den Ball am besten beherrschen und so seine geistige Fitness unter Beweis stellen. Aber bald schon fiel uns auf, dass die Kurven der Konzentration und die des Balles nicht so recht zusammenpassen wollten. Das verstärkte unsere Skepsis, die von Anfang an vorhanden war, weil BCIs eigentlich sehr gute Signale benötigen, die man nur mit professionellen Geräten und sorgfältig geklebten EEG-Elektroden erhält. Dieses Gerät hingegen verwendete einfach einen Metallstift, der auf die Stirn drückte, sowie zwei Klammern, die an die Ohren geklemmt wurden. Ein EEG-Signal auf dem Stand der Technik konnte man damit sicher nicht messen.

Ich erzählte diese Geschichte eines Abends dem britischen Installationskünstler und Improvisationstalent Carlo Crovato, der gerade zu Besuch war. Er suchte in meiner Wohnung ein paar Utensilien zusammen und entwickelte eine Vorrichtung, um *MindFlex* auf die Probe zu stellen. Er nahm den Kopf einer Plastikpuppe, die ansonsten als Kopfhörerständer diente, und setzte ihr das EEG-Stirnband auf, mit dem angeblich die Hirnströme für die Steuerung des Spiels abgegriffen wurden. Um die Leitfähigkeit der Kopfhaut nachzubilden, nahmen wir ein feuchtes Geschirrtuch. Wir schalteten ein. Das Gerät protestierte nicht, sondern führte wie bei menschlichen Spielern eine kurze Kalibrierung durch und legte los. Der Ball hob ab, stieg und beschrieb eine ähnliche Verlaufskurve wie bei uns Menschen. Damit war der Beweis erbracht: Die Bewegungen des Balls hatten mit Hirnströmen nichts zu tun. Vielleicht steuerte ein Zufallsgenerator die Kugel, jedenfalls nicht die Hirnaktivität. Wer möchte, kann sich das Video zu unserem Experiment auf YouTube anschauen. Im Kommentarbereich des Films äußern sich immer wieder Kritiker, die unseren Ergebnissen nicht trauen und alle möglichen Theorien aufstellen, wie wir den Ball zum Schweben gebracht hätten. Darunter auch folgende: Wir hätten einfach zwei *MindFlex*-Geräte verwendet und den Ball mit dem anderen – vor dem Zuschauer verborgenen – Kopfband zum Schweben gebracht.

Solche Tricks verbietet unser wissenschaftliches Ethos natürlich. Trotzdem ließ uns die Frage nicht los, warum so viele Menschen daran glauben wollen, dass *MindFlex* doch – entgegen aller Evidenz – funktioniert. Es gibt mehrere Vermutungen: Der Ventilator, der den Ball in die Höhe bewegte, wurde umso lauter, je höher der Ball flog, da er ja einen starken Luftstrom erzeugen musste. Vielleicht hatten die Anwender die Lautstärke mit ihrer Konzentration verwechselt? Man konnte tatsächlich auch mit einem vom Zufall gesteuerten Gebläse den Parcours absolvieren. Wenn man den Ball in einen Torring einlochen wollte, brauchte man einfach nur zu warten, bis der Ball zufällig die richtige Höhe erreichte und in diesem Moment den Parcours weiterdrehen. Der Erfolg beim Einlochen könnte einige Zeitgenossen dazu verleiten, diesen sich fälschlicherweise selbst zuzuschreiben und zu denken: »Ich habe den Ball durch den Ring bugsiert, also muss das EEG-Gerät ja funktionieren!«

Vielleicht sollte man von solchen Spielen nicht zu viel erwarten und sie nicht allzu ernst nehmen. Mit professionellen EEG-Geräten hätte die Gedankensteuerung des Balls auf jeden Fall gut funktioniert, aber dann wäre das Spiel einige hundert Mal teurer gewesen und zu Weihnachten sicher nicht auf so vielen Gabentischen gelandet.

Unser Test mit *MindFlex* erfolgte bereits Ende 2009. Seitdem ist die Entwicklung von EEGs und BCIs weiter vorangeschritten. Heute gibt es für wenig Geld gute Systeme auch zur privaten Nutzung zu kaufen. Zwar reichen sie von der Leistungsfähigkeit nicht an professionelle Anwendungen heran, aber sie erlauben trotzdem den Einsatz bei einfachen Spielen. So hat das Start-up *NextMind* ein kleines, optisch ansprechendes EEG-System entwickelt, das man einfach am Hinterkopf anlegen kann. In den Produktdemonstrationen sieht man, wie Nutzer damit ihren Fernseher lauter und leiser stellen, das Programm wechseln und Videospiele spielen. Im Vergleich zu den frühen EEG-Systemen ist das ein großer Fortschritt.

Allerdings hat die Sache einen Haken: Man muss die Stelle direkt anschauen, auf die man klicken (oder im Spiel schießen) möchte. Für gesunde Nutzer macht das natürlich kaum einen Unterschied, da Menschen ohnehin den Bereich in den Blick nehmen, auf den sie sich konzentrieren. Zudem stellt sich hier eine grundsätzliche Frage nach dem Sinn von BCIs. Denn wenn man mit seinen Augen ohnehin ein Ziel fixiert, wäre es viel leichter, anstelle der Hirnaktivität die Augenposition zu messen. Dies gelingt mit wesentlich höherer Präzision, und auch hier gibt es bereits für wenig Geld zuverlässig funktionierende Geräte zu kaufen.

Gedankenkraft oder Muskelkraft?

Man muss also fragen, ob bzw. wann es überhaupt sinnvoll ist, Computer über Hirnsignale zu steuern. In den Medien finden sich immer wieder Sensationsmeldungen über Apparate, die angeblich mit Gedankenkraft Computer steuern. Wenn man allerdings genau hinschaut, stellt man oft fest, dass gar nicht mit Hirnsignalen gearbeitet wird. Es kann offensichtlich selbst die Redakteure renommierter Wissenschaftszeitschriften verwirren, wenn etwa ein Gerät mit dem Namen *AlterEgo* beschrieben wird, das man »nur mit den Gedanken« steuern könne und das »Signale, die vom Gehirn gesendet werden« aufzeichne. Ein nüchterner Blick auf das am Media Lab des *Massachusetts Institute of Technology* (MIT) entwickelte Gerät genügt allerdings, um zu erkennen, dass es mit der Messung von Hirnaktivität wenig zu tun hat. Denn das Headset greift die Signale nicht dort ab, wo das Gehirn sitzt, sondern setzt an Mund und Kiefer an.

AlterEgo verbindet den Computer also nicht mit dem Hirn, sondern mit den Muskeln, die unsere Sprache artikulieren. Es ist also kein Brain-Computer-Interface, sondern ein Muscle-Computer-Interface, kurz MuCI. Diese spezielle Schnittstelle arbeitet mit der Elektromyographie, kurz EMG. Dabei werden über Elektroden die elektrischen Signale der Muskelzellen gemessen. Das Headset, das von Arnav Kapur am MIT entworfen wurde, registriert die Erregungsveränderungen in der Mundmuskulatur während des stummen Sprechens. Nach entsprechendem Training der Auswertungsalgorithmen ist diese Schnittstelle in der Lage, aus den Signalen der Muskulatur verschiedene Befehle zu decodieren. Der Träger kann mithilfe dieses Headsets nun tatsächlich den Fernseher ohne Fernbedienung umschalten. Er muss lediglich so tun, als würde er den Befehl dazu aussprechen. Auch den geeigneten nächsten Zug in einer Schachpartie könnte er auf diese Weise im Internet recherchieren und sich dann von seinem Headset ins Ohr flüstern lassen. Das MIT gibt die Trefferquote von *AlterEgo* mit 92 Prozent an. Das ist zweifellos eine beeindruckende technische Leistung.

Für praktische Anwendungen können Schnittstellen wie *AlterEgo* sinnvoll sein. Warum soll man sich mit den hochkomplexen und schwer zu messenden Details der Hirnaktivität herumplagen, wenn die Muskeln klare, gut auslesbare Botschaften geben? Warum sich von niedrigen Trefferquoten in die Verzweiflung treiben lassen, wenn die Messung der Muskeln eine fast perfekte Genauigkeit verspricht? Nicht nur unter diesem Gesichtspunkt stellen sich mit Muskelaktivität arbeitende Interfaces wie *AlterEgo* als intelligente Lösung dar.

Systeme, die auf stumm gesprochener Sprache basieren, haben einen weiteren Vorteil: Das stumme Aussprechen ist ein klarer Marker dafür, dass ein Gedanke wirklich an den Computer übermittelt werden soll. Eine Gehirn-Computer-Schnittstelle, selbst wenn sie alle Gedanken messen könnte, müsste ja zusätzlich noch ermitteln, welche davon für die Steuerung relevant sind. Denkt eine Person nur an Kaffee oder will sie, dass die Kaffeemaschine angeschaltet und ein Espresso zubereitet wird? Um ungewollte Aktionen zu verhindern, benötigt man einen Marker, der den tatsächlichen Befehl ankündigt, so wie man es mittlerweile von elektronischen Assistenten wie Siri, Google oder Alexa her kennt. Erst wenn man »Hallo Siri« oder »Ok Google« gesagt hat, wird die Software aktiv und man kann seinen Wunsch eingeben. Das Chaos, das entstünde, wenn jedes unserer Worte als Befehl gälte, wäre kaum auszudenken. Ein Marker ist für eine praktische Anwendung unerlässlich, und dafür bietet sich die stumme Sprache an, weil man durch sie – wie bei den elektronischen Assistenten auch – gut kenntlich machen kann, was als Befehl gemeint ist und was nicht.

Das Beispiel des 2018 verstorbenen britischen Physikers Stephen Hawking zeigt, wie sinnvoll und robust Muskelsteuerung im Vergleich zur Hirnsteuerung sein kann. Hawking litt unter einer schleichend voranschreitenden Erkrankung seiner motorischen Nervenzellen, die ihm nach und nach die Kontrolle über fast alle Bewegungen nahm. Zum Schluss konnte er nur noch über ein Gerät kommunizieren, das wie die oben beschriebenen Buchstabiergeräte funktionierte. Jeder Buchstabe musste einzeln ausgewählt werden. Das Schreiben von Wörtern und Sätzen dauerte sehr lange – faszinierend, dass Hawking trotzdem Bücher verfasst und Vorträge gehalten hat. Bei den Vorträgen sprach er nicht selbst, sondern er nutzte seine Schnittstelle, um vorbereitete Textpassagen von einem Computer vorlesen zu lassen. Er steuerte seinen Computer über das Anspannen eines einzigen noch zu kontrahierenden Wangenmuskels. Diese Bewegung wurde von einer Infrarotkamera an seiner Brille registriert.

Hawking probierte zwar auch Gehirn-Computer-Schnittstellen aus, zog aber das MuCI vor, weil es besser funktionierte und ihn weniger ermüdete. Generell gilt also: Wenn man noch Kontrolle über einen Muskel hat, sollte man den Computer lieber über diesen Muskel steuern, da dies viel einfacher und zuverlässiger umzusetzen ist als über ein EEG.

Allerdings gibt es Fälle, bei denen die Verwendung von Muskelaktivität nicht möglich ist. Stephen Hawking konnte seinen Wangenmuskel noch bewegen, aber bei bestimmten Erkrankungen kommt es zu einer Extremform motorischer Defizite, so dass Patienten schließlich gar keinen Muskel mehr kontrollieren können. Solche Patienten sind völlig der Möglichkeit beraubt, mit der Außenwelt zu kommunizieren. Man spricht vom »Locked-in-Syndrom«, wenn ein noch bewusster und denkender Geist in einen Körper ohne Bewegungs- und Kommunikationsmöglichkeit eingeschlossen ist. In dem erfolgreichen, auch verfilmten Roman *Schmetterling und Taucherglocke* beschreibt der Franzose Jean-Dominique Bauby, wie er selbst nach einem Schlaganfall zum (fast vollständigen) Locked-in-Patienten wurde: als sei man in einer Taucherglocke eingesperrt, während der Geist noch völlig aktiv ist. Gerade für solche Patienten wäre es natürlich wünschenswert, wenn man ihnen über Gehirn-Computer-Schnittstellen ermöglichen könnte, mit der Außenwelt zu kommunizieren. Es gibt in der Tat Ansätze zur Realisierung, allerdings muss man hier einen Schritt weitergehen: Man braucht Geräte, die direkten Zugang zu den Signalen im Gehirn haben. Wir müssten also die körperliche Hülle und die Schädeldecke dafür öffnen. Mit diesem Einbruch ins Gehirn beschäftigten wir uns als nächstes.

Einbruch ins Gehirn

Mit unseren Hirnforschungsmethoden stoßen wir derzeit noch an Grenzen. Hirnscanner und EEG-Kappen erlauben zwar einen Einblick von außen ins Gehirn, aber die Auflösung ist sehr begrenzt. Wesentlich effizienter könnte man mit Hirnsignalen arbeiten, die innerhalb des Schädels gemessen werden. Aber wie kommt man an sie heran? Selbst bei Versuchen mit Tieren wird oft diskutiert, ob es ethisch vertretbar sei, deren Hirnaktivität invasiv zu messen. Bei gesunden Probanden verbietet es sich ohnehin, den Schädel zu öffnen und Elektroden zu implantieren. Gelegentlich aber ergibt sich die Möglichkeit, die Hirnaktivität bei Menschen direkt zu messen, dann nämlich, wenn im Rahmen einer medizinischen Diagnostik oder Behandlung das Gehirn freigelegt werden muss – so etwa bei bestimmten Epilepsiepatienten, bei denen kleine Vernarbungen des Hirngewebes Anfälle verursachen, die rein medikamentös nicht zu unterdrücken sind. Das vernarbte Gewebe wird dann durch eine Hirn-OP entfernt. Im Vorfeld werden zu diagnostischen Zwecken Elektroden direkt ins Gehirn eingeführt, um die Vernarbungen zu lokalisieren. Dazu wird eine Matte mit vielen Elektroden auf die offene Hirnoberfläche gelegt. Die Schädeldecke wird danach wieder geschlossen. Sobald ein neuerlicher Anfall ausgelöst wird, kann man anhand der Elektroden den Ursprungsherd – die Vernarbung – identifizieren.

Da diese Patienten tagelang in der Klinik ausharren müssen, um bei ihrem nächsten Anfall unter Beobachtung zu sein, kann man sie einladen, unterdessen an Experimenten teilzunehmen. Wenn sie einwilligen, lässt man sie beispielsweise verschiedene Sätze sprechen und zeichnet dabei ihre Hirnaktivität auf. Für die Patienten ist das nicht belastend, denn von den Messungen selbst bekommen sie kaum etwas mit. Auf diese Weise erhält man direkte Daten der Hirnaktivität. Natürlich spielt aus ethischen Gründen bei der Platzierung der Elektrodenmatte nur eine Rolle, was für die medizinische Behandlung des Patienten notwendig ist, und nicht, was der Hirnforschung nützen würde.

Bei der invasiven Messung der Hirnaktivität erhält man Daten mit wesentlich besserer Qualität als beim EEG. Viele Studien haben bereits gezeigt, dass sich aus solchen sogenannten Electrocorticographie-Daten, kurz ECoG, bestimmte Gedanken sehr gut auslesen lassen. Ein Team um Edward Chang von der *University of California* in San Francisco entwickelte 2019 eine Technik, um mittels ECoG gesprochene Sprache aus der Hirnaktivität zu decodieren. Auch hier waren die Versuchspersonen Epilepsiepatienten. Die Probanden wurden gebeten, Hunderte von Sätzen zu sprechen. Derweil suchten die Hirnforscher nach neuronalen Mustern, die mit den jeweiligen Wörtern einhergingen. Sie konzentrierten sich dabei besonders auf die motorischen Zentren im Gehirn, von wo aus die an der Lautbildung beteiligten Muskeln im Mund- und Kehlkopfbereich befehligt werden. Mithilfe der analysierten Muster versuchten sie dann, die entsprechenden Laute synthetisch zu erzeugen und so zu rekonstruieren, was sie sagen wollten. Die Übereinstimmung zwischen rekonstruierter und gesprochener Sprache lag im Höchstfall sogar bei über 90 Prozent.

Das klingt überzeugend, relativiert sich allerdings, sobald man sich genauer anschaut, wie das gute Ergebnis zustande kam. Die Kollegen aus San Francisco hatten ihre Sprachrekonstruktionen, die sie aus der Hirnaktivität der Probanden gewonnen hatten, anderen (gesunden) Testpersonen vorgespielt. Allerdings fragten sie dabei nicht einfach, was dort ihrer Meinung nach gesagt wurde, sondern gaben ihnen verschiedene Worte oder Sätze vor, und die Patienten sollten auswählen, was so ähnlich klang wie die vom Computer synthetisierten Aussagen. Diese mussten die Probanden also gar nicht richtig verstehen.

Ein Beispiel: Wenn die Patienten nur Kauderwelsch zu hören glauben, etwa »B l … b … t … B … k … t«, dann wüssten Sie sicher nicht, was gesagt wurde. Gäbe man Ihnen aber folgende Optionen zur Auswahl – »Blaukraut ist Blaukraut« oder »Fischers Fritz fischt frische Fische« –, würden Sie wohl richtig raten. So muss man abschließend sagen, dass die mittels ECoG rekonstruierten Äußerungen zwar nicht überwältigend sind, doch im Vergleich zu EEG-basierten Rekonstruktionen immer noch um Längen besser.

Solche Studien zeigen, dass es prinzipiell möglich ist, Sprache aus Hirnsignalen zu erkennen. Doch diese invasiven Techniken bilden natürlich keine Grundlage für die Entwicklung von BCI-Brillen, wie sie von Facebook vorgeschlagen wurden. Niemand wird sich die Schädeldecke öffnen und Elektroden auf seiner Großhirnrinde befestigen lassen, nur damit er in hoher Geschwindigkeit Texte direkt aus seinem Kopf an ein elektronisches Gerät übertragen kann. Zumal es in jedem Smartphone bereits heute recht passabel arbeitende Diktierfunktionen gibt. Man kann die Worte und Sätze einfach aussprechen und bekommt im Nu von Apple, Google oder Amazon den Text auf dem Bildschirm präsentiert. Natürlich hätte eine direkt mit Gedankenkraft arbeitende BCI-Technik auch Vorteile. Sie würde auch in einem lauten Raum mit vielen Störgeräuschen funktionieren. Aber dieser Vorteil würde keine Hirnoperationen bei einem gesunden Nutzer rechtfertigen.

Für klinische Anwendungen sind solche und ähnliche Techniken indes sehr spannend. So arbeitet ein Konsortium namens *BrainGate* an Hirnimplantaten für Querschnittsgelähmte. Dafür wurden spezielle Elektrodengitter entwickelt – viel kleiner als jene, die bei Epilepsiepatienten implantiert werden. Bisher wurden nur an wenigen Patienten Versuche durchgeführt, aber die Ergebnisse sind vielversprechend. Die gelähmten Patienten können dank dieser Technik künstliche Prothesen direkt mit ihrer Gedankenkraft steuern: Sie müssen einfach nur an die Bewegung denken, die sie ausführen wollen. Das funktioniert, weil die Elektroden direkt in den motorischen Kortex implantiert werden, also dort, von wo auch bei Gesunden die neuronalen Kommandos zur Körperbewegung erteilt werden.

Gedanken wie »Bitte die Kaffeemaschine starten!« können solche Implantate allerdings nicht erkennen. Dafür müsste fast das gesamte Gehirn mit Elektroden abgedeckt werden, was beim aktuellen Stand der Messtechnik nicht möglich ist.

Gleichwohl wird von einigen Vorreitern in diese Richtung geforscht, wenn auch sehr spekulativ. So will der Tech-Milliardär und Tesla-Gründer Elon Musk eine Technik namens »Neural Lace« entwickeln – eine Art Geflecht, das sich über das ganze Gehirn legen soll. Zu diesem Zweck kaufte er die Firma *Neuralink*, die sich mit der Entwicklung von Gehirn-Computer-Schnittstellen befasst. Musk will auch invasiv vorgehen. Das heißt, nicht Elektroden auf der Kopfhaut, sondern Messungen direkt im Hirn sollen die Gedanken eines Menschen auslesen. Derzeit hört sich auch das eher nach Science-Fiction an, und Musk macht auch bisweilen tatsächlich den Eindruck, als würde die Fantasie mit ihm durchgehen. Ihm schwebt ein symbiotischer Mensch-Maschine-Organismus vor, ein Cyborg, bei dem eine Schicht künstlicher Intelligenz über dem Gehirn liegt, »die ebenso gut mit dir als Person zusammenarbeiten wird wie die Großhirnrinde und das limbische System«. Damit soll der Mensch kognitiv aufgerüstet werden, um zu verhindern, dass ihn die künstliche Intelligenz überholt. Was das im Detail bedeutet und wie die Arbeitsteilung zwischen Gehirn und KI-Schicht funktionieren soll, ist jedoch nicht recht klar.

Mit einer ersten Vorstufe hat Musk jedoch bereits Erfahrungen gesammelt. Er entwickelte kleine biegsame Mini-Elektroden, die von einem nähmaschinenartigen Roboter wie Fäden in das Hirngewebe eingenäht werden. Bei einer Präsentation wurde die Technik erst einmal an Schweinen demonstriert, an denen äußerlich zunächst nichts auffällig war. Ein Schwein hatte jedoch ein Implantat, mit dem man die Aktivität der Nervenzellen messen und so nachverfolgen konnte, wie es mit der Schnauze die Umgebung erkundete. Diese Technik ist interessant, aber leider deckt sie nur einen kleinen Bereich der Hirnoberfläche ab. Für das münzengroße Steuergerät wird ein Loch in die Schädeldecke gebohrt. Es ist technisch kaum denkbar, dass man damit die ganze Hirnoberfläche, geschweige denn das gesamte Gehirn bis in die Tiefe hinein vermessen kann.

In gar nicht allzu ferner Zukunft soll – nach Musks Vision – eine andere Technik zum Einsatz kommen: eine Art Nanoteilchen, das in die Blutbahn injiziert wird und ins Gehirn wandert. Dort würde es eine Schnittstelle schaffen, die sich der Form der Großhirnrinde geschmeidig anpasst. Dieses »Neural Lace« soll die weiträumige Aktivität der Neuronen messen und nach außen an einen Computer weiterleiten. Das klingt nach einer spannenden, aber auch etwas kruden Idee. Denn aus wissenschaftlicher Sicht steht dem Plan, über die Blutgefäße einen Stoff ins Gehirn einzuführen, ein wichtiges Argument entgegen: Zwischen den Blutgefäßen und den Nervenzellen steht eine schwer zu überwindende Mauer, die Blut-Hirn-Schranke. Diese Barriere ist nur selektiv durchlässig. Sie kontrolliert sehr präzise den Stoffaustausch im Zentralnervensystem und verwehrt Stoffen, die dem Gehirn schädlich werden könnten, den Zutritt. Die Kapillaren in der Nähe der Nervenzellen sind so eng, dass gerade einmal eine weitere Blutzelle hindurchpasst. Nur so ist es möglich, das innere Milieu im Gehirn konstant zu halten, damit die hoch sensiblen elektrochemischen Prozesse ungestört ablaufen können.

Diese zelluläre Firewall hat auch Nachteile; sie erschwert die Behandlung verschiedener neurologischer Krankheiten, weil auch helfende Medikamente an ihrer Überwindung scheitern. Das *Neural Lace* müsste also ein wahrer Wunderstoff sein, wenn es die Blut-Hirn-Schranke passieren und eine stabile, dauerhafte Schnittstelle bilden soll. Schaut man sich die Mikroanatomie des Hirns an, stößt man rasch auf weitere mögliche Probleme: Hochauflösende Aufnahmen des Hirngewebes mit dem Elektronenmikroskop zeigen deutlich, wie dicht die Nervenzellen gepackt sind. Da gibt es kaum Platz für ein Netz aus körperfremden Partikeln, nicht einmal dann, wenn man sich mit Nanotechniken auf der Größenordnung von millionstel Millimetern bewegt.

Ohnehin wird hier der zweite Schritt gedanklich vor dem ersten getan. Denn bevor man einen wie auch immer gearteten Stoff mit den Neuronen zusammenarbeiten lassen kann, müsste man erst einmal wissen, wie das Gehirn überhaupt Informationen codiert. Man müsste die »Sprache« des Gehirns verstehen, wovon wir allerdings noch sehr weit entfernt sind. Weiterhin ungeklärt ist, wie eine solche Schicht künstlicher Intelligenz im Hirn mit Energie versorgt werden kann (auch wenn daran bereits geforscht wird). Ein Batteriebetrieb verbietet sich schon aufgrund der Platzproblematik und der Lebensdauer. Vielleicht wäre eine Energieversorgung über Ultraschall möglich, da diese Wellen so dosiert werden können, dass sie das umliegende Gewebe nicht schädigen. Allerdings würde das einen recht massiven Eingriff in die natürlichen Abläufe des menschlichen Gehirns bedeuten. Und selbst wenn es erste Ansätze zur Lösung all dieser Probleme geben sollte, bleibt immer noch zu fragen, ob sich wirklich gesunde Probanden finden, die ihr Hirn derart manipulieren lassen würden. So ungewiss der Nutzen eines solchen Eingriffs scheint, so klar sind die dabei zu erwartenden Risiken. Eine solche Vielzahl an Nanopartikeln, auch neuronaler Staub (*neural dust*) genannt, könnte aufgrund sowohl ihrer Struktur als auch des Materials gefährliche Nebenwirkungen im Körpergewebe haben. Obwohl – oder gerade weil – die Nanopartikel so klein sind, können sie die Körperzellen auf verschiedene Weise irritieren. Wenn Nanomaterial einmal ins Gehirn gelangt ist, steigt dort zum Beispiel das Risiko von Schlaganfällen, wie Wissenschaftler aus Harvard, Cambridge, Stanford, Berkeley und Chicago in einem umfassenden Bericht zu den biophysikalischen Effekten von Kleinstmaterialien im Hirngewebe berichtet haben.

Allein schon aus ethischen Gründen verbieten sich Forschungen am Menschen mit ungeklärten Risiken, ebenso wie Versuche, die ein nur vage umrissenes Ziel haben. So sind einige Verlautbarungen von Elon Musk zum Gedankenlesen wohl eher unrealistisch. Allerdings könnte man auch argumentieren, dass Musk die Entwicklung der Technik nur konsequent weiterdenkt. Denn schon heute sind wir ja mit Computern aller Art verbunden. Das Smartphone ermöglicht sogar einen direkten haptischen Kontakt zur elektronischen Welt und bindet uns in Nachrichten- und Konsumportale sowie soziale Netzwerke ein. Der Guru des elektronischen Zeitalters und Begründer der modernen Medientheorie, Herbert Marshall McLuhan, orakelte bereits 1967, dass »die elektrische Schaltungstechnik eine Erweiterung des Zentralnervensystems« mit sich bringen werde. Genau diese Prognose scheint sich im digitalen Zeitalter zu bewahrheiten. So gesehen wäre es eigentlich nur ein kleiner und konsequenter Schritt hin zu Techniken, die den Menschen zu einem Cyborg machen.

Trotzdem tut sich an dieser Stelle eine prinzipielle Grenze auf: Wenn eine zukünftige neuronale Schnittstelle eine direkte Zusammenarbeit mit den Neuronen im Hirn praktiziert, würde es die biologische Integrität des Menschen aufheben. Denn die Informationsverarbeitung im Hirn würden dann nicht mehr die Neuronen allein leisten – die Gedanken, Handlungen, Planungen und Absichten des Menschen wären nicht mehr ausschließlich Ergebnisse selbstgesteuerter, rein biologischer Prozesse. Das würde einen Bruch in der Kontinuität der menschlichen Evolution bedeuten, eine Singularität. Würden diese Visionen wahr werden, könnte die Menschheit über ihre aktuellen kognitiven Grenzen hinausgehen. Man nennt solche Vorstellungen deshalb auch »transhumanistisch«: Der Mensch wächst über die Begrenzung seiner eigenen Art hinaus – mit möglicherweise unabsehbaren Folgen.

Elon Musk ist mit seinen Ideen beileibe nicht allein. Ein weiterer prominenter Vertreter und Vorreiter der Vorstellung von nanotechnologischen Schnittstellen im Gehirn ist Ray Kurzweil, der vor seinem Interesse für das Gehirn bereits eine Reihe erfolgreicher Erfindungen vorzuweisen hatte. Der Spross einer 1939 vor den Nazis aus Österreich nach New York geflohenen jüdischen Familie entwarf nach einem Studium der Computerwissenschaft am MIT ein Gerät zum automatischen Lesen gedruckter Zeichen, das er später zu einer Vorlesemaschine für Blinde weiterentwickelte. Berühmt wurde Kurzweil in den 1980er-Jahren, als er nach einem Treffen mit Stevie Wonder eine neue Generation von Musiksynthesizern entwickelte, die derart authentische Klänge produzierten, dass sie von der Musik echter Instrumente kaum mehr zu unterscheiden waren. Kurzweil denkt die Transhumanität als Möglichkeit sowohl der Intelligenzsteigerung als auch der Unsterblichkeit. Er projiziert für das Jahr 2045 eine »Singularität«. Das ist für ihn der Punkt, an dem die künstliche Intelligenz die menschliche in allen Bereichen übertrifft. Der Mensch kann dann ein Back-up seiner Persönlichkeit vornehmen, indem er sie mithilfe von Schnittstellen aus dem Gehirn herunterlädt. Er lebt nun digital weiter, verschmilzt mit der künstlichen Intelligenz und wird auf diese Weise unsterblich.

Ein Neurowissenschaftler hegt spätestens an dieser Stelle arge Zweifel. Es ist derzeit völlig unklar, was eine Persönlichkeit ausmacht und wie sie im Gehirn realisiert ist, geschweige denn, wie man sie aus dem Gehirn herunterladen könnte. Für das von Kurzweil angestrebte »Back-up des Geistes« würde es beileibe nicht genügen, die aktuellen Gedanken einer Person, also unsere Wahrnehmungsbilder und Gefühle, auf den Computer zu übertragen. Um wirklich die Persönlichkeit zu erfassen, bräuchte man auch alle Lebenserinnerungen und all das Wissen, das sich im Hirn im Laufe der Lebensjahre angesammelt hat. Aber all dies aus dem Gehirn auszulesen würde sogar mit Elon Musks futuristischem *Neural Lace* schwierig werden.

Selbst wenn man die Aktivität aller 86 Milliarden Nervenzellen im menschlichen Gehirn kontinuierlich messen und auf einen Computer übertragen könnte, wäre man noch weit davon entfernt, die Persönlichkeit und die Erinnerungen einer Person auszulesen. Denn nach heutigem Stand sind die Lernerfahrungen einer Person in der Stärke der synaptischen Übertragungen abgespeichert. Dabei darf man sich die Synapsen, deren Aufgabe es ist, Informationen von einer Nervenzelle an die nächste weiterzuleiten, nicht wie feste Drähte vorstellen, die ein Endgerät mit einer Steckdose in Kontakt bringen. Je intensiver die Verbindung zwischen zwei Nervenzellen ist, desto stärker wird auch das sogenannte synaptische Gewicht. Das wäre in etwa so, als würde ein Telefonkabel dicker, je mehr es verwendet wird. Um das gesamte im Hirn gespeicherte Wissen auslesen zu können, bräuchte man also Informationen über die Stärke jeder einzelnen Synapse. Im Prinzip könnte man zwar durch eine strukturelle Untersuchung mit dem Elektronenmikroskop die Verknüpfungsstärke einer Synapse messen, aber das Gewebe würde so eine Prozedur nicht überleben, denn im Innern eines Elektronenmikroskops befindet sich ein Vakuum und ein sehr starker Elektronenstrahl, der das Gewebe beschießt, wodurch es auf über 100 Grad aufgeheizt wird. Außerdem müsste das Gewebe in viele kleine Schnitte zerlegt werden. Der Aufwand wäre also bereits für eine einzige Zelle extrem hoch; angesichts der großen Anzahl von Nervenzellen und der tausendfach höheren Zahl von Synapsen ist dies schlicht nicht zu bewältigen.

In nächster Zeit wird es also wohl keinen neuronalen Nanostaub geben, der eine enge Kopplung weiträumiger Hirnaktivität an externe Computer ermöglicht. Und selbst wenn, sollte man sich zuerst die Frage stellen: Wollen wir unser innerstes Seelenleben wirklich einem Computer offenlegen – und damit jedem, der auf das Gerät Zugriff hat?

Dieser Text ist ein leicht überarbeiteter Auszug aus dem Buch »Fenster ins Gehirn. Wie unsere Gedanken entstehen und wie man sie lesen kann« *von John-Dylan Haynes und Matthias Eckoldt, Ullstein, Berlin 2021, mit freundlicher Genehmigung des Ullstein-Verlags.*

Grischa Merkel

Lieber nicht denken?

Wie das Silicon Valley unsere Gedanken entschlüsselt

Wenn sich die Hirnforschung mit dem Lesen von Gedanken befasst, ist ihr mediale Aufmerksamkeit sicher – auch dann, wenn ihre Ergebnisse einmal nicht so viel hergeben wie ursprünglich verlautbart. Dem Thema dieses Beitrags »Lieber nicht denken – Wie das Silicon Valley unsere Gedanken entschlüsselt« nähere ich mich anhand von zwei Fragen, die durch diesen Beitrag leiten werden: 1. Was ist eigentlich gemeint mit »Gedankenlesen«? und 2. Worauf können und dürfen Unternehmen und der Staat mittels Dekodierens von Hirnströmen zugreifen – und worauf nicht?

Erwartungen

Facebook kündigt der Öffentlichkeit an, uns das nervige Tippen auf dem Handy demnächst zu ersparen: Wir schreiben einfach direkt mit unseren Gedanken. Dafür müssen zunächst die Hirnströme aufgezeichnet und mit geschriebenen Sätzen auf dem Handy abgeglichen werden, aber das soll nur ein Zwischenschritt sein auf dem Weg zum echten Gedankenlesen (Sullayman, 2017; Griffin, 2017). Sind einmal alle Gehirnströme erfasst, die mit Sätzen einhergehen, müsste es genügen, die Hirnströme zu dekodieren, um zu wissen, an welchen Satz der Nutzer denkt.

Auch Microsoft ist bei der Entwicklung neuer Technologien zum Gedankenlesen ganz vorne mit dabei und hat bereits im Jahr 2018 ein Patent auf ein Headset angemeldet, das es Nutzern erlauben soll, Computer mit ihren Gedanken zu steuern. Das Patent beschreibt ein Headset, das Anwendungen wie etwa Computerprogramme verändern kann, indem es die Intention des Nutzers anhand seiner neurologischen Daten erkennt (»a headset capable of changing the state of an application by detecting neurological user intent data«), wie es im *Independent* heißt (Sullayman, 2018).

Ansätze

Man nennt solche Geräte »silent speech interfaces«, weil sie die Hirnaktivität bei nicht laut ausgesprochenen, also nur gedachten Sätzen aufzeichnen sollen. Für gelähmte Patienten, etwa bei fortschreitender Muskelerkrankung, aber auch für Patienten mit Locked-in-Syndrom (eine plötzliche, manchmal den gesamten Körper betreffende Lähmung, die nach einem Hirnschlag eintreten kann) wäre es sicherlich von Vorteil, wenn in Zukunft das Dekodieren neuronaler Korrelate zu sich selbst gesprochener Sätze gelingen würde. Bislang existiert jedoch keine nicht-invasive Methode, um auf solche Weise »Gedanken zu lesen«. Allerdings dürfte die Gesellschaft neue Methoden der Kommunikation auch nicht ignorieren, wenn sich damit die Selbstbestimmung von gelähmten Patienten schützen ließe.

Gerade nicht-invasive Methoden, also solche, die nicht mit einem Eingriff in den Körper verbunden sind, sehen sich immer auch mit dem Problem konfrontiert, dass Gehirne zwar meist sehr ähnlich sind, aber nicht ein Gehirn dem anderen vollständig gleicht. In Ausnahmefällen kann ein Gehirn auch extrem von der Norm abweichen (wie etwa das an die Ränder des Schädels gedrückte Gehirn eines amerikanischen Verwaltungsangestellten, bei dem massive Vergrößerungen mehrerer Hirnventrikel diagnostiziert wurden, vgl. Fouillet et al., 2007). Vielversprechender wäre es daher, direkt am Gehirn zu forschen – was allerdings nur dann möglich ist, wenn der Schädel wegen einer notwendigen medizinischen Maßnahme ohnehin geöffnet ist.

Im letzten Jahr gelang es jedoch einer Forschergruppe, auf diese Weise Messungen von Hirnströmen bei Epilepsiepatienten vorzunehmen, während diese Sätze laut aussprachen und anschließend Sätze ohne Lautäußerung nur mimten, also nicht laut aussprachen. Die dabei registrierte Gehirnaktivität, die bei dieser Versuchsanordnung allerdings mit den Sprech*bewegungen* einhergeht, wurde nach mehreren Übungen automatisch dekodiert. Am Ende konnten Zuhörer tatsächlich Sätze verstehen, die von den Patienten nicht laut ausgesprochen wurden. Das Ergebnis war zwar nicht optimal, aber so beeindruckend, dass die Studie in Nature publiziert wurde (siehe Anumanchipalli et al., 2019). Um die spezifische Hirnaktivität aufzeichnen zu können, mussten allerdings Plättchen direkt am Gehirn angebracht werden, was die Anwendung auf einen eher kleinen Nutzerkreis beschränken dürfte.

Abgesehen von diesen praktischen Schwierigkeiten wollen wir im Folgenden der Frage nachgehen, wie man sich den Zusammenhang zwischen Hirnströmen und Gedanken vorzustellen hat. Andrea Kübler von der Universität Würzburg sagt uns dazu – und damit steht sie stellvertretend für viele andere: »Und ein Gedanke ist eben nichts anderes als Aktivität dieser Nervenzellen« (Kübler, 2017). Üblicherweise verstehen wir unter einem Gedanken aber gerade keine Hirnaktivität, sondern etwas, zu dem wir jemanden beispielsweise befragen könnten. Und auf die Frage, was jemand denkt, erwarten wir normalerweise auch keinen Hirnscan als Antwort. Um die Frage nach dem »Gedankenlesen« zu verstehen, müssen wir offensichtlich erst klären, was ein Gedanke ist.

Gedanken

Der Philosoph Ludwig Wittgenstein (1889–1951) hat in seinem im Jahr 1958 posthum erschienenen Spätwerk »Philosophische Untersuchungen« (kurz: PU) eine bestimmte ontologische Vorstellung von Gedanken verworfen. Er sagt: »Es scheint uns manchmal, daß Denken ein Vorgang ist, der das Sprechen begleitet, der vielleicht auch anderes begleiten oder selbständig ablaufen könnte«; tatsächlich gelte jedoch, »was (…) das Denken ausmacht, ist nicht ein Vorgang, der die Worte begleiten muß« (PU, § 330). Denn an etwas zu denken, ist Wittgenstein zufolge nichts weiter als ein unausgesprochener Satz: »[A]n ein Ding denken heißt einen Satz denken, in dem es vorkommt« (Wittgenstein, 1989, S. 50).

Wenn wir unter einem Gedanken einen unausgesprochenen, gedachten Satz verstehen, dann müssen wir konstatieren, dass die Hirnforschung von einer Dekodierung vielleicht gar nicht so weit entfernt ist. Allerdings nicht, indem sie die Hirnströme von Gedanken dekodiert, sondern indem sie die Hirnströme von Sprechbewegungen dekodiert, die auch ohne Lautäußerung stattfinden können. Darüber hinaus macht die Hirnforschung Fortschritte, wenn es um das Dekodieren von Hirnaktivität beim Sehen von Bildern geht. Wird die Hirnaktivitäten mittels funktioneller Magnetresonanztomographie (fMRT) aufgezeichnet und verrechnet, während einer Person im Kernspintomographen ein Video gezeigt wird, entstehen derzeit zwar noch sehr unscharfe Resultate (vgl. Nishimoto et al., 2011). Wir dürfen aber vermuten, dass es in Zukunft erheblich deutlichere Bildrekonstruktionen des Gesehenen geben wird.

Bereits seit einiger Zeit lassen sich auch sexuelle Präferenzen bestimmen, indem man eine Person in einen Kernspintomographen schiebt, ihr ein Kontrastmittel spritzt und ihr Bilder von Männern, Jungen, Frauen und Mädchen zeigt. Das Gehirn reagiert bei Hetero- und Homosexuellen sowie Hetero- und Homopädosexuellen signifikant unterschiedlich, so dass die korrekte Erkennung beispielsweise einer Pädosexualität bei 95 % liegt (vgl. Ponseti et al., 2012). In Anbetracht solcher Gebrauchs-, aber eben auch Missbrauchsmöglichkeiten wird seit einiger Zeit die Frage nach einem rechtlichen Schutz des Mentalen diskutiert. Wir kommen damit zur zweiten Frage: Worauf können und dürfen Unternehmen und der Staat mittels Dekodierens von Hirnströmen zugreifen – und worauf nicht?

Mentale Integrität

Die sogenannte mentale Integrität (dazu Merkel, 2022) wird schon heute durch verschiedene nationale Gesetze und völkerrechtliche Übereinkommen direkt oder indirekt geschützt, auf EU-Ebene etwa durch die EU-Grundrechtecharta (EU-GrC). Zu nennen wären beispielsweise Artikel 1: Würde des Menschen, Art. 3 Abs. 1: Recht auf Unversehrtheit, Art. 4: Verbot der Folter und unmenschlicher oder erniedrigender Strafe oder Behandlung, Art. 7: Achtung des Privat- und Familienlebens, sowie Art. 10 Abs. 2: Gedanken-, Gewissens- und Religionsfreiheit.

Schauen wir uns das Recht auf Unversehrtheit etwas genauer an, denn es umfasst nach Art. 3 Abs. 1 EU-GrC sowohl das Recht auf körperliche als auch auf geistige Unversehrtheit. Zweifelsfrei sind damit *erzwungene* Eingriffe in den Körper und damit auch in das Gehirn grundsätzlich strafbewehrt. Allerdings unterliegen Zugriffe auf das Gehirn *ohne* Eingriff in den Körper (wie bei einem EEG) nur im Rahmen der Forschung bestimmten Reglementierungen. Auch staatlich erzwungene Zugriffe auf das Gehirn mit *geringem* körperlichem Eingriff (wie beim fMRT) unterliegen nicht dem Verbot unmenschlicher oder erniedrigender körperlicher Behandlung. Für die fMRT muss zwar zunächst ein Kontrastmittel intravenös gespritzt werden, das in Einzelfällen allergische Reaktionen verursachen kann. Es gibt aber keine Strahlenbelastung (verglichen mit Röntgen- oder Computertomographie) und auch keine anhaltenden Nebenwirkungen. Und jedenfalls der amerikanische Staat kann schon jetzt auf sämtliche einmal erhobene persönliche Daten zugreifen, die Microsoft, Facebook oder Google zugänglich sind – und zwar ganz ohne Ihr Einverständnis.

Müssen wir also die Entschlüsselung von Hirnströmen durch den Staat fürchten, eine Art Überwachungsstaat, wie von George Orwell in dem Roman »1984« beschrieben? Könnten schon politisch unerwünschte Einstellungen staatliche Repressionen nach sich ziehen? Beispielhaft: Sie hören den Satz »Die Polizei ist Ihr Freund und Helfer«, und in Ihrem Gehirn wird dieser Satz in einer Region verarbeitet, die negativ assoziiert ist, was Sie wiederum in Schwierigkeiten bringt. Werden Angeklagte weiterhin das Recht haben zu schweigen, aber nicht ihre Hirnströme zu verbergen? Zwar gibt es derzeit ein Verbot des Einsatzes von klassischen Lügendetektoren im Strafverfahren. Dies vor allem aber deshalb, weil deren Ergebnisse für einen Strafprozess nicht valide genug sind. Das könnte sich mit der modernen Hirnforschung vielleicht ändern. Noch problematischer könnte allerdings der Einsatz von Hirnscans in der Kriminalprävention sein, denn zu diesem Zweck darf der Staat grundsätzlich sehr weitgehend auf Daten zugreifen.

Mündet all dies nicht am Ende in einem Staat, der Menschen schon für ihre *Absicht* bestraft, ein Verbrechen zu begehen? Immerhin existiert keine unverrückbare rechtliche Grenze zur Bestimmung, ob Sanktionen erforderlich sind, um Recht und Ordnung durchzusetzen, oder nicht. Das hat uns nicht zuletzt die Corona-Krise gezeigt. Ein Messer zu kaufen mit der Absicht, jemanden irgendwann in der Zukunft zu töten, könnte daher prinzipiell zum Verbrechen erklärt werden.

Auch solchen Zusammenhängen geht die Hirnforschung bereits nach, indem – entfernt vergleichbar mit einer Genomanalyse – vom Gehirn eine »semantic map«, also eine Art »Karte der Bedeutungen«

angelegt wird. Die Theorie dahinter ist die folgende: Was für einen Menschen Bedeutung hat und welche Bedeutung es hat, lässt sich im Gehirn exakt verorten. Zwar hat jeder Mensch seine individuelle »Hirnkarte«, aber prinzipiell lässt sich alles Mentale auf Gehirnaktivitäten zurückführen und auch anhand von Gehirnaktivitäten ablesen. – Kommt also irgendwann das Headset auf den Markt, das nicht nur Gedanken im Sinne unausgesprochener Sätze, sondern auch unsere Intentionen erfassen kann, wie von Microsoft angekündigt?

»Mentales«

Was dabei schnell übersehen wird, ist der Umstand, dass eine solche Annahme bereits *voraussetzt*, dass sich Intentionen im Gehirn abbilden würden. Und auch hier lässt sich der späte Wittgenstein zitieren, obwohl er sich mit der heutigen Hirnforschung nie befasst hat: »Der entscheidende Schritt im Taschenspielerkunststück ist getan, und gerade er schien uns unschuldig« (PU, § 308) Was ist damit gemeint? Vergegenwärtigen wir uns zunächst, wie wir alle einmal gelernt haben, das Verhalten anderer zu deuten. Das Problem scheint zunächst zu sein, dass mentale Begriffe nicht in einer Art »Innenschau« gelernt werden, wie das Wort »Ball« beim Zeigen auf einen Gegenstand gelernt werden kann.

Kinder lernen das Aussprechen von Erwartungen, Absichten, Motiven usw. vielmehr in spezifischen Situationen. Ob ein Kind seine Intentionen kennt, zeigt sich daran, dass es die entsprechenden Wörter im richtigen sozialen Kontext verwendet bzw. an der Reaktion Außenstehender darauf. Verwendet es sie nämlich falsch, folgt Erstaunen oder Richtigstellung. Durch die Regeln unserer Sprache unterliegen Intentionen also intersubjektiver Beurteilung.

Allerdings zeigt sich auch das Verstehen des Wortes »Ball« nicht daran, dass ein Kind oder Hund den richtigen Gegenstand ergreift, sondern in der Verwendung des Wortes im richtigen sozialen Kontext bzw. in der richtigen Reaktion hierauf. Border Collie Chaser konnte über tausend Spielzeuge unterscheiden und auf Befehl das richtige apportieren. Sie brachte auch alle Bälle auf Kommando, ob groß, klein, rot, grün, gelb oder blau. Aber kannte Chaser deshalb die Bedeutung des Wortes »Ball«? Fragen Sie einen Hund doch einmal, wie er das Fuß*ball*spiel der deutschen Nationalmannschaft fand. Er wüsste mit der sozialen Bedeutung des Wortes überhaupt nichts anzufangen. So wie wir Menschen übrigens umgekehrt auch mit der Bedeutungswelt von Tieren nichts anzufangen wissen.

Stellen wir uns nun eine simple menschliche Handlung wie das Schreiben eines »X« vor. Auch wenn die Hirnforschung noch nicht so weit ist: Prinzipiell wäre es durchaus möglich, dass eine wiederholte Ableitung der Gehirnvorgänge darüber Aufschluss geben könnte, dass ein Mensch ein X schreibt (und nicht etwa ein B, K oder M). Ein X kann allerdings unterschiedliche Bedeutungen haben: auf einem Wahlzettel die Stimmangabe für eine bestimmte Partei, in einem Multiple-Choice-Test die Annahme, dass ein Wal ein Fisch sei, oder auch dass der Kandidat im Multiple-Choice-Test eine falsche Antwort gegeben hat.

Die *soziale* Bedeutung des Schreibens eines X (also die *Handlung* und nicht die bloße Bewegung) lässt sich offensichtlich nur dann erfassen, wenn man Institutionen wie eine Wahl und eine Bildungseinrichtung, Parteien, Prüfungen etc. kennt, also wiederum deren soziale Bedeutung versteht. Diese Bedeutungen *kann* ein Gehirn schon deshalb nicht abbilden, weil sie in komplexen sozialen Kontexten erst entstehen und auch wieder verworfen werden. Das bedeutet nicht, dass mit dem Schreiben eines X in verschiedenen sozialen Kontexten nicht jeweils auch unterschiedliche Gehirnvorgänge einhergehen – das ist sogar sehr naheliegend. Aber es wird prinzipiell unmöglich bleiben, die Komplexität sozialen Handelns und seiner Bedeutungen, aus denen erst auf Intentionen, Motive usw. geschlossen werden kann, anhand von Hirnaktivität zu dekodieren.

Entsprechend bemerkt Wittgenstein: »Eine Erwartung etwa ist keine Hirnaktivität. Eine Erwartung ist in einer Situation eingebettet, aus der sie entspringt. Die Erwartung einer Explosion kann z. B. aus einer Situation entspringen, in der eine Explosion *zu erwarten* ist« (PU, § 581) – was nicht bedeutet, dass mit Erwartungen nicht auch Gehirnaktivitäten einhergehen. Intentionen finden wir ebenfalls nicht »im« Menschen – wo *genau* sollten sie dort auch sein? Intentionale Begriffe dienen vielmehr zur Erklärung von Handlungen und unterliegen damit bestimmten sprachlichen Regeln. Daher schreiben wir bei ähnlichem Verhalten sogar Tieren Intentionen zu, obwohl sie uns nie etwas von ihren Absichten erzählt haben.

Motive hängen ebenfalls von (zeitgenössischen) Regeln der Sinnhaftigkeit von Erklärungen ab. Auf die Idee etwa, das Tragen von Mund-Nasen-Bedeckungen auf staatlichen Terror zurückzuführen, muss man erst einmal kommen. Dieser Zusammenhang wird daher mangels Plausibilität von den allermeisten Bürgern auch nicht akzeptiert. Verhaftungen aufgrund »krimineller« Hirnaktivität wird es also nicht geben können – weil Kriminalität ein soziales Konstrukt ist und als solches im sozialen Raum und nicht im einzelnen Gehirn entsteht. Auch hier gab es freilich Anerkanntes, das uns Jahre später absurd erscheint, selbst wenn es scheinbar wissenschaftlich begründet war (man denke etwa an kriminalbiologische Untersuchungen in der NS-Zeit). Nicht nur die Hexenverbrennungen während des Mittelalters sollten uns daher zur Vorsicht mahnen, wenn im Strafrecht auch heute noch »böse« Absichten auf Umstände zurückgeführt werden, die das Ergebnis von zeitgenössischen Interpretationen sind.

Richtig ist gleichwohl, dass nicht nur Bewegung mit Hirnaktivität korreliert – sogar wenn sie nur vorgestellt wird–, sondern auch das Vorstellen von Sätzen, das Betrachten von Bildern, das Fühlen von Schmerz und natürlich auch das Gefühl des Wollens einer Handlung. Zu letzterem abschließend noch ein vielleicht aufschlussreiches Beispiel: Ein Mann mittleren Alters ist mit dem Auto unterwegs, als das Auto plötzlich mit weit überhöhter Geschwindigkeit durch die Straße rast, beinahe einige Passanten überfährt und schließlich an einem Laternenpfahl zum Stehen kommt. Im Strafprozess erklärt der Fahrer, er habe sich während des minutenlangen Vorgangs die ganze Zeit bemüht zu bremsen und das Auto zum Stehen zu bringen. Die Ehefrau, die auf dem Beifahrersitz saß, und eine Zeugin, die sich auf der Motorhaube befand, berichten jedoch übereinstimmend Folgendes: Der Mann habe starr geradeaus geblickt, das Gaspedal durchgetreten und sich ansonsten überhaupt nicht gerührt. Es handelte sich um einen epileptischen Anfall (nach BGHSt[1] 40, 341). Nehmen wir an, ein fiktiver Hirnforscher hätte während des gesamten Vorgangs Einblick in die Hirnaktivitäten des Fahrers gehabt. Der Hirnforscher wäre, da er die Gedanken und Gefühle des Mannes »ausgelesen« hätte, in der Lage, die Geschichte des Mannes zu bestätigen. Denn zweifelsfrei war das Erleben des Mannes real,

---

[1] BGHSt = Entscheidungen des Bundesgerichtshofes in Strafsachen [Anm. d. Hrsg.]

sein Gehirn daher wohl auch entsprechend aktiv. Und dennoch würde niemand die Verurteilung des Mannes von seinem Erleben oder dessen neuronalen Korrelaten abhängig machen (dazu Detlefsen [jetzt Merkel], 2006). Auch was jemand will, unterliegt also *intersubjektiver* Beurteilung. Das wird kaum irgendwo deutlicher als im Strafprozess.

Fazit

Nach dem Gesagten finden sich Intentionen und Motive nicht im Gehirn (auch nicht im »Geist«), sondern in der sprachlichen Interpretation sozialer Kontexte. Wer sich um die mentale Integrität sorgt, braucht sich insoweit vor der Hirnforschung also nicht zu fürchten. Wichtiger scheint es, den Sprachgebrauch einer Gesellschaft zu hinterfragen. Mittels *Brain Decoding* könnte allerdings die mit unausgesprochenen Sätzen und Vorstellungsbildern korrelierte Hirnaktivität erfasst werden – das wäre nichts anderes als *Gedanken*lesen. Das Dekodieren der korrelierenden Hirnaktivität von zu sich selbst gesprochenen Sätzen mag daher künftig möglich und insbesondere für gelähmte Patienten von Vorteil sein. Eine »Überwachung« oder das Aufzeichnen von mit Vorstellungsbildern oder äußerer Wahrnehmung korrelierter Hirnaktivität *ohne* Zustimmung ist hingegen ein grundsätzlich unzulässiger Eingriff in die Privatsphäre – was allerdings nicht bedeutet, dass diese Möglichkeiten künftig nicht genutzt würden …

Literatur

Anumanchipalli, G. K., Chartier, J. und Chang, E. F.: Speech synthesis from neural decoding of spoken sentences. In: *Nature* 568, 2019, S. 493–498.

Detlefsen [jetzt Merkel], G.: *Grenzen der Freiheit – Bedingungen des Handelns – Perspektive des Schuldprinzips: Konsequenzen neurowissenschaftlicher Forschung für das Strafrecht,* Duncker & Humblot, Berlin 2006, S. 155 f.

Fouillet, L., Dufour, H. und Pelletier, J.: Brain of a white-collar worker. In: *The Lancet* 370, 2007, S. 262.

Griffin, A.: Facebook secretly building technology to read people's minds so they can »type directly from the brain«. It sounds impossible, but it's closer than you may realise. In: *The Independent,* 20. April 2017.

Kübler, A.: Zitat bei 10‘20“ in der Rundfunksendung »Gedankenkraft – Wenn das Gehirn zur Fernsteuerung wird«, Reihe radioWissen, Bayern 2, 26.1.2017.

Merkel, G.: Criminal Law and Brain Decoding – In the need of a Right to Mental Integrity? In: *Derecho penal y comportamiento humano,* hrsg. von Eduardo Demetrio Cresp. Valencia 2022, S. 733–746.

Nishimoto, S., Vu, A.T., Naselaris, T., Yu, B. und Gallant, J. L.: Reconstructing visual experiences from brain activity evoked by natural movies. In: *Current Biology* 21, 2011, S. 1641–1646.

Ponseti, J., Granert, O., Jansen, O., … Bosinski, H.: Assessment of pedophilia using hemodynamic brain response to sexual stimuli. In: *Archives of General Psychiatry* 69, 2012, S. 187–194.

Sullayman, A.: Facebook could farm users' thoughts with mind-reading technology to sell adverts. The company calls its technology a »brain-computer speech-to-text interface«. In: *The Independent*, 25. Mai 2017.

Sullayman, A.: Mind-reading headset allowing people to control computers with their thoughts described in Microsoft patent. The document describes a device that would read signals from your brain and act on them. In: *The Independent,* 17. Januar 2018.

Wittgenstein, L.: *Vorlesungen 1930–1935*, Suhrkamp, Frankfurt a.M. 1989.

Wittgenstein, L.: *Philosophische Untersuchungen*, Suhrkamp, Frankfurt a. M. 2003.

Holger Lyre

Externalistische Kognition – internalistisches Bewusstsein

Nach gängiger Folklore denken wir mit dem Gehirn. Womit sollten wir auch sonst denken? Doch tatsächlich widerspricht die »Extended Mind«-These, auf Deutsch angemessen als »These des erweiterten Geistes« (TEG) übersetzt, genau dieser gängigen Auffassung. Eine etwas vorschnelle Formulierung der TEG könnte lauten: Der Geist ist über die Grenzen des Gehirns hinaus erweitert. Doch diese Formulierung provoziert nicht ganz unberechtigte Nachfragen: Sind Geist und Gehirn gemäß TEG auf eine Ebene gesetzt? Ist dies nicht ein Kategorienfehler? Und was besagt der Ausdruck »erweitert«? Erweitert im räumlichen Sinne? Aber der Geist scheint doch nicht im Raume zu sein. Derartige Fragen lassen sich beheben, wenn wir folgende, präzisere Formulierung wählen:

> *TEG: Mentale Zustände und Prozesse sind durch physische Zustände und Prozesse konstituiert, die sich auch außerhalb des Gehirns befinden können.*

Aus dieser Formulierung wird auch umgekehrt klar, wogegen die TEG sich vornehmlich richtet, nämlich gegen die häufig implizite These eines *Neurozentrismus*, wonach mentale Zustände und Prozesse ausschließlich durch Zustände und Prozesse des Gehirns konstituiert sind. Beispiele zur TEG umfassen so unterschiedliche Fälle wie etwa das Zählen mit Fingern bei Kleinkindern, den Blindenstock als erweiterten Tastsinn des Blinden, die Verwendung von Notizbüchern und Smartphones oder Mechanismen geteilter Intentionalität.

In ihrer populären Variante geht die TEG auf eine Publikation von Andy Clark und David Chalmers aus dem Jahr 1998 eben unter dem prägnanten Titel »The Extended Mind« zurück. Die in dem Aufsatz angestoßenen Ideen lösten in den 2000er Jahren eine umfangreiche Debatte in der analytischen Philosophie des Geistes aus, die zunehmend auch auf die Kognitions- und Neurowissenschaften, die Psychologie und weitere, angrenzende Disziplinen ausgriff.[1] Heute, mit einem Abstand von über zwei Dekaden, lassen sich einige interessante Beobachtungen über die Wirkungsgeschichte des Extended-Mind-Papers und die sich in seiner Folge immer weiter ausdifferenzierende philosophische Diskussion anstellen. Einige wichtige Beobachtungen und damit zusammenhängende begriffliche Klärungen werde ich im ersten Abschnitt dieses Aufsatzes zusammentragen, um die Diskussion dann im zweiten Abschnitt unter dem Titel »Kopplung, Gütekriterien und Domänen erweiterter Kognition« noch zu verfeinern. Der dritte Abschnitt behandelt das philosophische Thema des Gehalts-Externalismus. Im vierten und letzten Abschnitt setze ich den Externalismus bezüglich Kognition von einem Internalismus bezüglich Bewusstsein ab.

1. Begriffliche Klärungen ausgehend vom ursprünglichen Extended-Mind-Paper

Schon die Entstehung des Extended-Mind-Papers stellt eine Art performative Bestätigung der eigenen These dar, denn das Paper entspringt einer engen und vor allem einander wechselseitig im Schreibprozess beeinflussenden und stimulierenden Zusammenarbeit seiner beiden Autoren.[2] Und Clark und Chalmers entwickeln in der Folgezeit scheinbar unterschiedliche Haltungen zum Paper. Während Clark sehr rasch durch eine Vielzahl von Publikationen zum prononciertesten Vertreter der TEG aufsteigt, wendet sich Chalmers anderen Themen zu. Er ist seither nur in zwei Publikationen explizit auf die TEG zurückgekommen (Chalmers, 2008; 2019).[3] Die Stoßrichtung dieser Publikationen wird im letzten Abschnitt zur Sprache kommen.

---

[1] Zu den bekannten Vertretern der TEG zählen in den 2000er Jahren Andy Clark (2003, 2008), Susan Hurley (1998, 2010), Richard Menary (2007, 2010), Mark Rowlands (1999, 2006), Michael Wheeler (2005) oder Robert Wilson (2004). Nennenswert sind aber auch Kritiker wie Robert Rupert (2008) und, besonders explizit, Ken Aizawa und Fred Adams (2008).

[2] Hierauf weist Chalmers (2019) hin, die Vorversionen des Aufsatzes sind auf seiner Webseite einsehbar: consc.net/e-drafts.html

[3] Und beide Publikationen sind indirekt durch Clark verursacht: nämlich im Rahmen eines Vorworts zu Clarks Buch »Supersizing the Mind« (Clark, 2008) und durch einen Beitrag zum Sammelband »Clark and his Critics« (Colombo et al., 2019).

Chalmers charakterisiert seine seltsam ambivalente Haltung zur TEG treffend wie folgt: *»But really I am in the situation of a split-brain hemisphere criticizing a previous whole brain of which it was a part, as well as criticizing both itself and the other hemisphere on their own«* (Chalmers, 2019, S. 3).[4]

Auffallend ist, dass Clark im Laufe der 2000er Jahre seine Terminologie ändert und bevorzugt von »extended cognition« anstelle von »extended mind« redet. Hierin deutet sich zweierlei an. Der Ausdruck »mind« konnotiert, wie auch der Ausdruck »Geist« im Deutschen, stärker die *Inhalte* des Mentalen im Unterschied zu den physischen *Vehikeln*, die diese Inhalte tragen oder realisieren. Die Unterscheidung zwischen Inhalt (*content*) und Vehikel spielt in der Philosophie des Geistes eine wichtige Rolle und wurde, wie Clark (2005) einräumt, im ursprünglichen Extended-Mind-Paper nicht sauber berücksichtigt.[5] Susan Hurley (1998) hat dies unmittelbar gesehen und darauf hingewiesen, dass die TEG eine *Vehikelthese* darstellt, sich also auf die Erweiterung der physischen Realisierer des Mentalen, also neuronale oder eben andere physische Zustände oder Prozesse, bezieht. Dies ist von Bedeutung, weil in der Philosophie des Geistes schon lange über Varianten eines Externalismus des Inhalts des Mentalen nachgedacht

---

[4] »Aber tatsächlich bin ich in der Situation einer abgetrennten Hirnhälfte, die sowohl das vormals ganze Gehirn kritisiert, von dem es ein Teil war, als auch sich selbst und die andere Hirnhälfte jeweils für sich alleine.« [Üs. d. Hrsg. (HF)]

[5] Clark (2005, Fn. 1): *»It is important ... to maintain a distinction between vehicles and contents. Possessing a contentful mental state is most plausibly a property of a whole active system (perhaps in some historical and/or environmental context). Within that system, certain enduring material aspects may play a special role in enabling the system to possess (whether occurently or dispositionally) a given mental state. These material aspects are the vehicle of the content. The Extended Mind hypothesis is really a hypothesis about extended vehicles, vehicles that may be distributed across brain, body and world. We conflate vehicles and contents, as Dennett (1991) and Hurley (1998) stress, at our philosophical and scientific peril.«* – »Es ist wichtig ... eine Unterscheidung zwischen Vehikeln und Gehalten aufrechtzuerhalten. Einen gehaltvollen mentalen Zustand zu besitzen, ist höchst plausiblerweise eine Eigenschaft eines ganzen aktiven Systems (vielleicht in einem geschichtlichen oder Umweltkontext). Innerhalb dieses Systems können bestimmte dauerhafte materielle Züge eine besondere Rolle bei der Befähigung des Systems spielen, einen gegebenen mentalen Zustand zu besitzen (sei es als Geschehen oder als Neigung). Diese materiellen Züge sind das Vehikel des Gehalts. Die Extended-Mind-Hypothese ist tatsächlich eine Hypothese über ausgedehnte bzw. erweiterte Vehikel, also solche, die über Gehirn, Körper und Welt verteilt sein können. Wir vermischen Vehikel und Gehalte, wie Dennett (1991) und Hurley (1998) betonen, zu unserem wissenschaftlichen und philosophischen Nachteil.« [Üs. d. Hrsg. (HF)]

wird. Und die Verwirrung ist umso größer, als Clark und Chalmers im 1998er Paper auch von »active externalism« sprechen. Im Anschluss an Hurley (1998, 2010) und im Einklang mit der obigen Formulierung der TEG hat sich hierzu eingebürgert, die Ausdrücke »extended mind«, »extended cognition« und »active externalism« als Synonyme für einen *Vehikel-Externalismus* anzusehen, der von einem *Gehalts-Externalismus* zu unterscheiden ist. Hierauf werde ich weiter unten nochmals genauer eingehen.

Ein zweiter Grund für die Bevorzugung des Ausdrucks »extended cognition« dürfte darin liegen, dass der Ausdruck »mind« sich auch auf Bewusstsein bezieht. Und die Frage, inwieweit ein Vehikel-Externalismus auch Bewusstseinsprozesse umfasst, wird die Fragestellung des letzten Abschnitts sein. Clark deutet durch seinen Sprachgebrauch aber schon an, dass er dieser Auffassung nicht zuneigt.

Nun hatte ich einleitend behauptet, dass »extended mind« im Deutschen angemessen mit »erweiterter Geist« zu übersetzen wäre. Die alternative Übersetzung als »ausgedehnt« ist nicht falsch, erscheint mir aber wenig pointiert. Denn sowohl die TEG als auch die These des Neurozentrismus sind, wie wir nun sehen, Vehikelthesen. Nun ist das Gehirn aber *ipso facto* räumlich ausgedehnt, und in diesem Sinne spricht dann auch der Neurozentrist vom Geist als ausgedehnt. Der springende Punkt der TEG ist aber, dass die Vehikel oder Realisierer geistiger Prozesse nicht auf den Ort des Gehirns (oder des zentralen Nervensystems) beschränkt sind, sondern (räumlich) darüber hinaus in den Körper und die Welt *erweitert* sind.[6]

Für manche mag der Ausdruck »extended« auch eine Reminiszenz an *res extensa* darstellen, dann aber im radikal anti-kartesianischen Sinne. Denn bei Descartes ist die räumliche Ausdehnung der Dinge der physischen Welt ja das charakteristische Gegenteil von *res cogitans*, also von Geist, der sich nach seiner dualistischen Auffassung gerade nicht im Raume befindet. Die TEG ist zwar nicht zwingend eine reduktionistische These, aber auch gewiss mit keinem Dualismus

---

[6] Ich habe diese Übersetzung auch für den ersten, auf Deutsch erschienenen Abdruck des Extended-Mind-Papers in der Aufsatzsammlung Metzinger (2010) vorgeschlagen, ebenso für den entsprechenden Artikel in der deutschen Wikipedia, der in der Erstversion auf eine von mir 2009 initiierte Studienarbeit von Fabian Hundertmark zurückgeht. Demgegenüber haben wenige Jahre später Fingerhut et al. (2013) in einer Neuübersetzung des Extended-Mind-Papers »extended« mit »ausgedehnt« übersetzt.

vereinbar, sondern muss wenigstens von einer Gehalt-Vehikel-Supervenienzbeziehung ausgehen (wobei sich hier grob Gehalt mit *res cogitans* und physische Vehikel mit *res extensa* assoziieren ließen). Dies berührt die grundsätzliche Frage, wie der Ausdruck »konstituiert« in der TEG zu verstehen ist. Hierzu besteht in der Literatur keine Einigkeit, aber ich schließe mich der Auffassung an, dass die Konstitution des Mentalen durch das Physische in der TEG als ontologische Abhängigkeitsrelation anzusehen ist.

Eine Supervenienzbeziehung wäre demnach noch zu schwach, da sie keine ontologische Relation, sondern lediglich eine asymmetrische Kovarianz zweier Ebenen beinhaltet. Umgekehrt würde ein Verständnis von Konstitution als Identität eine unnötig starke Festlegung auf die Identitätstheorie bedeuten. Daher scheint es mir geeignet, Konstitution in der TEG als Realisierung des Mentalen durch das Physische zu verstehen – im Einklang mit Clark (2008, S. 76): *»Proponents of the extended mind story hold that even quite familiar human mental states (e.g., states of believing that so and so) can be realized, in part, by structures and processes located outside the human head.«*[7]

Eine letzte Beobachtung zum ursprünglichen Extended-Mind-Paper betrifft den Umstand, dass die TEG anfangs noch nicht als Teil derjenigen Sammelbewegung angesehen wurde, die mittlerweile unter dem Ausdruck »4E cognition« firmiert. Hierunter fasst man die vier Begriffe »embodiment«, »embeddedness«, »extendedness« und »enactivism« (vgl. Newen et al., 2018). Für »embodied« und »embedded cognition« ließe sich gegebenenfalls auch der Oberbegriff »situierte Kognition« verwenden (Aydede und Robbins, 2008; Lyre, 2013). Die Frage, wie situierte Kognition und TEG zueinander stehen, führt uns unter den Begriffen Konstitution und Kopplung auf den nächsten Abschnitt, auf Enaktivismus komme ich im letzten Abschnitt zu sprechen.

[7] »Vertreter der Extended-Mind-Geschichte glauben, dass sogar recht vertraute mentale Zustände beim Menschen (z. B. der Zustand, dieses oder jenes zu glauben) teilweise durch Strukturen und Prozesse realisiert werden können, die außerhalb des menschlichen Kopfes liegen.« [Üs. d. Hrsg. (HF)]

2. Kopplung, Gütekriterien und Domänen erweiterter Kognition

In einem Interview mit dem Nobelpreisträger Richard Feynman bewertet der Historiker Charles Weiner die Notizen und Skizzen, die er in Feynmans Arbeitszimmer vorfindet, als historische Dokumente der täglichen Arbeit des genialen Physikers. Aber Feynman widerspricht ihm: »*I actually did the work on the paper.*« Daraufhin Weiner: »*Well, the work was done in your head, but the record of it is still here.*« Doch nun reagiert Feynman mit unerwarteter Schärfe: »*No, it's not a record, not really. It's working. You have to work on paper and this is the paper. Okay?*« (nach Clark, 2008, S. xxv).[8]

Wie es scheint, beurteilt Feynman seine eigene Tätigkeit als eine Art erweiterte mathematische Kognition. Und tatsächlich sind Höchstleistungen in mathematischer Physik undenkbar ohne »externe Komponenten« wie Bleistift, Papier und mathematischen Symbolismus. Auch ein Physiker vom Kaliber Feynmans hätte die Pfadintegralformulierung der Quantenelektrodynamik ohne Hilfsmittel nicht finden können, ebensowenig wie Einstein die Allgemeine Relativitätstheorie. An diesem Beispiel lässt sich der Unterschied zwischen situierter und erweiterter Kognition recht gut illustrieren. Vertreter situierter Kognition sehen die Bedeutung und Notwendigkeit externer Komponenten für innovative mathematische Tätigkeit darin, dass diese Tätigkeit nur im Rahmen einer geeigneten situativen Einbettung erfolgen kann – also durch Zugriff auf Bleistift, Papier und mathematischen Symbolismus. Die externen Komponenten bleiben nichtsdestotrotz bloße Werkzeuge des kognitiven Subjekts, in diesem Falle Feynman.

Ähnlich sieht der Vertreter von »embodied cognition« den Körper als ein kognitives Werkzeug an, das zwar eine entscheidende Rolle etwa bei der Erledigung einer Navigationsaufgabe spielt, insofern beispielsweise die Motorroutinen des kognitiven Kernsystems (ob Lebewesen oder Roboter) durch die Art der Verkörperlichung

---

[8] »In Wirklichkeit habe ich die Arbeit auf dem Papier gemacht.« – »Nun, die Arbeit geschah in Ihrem Kopf, aber die Aufzeichnung davon ist noch da.« – »Nein, es ist keine Aufzeichnung, nicht wirklich. Es ist die Durchführung der Arbeit. Man muss auf Papier arbeiten und das ist das Papier. Okay?« [Üs. d. Hrsg. (HF)]

entscheidend geprägt sind. Aber es ist letzten Endes das kognitive Kernsystem, also Feynmans Gehirn oder die Steuereinheit des Roboters, die die eigentliche kognitive Aufgabe, wenn auch unter prägender Zuhilfenahme eng angekoppelter externer Komponenten, erbringt. Vertreter erweiterter Kognition gehen an genau diesem Punkt entscheidend über situierte Kognition hinaus, insofern sie die Zustände und Prozesse des erweiterten Systems, also des kognitiven Kernsystems mitsamt seiner externen Komponenten, als ein *neues erweitertes kognitives System eigenen Rechts* ansehen. Nicht Feynmans Gehirn hat die Quantenelektrodynamik hervorgebracht, sondern Feynmans Gehirn samt der intensiv eingebundenen Arbeitsmittel.

Eine solche Konzeption erweiterter Kognition sieht sich unmittelbar einer Dammbruch-Problematik ausgesetzt. Wie lässt sich inflationäre Kognition vermeiden, also die Annahme, dass beliebige externe Komponenten vermeintlicher Teil eines vergrößerten kognitiven Systems werden? Hierzu bedarf es *Gütekriterien der kognitiven Kopplung*. Clark und Chalmers (1998) nennen drei allgemeine Kriterien; demnach müssen echte Erweiterungskomponenten für die Zwecke der kognitiven Aufgabenstellung (i) direkt zugänglich, (ii) stabil und robust sowie (iii) zuverlässig und valide sein.

All dies macht die konsequent funktionalistische Attitüde der TEG deutlich. Kognition ist durch keinerlei intrinsisches Wesenskriterium charakterisiert, sondern physische Zustände und Prozesse (ob neuronal oder anderweitig) sind insofern kognitive Zustände und Prozesse, als sie eine entsprechende funktionale Rolle in einem System oder Zusammenhang spielen. Die systemische Integration wird dabei durch die funktionale Kopplung, speziell den Integrationsgrad und die Bandbreite der Kopplungsmechanismen, erzielt.

Im jeweiligen Einzelfall müssen daher die *spezifischen Mechanismen der kognitiven Kopplung* unter Beachtung der allgemeinen Gütekriterien identifiziert werden. Ich habe dies an anderen Stellen ausgeführt und will hier daher nur kurz andeuten, dass kognitive Erweiterung hinsichtlich verschiedener Domänen mit dann je eigenen Mechanismen erfolgt (Lyre, 2010a; 2010b). Ich möchte vorschlagen, vier große Domänen kognitiver Erweiterung zu unterscheiden, nämlich diejenige

(1) des Körpers,

(2) der physischen Umwelt,

(3) der sozialen Umwelt,

(4) der Informations-Umwelt.

Die jeweiligen Mechanismen in diesen Erweiterungs-Domänen lassen sich dann aus den jüngeren Strömungen der Kognitions- und Neurowissenschaften entnehmen, nämlich grob aus Dynamizismus und situierter Kognition für (1) und (2) sowie aus situierter und sozialer Kognition für (3) und (4). So spielen etwa Mechanismen der Propriozeption und Interozeption für die kognitive Erweiterung in den Körper (1) eine Rolle und dynamische sensomotorische Rückkopplungsschleifen für die Erweiterung in die physische Umwelt (2).

Auch hierzu nochmals ein Beispiel. Die Ausnahme-Geigerin Anne-Sophie Mutter wird in einem Interview[9] mit folgender Frage konfrontiert: »*Wenn Sie zu Beginn eines Konzerts die Geige anlegen, zwischen Kinn und Schlüsselbein auf nackte Haut, und die ersten Töne spielen: Was spüren Sie da? Wie macht sich der Ton in Ihrem Körper breit?*« Ihre Antwort ist ein beredtes Beispiel erweiterter musischer Kognition: »*Wenn es einem gelingt, in der Musik die Verschmelzung von Raum und Zeit zu erfahren, dann ist das ein Ganzheitserlebnis. Die Geige wird Teil der eigenen Körperlichkeit. Das lässt sich nur schwer in Worte fassen. Ausnahmsweise haben wir Frauen hier gegenüber männlichen Interpreten einen Vorteil, nämlich mit dem Instrument direkt in Körperkontakt treten zu können. Vorausgesetzt, das Spielen ohne Schulterpolster ist nicht gesundheitsschädigend …*«.

Für die Erweiterung in die soziale Umwelt (3) kommen eine ganze Reihe von Mechanismen der sozialen Kognition in Betracht wie etwa Blickverfolgung, geteilte Aufmerksamkeit, Gestik, Mimik, Kooperation, geteilte Intentionalität, Theory of Mind und Sprache. Anschaulich heißt das, dass kognitive Subjekte sich durch innige soziale Interaktion die Zustände und Prozesse anderer Subjekte für ihre eigenen kognitiven Tätigkeiten zuschlägig machen können. Kosslyn (2006) spricht in diesem Zusammenhang von »social prosthetic systems«: »*… in such systems, other people serve as prosthetic devices, filling in for*

---

[9] Interview in der *Zeit* Nr. 54 am 23.12.2020 anlässlich des 250. Geburtstags von Beethoven.

lacks in an individual's cognitive or emotional abilities«.[10] Ein eingängiges Beispiel sind die Erinnerungen langjähriger Lebenspartner, die erst durch wechselseitige Unterstützung, Stimulation und Ergänzung beider Partner zustande kommen.[11]

Die vierte und letzte Domäne, die Informations-Umwelt, ist ein qualifizierter und darum herausgestellter Teilbereich der physischen Umwelt. Hier geht es um die Einbindung externer physischer Informationsträger und ihrer repräsentationalen Gehalte. Analog ließe sich die dritte Domäne durch die Einbindung externer *sozialer* Informationsträger und ihrer repräsentationalen Gehalte charakterisieren. Entscheidend ist daher auch für beide Domänen, dass sich die relevanten Kopplungskriterien nicht nur auf die physischen Vehikel, sondern auch auf Gehalt beziehen, insofern die Erweiterungskomponenten in diesen Domänen wesentlich als Träger von Information und Bedeutung fungieren. In der dritten und vierten Domäne müssen die Erweiterungskomponenten also in doppelter Weise in das erweiterte kognitive System eingebunden sein, nämlich durch Kopplungsmechanismen hinsichtlich der physischen Vehikel und Kopplungskriterien hinsichtlich des Gehalts.

Zu den letzteren zählt insbesondere die Integration externer Information und semantischer Inhalte in das erweiterte Überzeugungssystem im Sinne einer »kognitiven Inbesitznahme« unter angemessener Wahrung von Kohärenz und Konsistenz (Kyselo und Walter, 2011). Beispielsweise inkorporiert Feynmans erweiterte mathematische Kognition nur seine eigenen, von ihm autorisierten Notizen. Ihm fälschlich untergeschobene Notizen, die zu Inkonsistenzen mit seinen sonstigen mathematischen Überzeugungen führen, stellen keine kognitive Inbesitznahme dar, da sie auch das allgemeine Gütekriterium der Zuverlässigkeit verletzen. Analoge Überlegungen

---

[10] »Soziale Prothesensysteme«: »... in solchen Systemen dienen andere Menschen als prothetisches Gerät, das Lücken in den kognitiven oder emotionalen Fähigkeiten eines Individuums schließt.« [Üs. d. Hrsg. (HF)]

[11] Ein bizarres Beispiel bietet der Fall der eineiigen Zwillinge Freda und Greta Chaplin aus England, die berühmt dafür waren, unzertrennlich zu sein, in völliger Übereinstimmung zu leben und teilweise sogar synchron zu sprechen (vgl. »A Pair of One« auf Youtube.com, abgerufen im März 2021). Der Fall zeigt auch: Erweiterte Kognition kann ebenso im Kontext des Pathologischen auftreten. Augenfällige Beispiele in diese Richtung finden sich bei digitaler Sucht von Jugendlichen durch Gaming und Social Media.

gelten für sämtliche Beispiele, bei denen es in der vierten Domäne um die kognitive Erweiterung durch externe Komponenten wie etwa Notizbücher, Laptops, Smartphones oder Wearables geht. Ein besonderes Beispiel, das Notizbuch eines Amnestikers, kommt im nächsten Abschnitt zur Sprache.

3. Gehalts-Externalismus und erweiterte Kognition

Im ersten Abschnitt wurde die erweiterte Kognition als ein *Vehikel-Externalismus* charakterisiert, der von einem *Gehalts-Externalismus* zu unterscheiden ist. Was ist unter einem Gehalts-Externalismus genau zu verstehen? Der Gehalts- oder auch semantische Externalismus bezeichnet ganz generell die These, dass der semantische Gehalt mentaler Zustände nicht nur von den internen Zuständen und Prozessen eines kognitiven Systems oder Subjekts abhängt, sondern auch durch system-externe Bedingungen, also Bedingungen der Umwelt koindividuiert wird. Ganz anschaulich bedeutet dies, dass der Inhalt oder die Bedeutung unserer Gedanken nicht nur von den Zuständen des Gehirns abhängt, sondern auch von Umständen in der Welt. Wir sind also, flapsig ausgedrückt, nicht »Herren im eigenen Haus«. Dies erscheint gerade außerhalb philosophischer Zirkel als eine derart ungewöhnliche These, dass umgekehrt der Gehalts-*Internalismus*, also die Annahme, dass der Inhalt unserer Gedanken gänzlich durch die Zustände des Gehirns festgelegt ist, die oft selbstverständliche Vorannahme der Kognitions- und Neurowissenschaften ist.

Demgegenüber stellt der Gehalts-Externalismus heute die Mehrheitsmeinung innerhalb der analytischen Sprachphilosophie und Philosophie des Geistes dar. Die Grundidee, die auf Putnam (1975) zurückgeht, sei hier an einem Beispiel illustriert: Peters Gedanken an Gold sind Gedanken an ein chemisches Element, dessen Atome im Atomkern 79 Protonen enthalten. Diesen Umstand, die Bezugnahme oder Referenz auf ein Element mit 79 Protonen im Kern, legt Peter nicht fest, noch muss er davon wissen, um semantisch gehaltvolle Gold-Überzeugungen zu haben. Nicht Peter, sondern die Natur bestimmt die Referenz und damit eine wesentliche Komponente der Bedeutung unserer Gedanken. Dies ist, kurzgefasst, die These des *physikalischen Gehalts-Externalismus* im Anschluss an Putnam. Es werden aber noch weitere externalistische Varianten diskutiert (vgl. Kallestrup, 2012). Speziell der *soziale Gehalts-Externalismus* besagt, dass nicht der einzelne Sprecher, sondern die Sprechergemeinschaft die Bedeutung der Sprechergedanken festlegt. Dies steht in enger Verwandtschaft zu gebrauchstheoretischen Auffassungen von Sprache in der Provenienz von Wittgenstein (vgl. Lyre, 2016a).

Für uns hier entscheidend ist nun, dass sich sozialer wie auch physikalischer Externalismus als *passive Externalismen* auffassen lassen. Dies hat mit dem seltsamen Umstand zu tun, dass die Bedeutung mentaler Zustände zwar system-extern festgelegt wird, diese Festlegung aber nicht verhaltensrelevant ist. Dies zeigt sich am obigen Beispiel. Zwar werden Peters Goldgedanken erst dadurch bedeutungshaft, dass er sich auf tatsächliche Goldvorkommnisse in der Welt bezieht. Er muss hierzu aber nicht wissen, dass Gold ein Element mit 79 Protonen im Atomkern ist (die wenigsten Menschen wissen das, noch wussten es Peters Vorfahren in Zeiten vor der Atomphysik). Würde Peter aber – für die Zwecke eines Gedankenexperiments – in einer Welt leben, in der Gold gar nicht vorkommt, stattdessen aber ein kaum zu unterscheidender Phantasiestoff, nennen wir ihn *Phold* (»Phantasie-Gold«), so würde seine Überzeugung, einen »Goldring« zu besitzen, tatsächlich keine Gold-, sondern eine Phold-Überzeugung sein (auch wenn er und alle anderen in dieser Welt das Wort »Gold« zur Bezeichnung von Phold verwenden). Dennoch würde dies an seinem Verhalten, zum Beispiel bei einem Juwelier einen »Goldring« zu kaufen (der *de facto* ein Pholdring ist), nichts ändern.[12]

Auf das solcherart passive Element des physikalischen und sozialen Externalismus haben Clark und Chalmers in ihrem 1998er Paper verwiesen und dem passiven Externalismus die TEG als einen *aktiven Externalismus* gegenübergestellt. Genauer: Sie haben dem passiven Gehalts-Externalismus einen aktiven Vehikel-Externalismus gegenübergestellt. Sie illustrieren dies mit dem bekannt gewordenen

[12] Dies ist ohne Zweifel eine sträflich verkürzte Darstellung der komplexen und vertrackten philosophischen Thematik des semantischen Externalismus, auf den hier aus Platzgründen leider nur sehr elementar eingegangen werden kann. Der Leser sei verwiesen auf Kallestrup (2012), Rowlands (2003) und Hurley (2010). Die Termini »Internalismus« und »Externalismus« werden auch in Erkenntnistheorie und Metaethik verwendet, wo sie nochmals andere Doktrinen betreffen.

Beispiel des Notizbuchs eines Amnestikers: Otto, der an einer milden Form anterograder Amnesie leidet, führt beständig Notizbuch, um sich in der Welt zurechtzufinden. Das Notizbuch erfüllt für die Zwecke des Beispiels die in Abschnitt 2 genannten Gütekriterien der direkten Zugänglichkeit, Stabilität und Zuverlässigkeit und ist insofern als erweitertes Gedächtnis anzusehen (ein Fall der kognitiven Erweiterung in die Domäne (4) der Informations-Umwelt). Will sich Otto an einem bestimmten Ort verabreden, so muss er die Adresse in seinem Notizbuch nachschlagen. Eine Änderung in dieser systemexternen Komponente, etwa eine falsch eingetragene Adresse, hätte observable Konsequenzen (die Verabredung schlüge vermutlich fehl) – der Vehikel-Externalismus ist ein aktiver Externalismus.

Ich halte die Überlegungen bis hierhin für richtig, glaube aber, dass man noch einen interessanten Schritt weitergehen kann und habe dies in verschiedenen Publikationen ausgeführt (Lyre, 2016a; 2016b; 2018). Wir hatten oben gesehen, dass die TEG eine ontologische Abhängigkeitsbeziehung des Mentalen vom Physischen im Sinne der Realisierung beinhaltet. Doch schon unter der schwächeren Gehalt-Vehikel-Supervenienzannahme würde folgen, dass der aktive Vehikel-Externalismus einen *aktiven Gehalts-Externalismus impliziert*. Dies ist in der Literatur zuvor übersehen worden. Denn es ist ja nicht Otto, sondern das erweiterte kognitive System »Otto+Notizbuch«, dem wir intentionalen Gehalt, also etwa die Kenntnis einer Adresse, zuschreiben müssen. Und aufgrund der Supervenienzbeziehung überträgt sich der aktive Charakter des Vehikel-Externalismus unmittelbar auf die Ebene des Gehalts. Eine Änderung des Notizbucheintrags zieht auch eine Änderung des Inhalts der Überzeugung von »Otto+Notizbuch« nach sich. Die TEG führt also nicht nur auf einen Vehikel-Externalismus, sondern impliziert auch eine neuartige Variante eines aktiven Gehalts-Externalismus.[13]

Ich beschließe den Abschnitt mit einer weiteren Anmerkung. Der soziale Externalismus wird üblicherweise als passiver Externalismus

[13] Es ließe sich einwenden, dass dies dann kein Externalismus, sondern ein Internalismus bezüglich des erweiterten kognitiven Systems (in unserem Falle »Otto+Notizbuch«) ist. Der aktive Gehalts-Externalismus ist also gleichermaßen ein *erweiterter Gehalts-Internalismus*. Dies ist am Ende aber nur eine verbale Angelegenheit. Der Terminus Externalismus deutet vielleicht treffender an, dass über das ursprüngliche System (zum Beispiel Otto) hinausgegangen wurde.

angesehen, da der einzelne Sprecher effektiv keinen Einfluss auf die Gebrauchsweisen in einer (großen) Sprachgemeinschaft hat. Demgegenüber habe ich argumentiert (Lyre, 2016b; 2018), dass es sich hierbei nur um eine effektive und keine prinzipielle Passivität handelt (anders als im Fall des physikalischen Externalismus). Void und Schlimm (2020) haben dies kürzlich aufgegriffen und im Zusammenhang mit mathematischer Kognition weiter ausgebaut. Der soziale Externalismus ist also streng genommen ein aktiver Externalismus, der nur effektiv als passiv charakterisiert wurde. Dies ist passgenau zu dem Umstand, dass natürlich insbesondere auch Sprache als Kopplungsmechanismus der kognitiven Erweiterung in die Domäne (3) der sozialen Umwelt anzusehen ist.

4. Internalismus bezüglich Bewusstsein

Klarerweise lassen sich verschiedene Formen des Mentalen unterscheiden wie etwa Wahrnehmung, Denken, Gefühle, Erleben. Durch die bevorzugte Verwendung des Labels »extended cognition« wollen, wie eingangs bemerkt, Autoren wie Clark hervorheben, dass die TEG sich vorzugsweise auf Prozesse des Denkens wie zum Beispiel Entscheidungen, Überzeugungen oder Erinnerungen bezieht. Derartige kognitive Prozesse werden typischerweise als repräsentational angesehen, sind also durch ihren semantischen Gehalt individuierbar (wenngleich auch hier wieder verschiedene Formen mentaler Repräsentation von nicht-begrifflich über begrifflich zu propositional zu unterscheiden sind). Demgegenüber stehen Zustände und Prozesse des Bewusstseins, die – gegebenenfalls – durch ihren qualitativen Charakter charakterisiert sind. Im letzteren Falle sprechen wir dann spezifisch von phänomenalem Bewusstsein. Die Frage stellt sich, ob die TEG auch auf das Mentale im Sinne des Bewusstseins anwendbar ist. Was spräche für oder gegen »extended consciousness«?

Rufen wir uns nochmals in Erinnerung, dass die eigentliche Pointe bei der Frage nach der Erweiterung des Mentalen nicht diejenige der Lokalisierung ist – weder im Sinne des Ortes noch der Ausdehnung. Die wenigsten würden es als strittig ansehen, dass heute schon verfügbare neuronale Implantate aufgrund ihrer Integration in das neuronale System als dem System zugehörig anzusehen sind. Und dies wäre wohl auch dann weiterhin der Fall, wenn es gelänge, ein neuronales Implantat durch ausgelagerte technologische Komponenten zu verstärken oder zu erweitern.[14] Was sich allenfalls zeigt, ist, dass bei drastisch-futuristischen Spekulationen unsere Intuitionen darüber, wo und wie sich unser »Ich« befindet und konstituiert, verloren gehen oder doch wenigstens stark unterhöhlt werden. Dies hat Daniel Dennett in einem irrwitzigen Science-fiction-Aufsatz unter dem Titel »Where Am I?« wunderbar illustriert (Dennett, 1978, Kap. 17). Der Aufsatz zeigt, dass eine Dislokation von Körper und Gehirn zu instabilen Intuitionen über den Ort des »Ich« führt – und damit zeigt sich auch, dass die Frage nach dem »Ort« des Mentalen keine philosophisch fruchtbare Frage ist.

Stattdessen ist entscheidend die in der TEG angelegte Behauptung, dass die Grenze des Gehirns bzw. des zentralen Nervensystems keine besonders ausgezeichnete Grenze darstellt. Es geht also im Kern um die Frage, ob es in einem empirisch und funktional fassbaren Sinne eine Grenze zwischen dem Mentalen und dem Nicht-Mentalen gibt. Ich möchte dafür argumentieren, dass die *Grenze des neuronalen Systems* tatsächlich eine funktional ausgezeichnete Grenzoberfläche bildet, sobald es um Prozesse des Bewusstseins geht. Ich will also einen *Internalismus des Bewusstseins* gegenüber dem zuvor behaupteten Externalismus der Kognition verteidigen. Sowohl Clark (2009) als auch Chalmers (2008; 2019) haben bereits in eine ähnliche Richtung argumentiert, während Vold (2015) sowie Kirchhoff und Kiverstein (2019) dem widersprechen. Mein Punkt ist, dass die bisher vielversprechendsten Ansätze für Theorien des Bewusstseins die Prozesse und Mechanismen innerhalb der neuronalen Maschinerie graduell und effektiv, wenn auch nicht kategorisch, auszeichnen.

Um welche Ansätze für Theorien des Bewusstseins handelt es sich? Natürlich verfügen wir bis zum heutigen Tage über keinerlei echte Theorie des Bewusstseins. Wir kennen allenfalls einige grobe Modelle, von denen ich hier eine mir bedeutsam erscheinende Auswahl herausgreife. In Ermangelung gängiger deutschsprachiger Termini verwende ich die englischen Bezeichnungen:

---

[14] Zum Beispiel, wenn das Implantat zusätzlich per Funk mit einem externen Computer oder etwa dem Internet verbunden ist.

- (Neural) global workspace
- Binding by synchrony
- Critical brain
- Integrated information.

Diese Ansätze fokussieren auf Bewusstsein im Sinne von Wachheit, Aufmerksamkeit und exekutiver Kontrolle, aber auch introspektives Gewahrsein, also diejenige Form von Bewusstsein, die wir mit Block (1995) als »access consciousness«, Zugriffsbewusstsein, charakterisieren können. Hiervon lassen sich Bewusstsein im Sinne von phänomenalem, qualitativem Erleben, also Blocks »phenomenal consciousness«, und Selbstbewusstsein, also Selbst-Sein oder Person-Sein, vielleicht auch generell Metakognition, unterscheiden. Ansätze, die diese letzteren Aspekte mit in den Blick nehmen, sind beispielsweise die Selbst-Modell-Theorie von Metzinger (2006) und Higher-Order-Theories. Selbstbewusstsein lasse ich hier außen vor, wenngleich ich glaube, dass es sich um einen zentralen Aspekt von Bewusstsein handelt. Auch die darüber hinausgehende, sehr kontroverse Frage, an welcher Stelle und durch welche neuronalen Prozesse und Mechanismen Phänomenalität eingefangen werden kann (und ob überhaupt), kann hier nicht berücksichtigt werden. Allerdings füge ich hinzu, dass ich, wie viele andere auch, es für keineswegs unplausibel halte, dass phänomenales Bewusstsein auf Zugriffsbewusstsein reduzierbar ist. Fokussieren wir also auf Zugriffsbewusstsein und die obige Viererliste.

Wiewohl heterogen, ist den Ansätzen dennoch gemeinsam, dass sie neuronale Prozesse von besonderer funktionaler Qualität und Güte herausstellen, nämlich Prozesse und Mechanismen, die jeweils durch einen markant hohen Grad an interner (Rück-)Kopplung, Bandbreite oder mechanistischer Integration charakterisiert sind. Eben darum kommen sie als Kandidaten neuronaler Korrelate für (Zugriffs-)Bewusstsein überhaupt in den Blick. Gehen wir die Ansätze kurz durch.

Die Idee des »global workspace« ist, dass nur diejenigen Prozesse bewusst sind, die innerhalb der neuronalen Verarbeitungsmaschinerie auf eine Ebene der globalen Verfügbarkeit gelangen, eben in eine Art globalen Arbeitsspeicher (vgl. Dehaene, 2014). Der Ansatz lässt in dieser Allgemeinheit offen, welche spezifischen neuronalen Mechanismen dies leisten könnten, und tatsächlich käme das Konzept des »binding by synchrony« hierfür in Betracht. Hierunter versteht man die selbstorganisierte dynamische Koordination neuronaler Aktivität durch synchronisierte, phasenbezogene Oszillationen in zum Teil großräumigen neuronalen Verbänden oder Netzwerken im Gehirn (vgl. Malsburg et al., 2010). Derart zeitlich synchronisierte neuronale Aktivität wurde auch als Lösung des Bindungsproblems vorgeschlagen, also der Frage, wie die Vielzahl sensorischer Einzelinputs, etwa Kanten, Texturen und Farben im visuellen System, innerhalb des Gehirns »zusammengebunden« werden kann, um dann ganze Objekte zu repräsentieren. Die Fähigkeit zum »global broadcasting« des neuronalen Arbeitsspeichers könnte ebenfalls in der neuronalen Synchronie beispielsweise von Gamma-Oszillationen bestehen (Engel und Fries, 2016).

Ein weiterer Ansatz lässt sich unter dem Schlagwort »critical brain« verorten (vgl. Beggs und Timme, 2012). Hierunter ist die Idee zu verstehen, dass das Gehirn als komplexes System nahe dem kritischen Punkt eines Phasenübergangs operiert. Die neuronale Dynamik entspricht damit einer selbstorganisierten Kritikalität und zeigt Aktivitätsausbrüche (»neural avalanches«), deren Größenverteilung einem Potenzgesetz folgt. Die intuitive Idee ist, dass sich ein informationsverarbeitendes System nahe dem kritischen Punkt in einem günstigen Regime zwischen Ordnung und Unordnung befindet. Dabei sind beide Extreme für (neuronale) Informationsverarbeitung untauglich: also sowohl die starre Bezogenheit neuronaler Antworten (»spikes«) im Sinne eines hoch geordneten, quasi eingefrorenen Netzwerk-Gesamtzustandes als auch deren völlig chaotische Struktur- und Regellosigkeit (Bertschinger und Natschläger, 2004). In der Neurocomputation untersucht man hierzu beispielsweise Modelle selbstorganisierter rekurrenter Netze, vornehmlich »spiking networks«, bei denen es auf die fein abgestimmte zeitliche Signatur der neuronalen Antworten ankommt (z. B. Del Papa et al., 2017).

Betrachten wir schließlich den Ansatz der »integrated information«. Der Ansatz benennt keinen spezifischen Mechanismus, sondern zielt darauf ab, ein informationstheoretisches Maß als Kenngröße von Bewusstsein herauszustellen (vgl. Tononi et al., 2016). Die integrierte Information eines Systems S misst, vereinfacht ausgedrückt, die funktional-kausale Irreduzibilität des Systems. Sie ist eine intrinsische Größe von S und genau dann positiv, wenn die integrierte Information aller Partitionierungen von S kleiner ist als diejenige von ganz S. Intuitiv erfasst die integrierte Information somit den Beitrag der Wechselwirkung der Teile bzw. den Grad der mechanistischen Integration von S.

Keiner der genannten Ansätze ist unkontrovers, keiner ist empirisch hinreichend geklärt oder gar gesichert. Doch es gibt zahlreiche wechselseitige Überschneidungen, und es ist gut denkbar, dass jeder Ansatz bereits einen wichtigen Teilaspekt einer finalen Theorie des Bewusstseins erfasst. Zusammengenommen indizieren alle Ansätze, dass nur integrative Mechanismen mit einer schnellen und subtil abgestimmten neuronalen Dynamik zur Entstehung bewusster mentaler Zustände führen. Dies setzt voraus, dass die Vehikel von Bewusstsein eine ganz besondere funktionale Kopplungsqualität bieten hinsichtlich Informationsdurchsatz mit hoher Bandbreite bei gleichzeitiger globaler Verfügbarkeit und Bindung von Information durch selbstorganisierte dynamische Integrationsmechanismen.

Als Ermöglichungsbedingungen für Bewusstsein schränken die genannten Anforderungen die in Frage kommenden Vehikel von Bewusstsein signifikant ein. Sie schränken sie so ein, dass vermutlich nur interneuronale Verbindungen in Frage kommen. Befinden wir uns schon innerhalb des neuronalen Systems, stellt die Grenze dieses Systems, spezifisch die neuronale Transduktion, eine signifikante Grenze dar. Sie ist die Schnittstelle, an der physikalische Signale der Außenwelt in neuronale Signale überführt werden, und zugleich ein Flaschenhals hinsichtlich der oben genannten Ermöglichungsbedingungen. Chris Eliasmith (2008) kennzeichnet die Unterschiede zwischen neuronaler und nicht-neuronaler Dynamik so:

> *The most obvious differences are the speed of information flow (i. e. bandwidth), and the degree and kind of coupling. Because bodies have mass, they tend to slow down the transfer of information to the world from the brain (i. e. they effectively act as a low-pass filter). However, no such impediment to information flow exists between brain areas. This results in a huge difference between the kinds of coupling that can be supported between brain subsystems*

> *and between the brain and the external environment.* (Eliasmith 2008, S. 150)[15]

Diese Überlegungen können als Masterargument gegen das Konzept von »extended consciousness« und für einen Internalismus des Bewusstseins angesehen werden. Das Argument fußt auf empirischen Ermöglichungsbedingungen für die Vehikel bewusster Prozesse und es charakterisiert diese Bedingungen rein funktional und quantitativ. Hieraus folgt wenigstens zweierlei. Erstens folgt, dass die genannte Grenze keine kategoriale Grenze darstellt und so scharf oder unscharf ist wie die quantitativen Ermöglichungsbedingungen. Falls es technisch gelänge, an die Schnittstelle der neuronalen Transduktion mit gleich hoher Güte und Bandbreite anzukoppeln, wie dies innerhalb des neuronalen Systems geschieht, stellt sich die Frage nach erweitertem Bewusstsein neu. Zweitens folgt, dass umgekehrt die Vehikel von Bewusstsein nicht auf neuronale Prozesse festgelegt sind. Nichts spricht dagegen, in einem nicht-neuronalen, künstlichen System geeignete Ermöglichungsbedingungen herzustellen. Das Masterargument gegen erweitertes Bewusstsein ist kein Argument gegen die Möglichkeit künstlichen Bewusstseins.

Ich schließe diese Überlegungen mit einer letzten Betrachtung. Phänomenales Bewusstsein und damit einhergehendes qualitatives Erleben werden geläufig als subjektiv und privat aufgefasst. Wie es ist, sich in einem bestimmten Wahrnehmungszustand zu befinden, zum Beispiel ein bestimmtes Geschmackserlebnis zu haben, lässt sich anscheinend nur vom und für das jeweilige Subjekt sagen und bleibt anderen Subjekten prinzipiell versperrt. Dies wird häufig als Einwand gegen den Physikalismus angeführt. Würde ein Internalismus des Bewusstseins einem solchen Einwand nicht Vorschub leisten?

Der spektakuläre Fall der beiden 2006 in Vancouver geborenen Kraniopagus-Zwillinge Krista und Tatiana Hogan deutet an, dass dem nicht so ist. Die Hogan-Zwillinge stellen eine medizinhistorisch

---

[15] »Die offensichtlichsten Unterschiede sind die Geschwindigkeit des Informationsflusses (d. h. die Bandbreite) und die Stärke und Art der Kopplung. Da Körper Masse haben, verlangsamen sie tendenziell den Informationsübertrag vom Gehirn zur Welt (d. h. sie wirken als Tiefpassfilter). Es gibt jedoch kein solches Hindernis für den Informationsfluss zwischen Gehirnregionen. Dies führt zu einem riesigen Unterschied zwischen den Kopplungsarten, die zwischen Teilsystemen des Gehirns und zwischen dem Gehirn und der äußeren Umgebung aufrechterhalten werden können.« [Üs. d. Hrsg. (HF)]

einmalige Form von Gehirn-Verschmelzung dar (vgl. Squair, 2012). Jeder Zwilling hat ein vollständig strukturiertes Gehirn mit Hirnstamm, Kleinhirn und Rückenmark, aber sie verfügen über eine spektakuläre anatomische Anomalie, die von ihren behandelnden Ärzten als »thalamische Brücke« bezeichnet wurde und eine direkte neuronale Verbindung beider Thalami darstellt. Die Auswirkungen dieser anatomischen Besonderheit sind spektakulär: Im Babyalter konnte ein Schnuller bei einem Zwilling bewirken, dass der andere aufhört zu weinen. Jeder Zwilling kann fühlen und schmecken, was der andere erlebt, dabei können sie scheinbar selektiv den sensorischen Input des anderen blockieren (bei Ketchup jedoch schreit Tatiana, wenn Krista ihn isst). Die Zwillinge teilen bestimmte Motorfunktionen und können so teilweise Arme und Beine des anderen (mit-)bewegen. Sehr bemerkenswert: Jeder Zwilling kann durch die Augen des anderen sehen, und sie können teilweise stumm kommunizieren.[16]

Es gibt bislang keine wissenschaftlich dokumentierte Evidenz für geteilte phänomenale Zustände. Zwar teilen die Zwillinge sensorischen Input und motorischen Output, inwieweit sie aber auch Wahrnehmungserlebnisse teilen, bleibt bis dato offen (das Ketchup-Beispiel spricht ja eher für verschiedene Erlebnisse). Die grundsätzliche Frage aber ist, ob die Möglichkeit geteilter phänomenaler Zustände bei geeigneter zerebraler Verbindung so abwegig wäre. Auch in Fällen der dissoziativen Identitätsstörung lässt sich nicht ausschließen, dass es zu teilweise geteilten phänomenalen Zuständen der verschiedenen Persönlichkeiten kommt.[17] All dies sind offene und faszinierende Fragen. Ein Internalismus des Bewusstseins, der auf spezifischen Ermöglichungsbedingungen der Vehikel des Bewusstseins basiert, kann *a fortiori* zulassen, dass sich innerhalb eines hinreichend komplexen Systems wie dem Gehirn verschiedene Subjekte ausbilden

[16] Die Hogan-Familie scheint wissenschaftliche Studien nicht zu genehmigen, öffentlich zugängliche Informationen existieren aber in Form einiger TV-Dokumentationen (sowie einer privaten Facebook-Seite). Der Leser sei verwiesen auf den Wikipedia-Eintrag en.wikipedia.org/wiki/Krista_and_Tatiana_Hogan (abgerufen im März 2021) und dortige Quellen und Hinweise.

[17] Wobei es sich hier natürlich um keine triviale nosologische Entität [d. h. keinen trivialen Gegenstand der systematischen medizinischen Beschreibung von Krankheiten, Anm. d. Hrsg.] handelt (vgl. Gast et al., 2006); siehe hierzu auch Humphrey und Dennett (1989).

(wie vielleicht auch im Falle von Split-brain-Patienten); oder dass bei funktional geeigneter Verbindung der Vehikel wie im Falle der thalamischen Brücke verschiedene Subjekte Bewusstseinszustände teilen können. Ein evidenter Einwand gegen den Physikalismus ergibt sich hier in keiner Weise – ganz im Gegenteil!

Literatur

Adams, Frederick und Aizawa, Kenneth: *The Bounds of Cognition,* Oxford University Press, Oxford 2008.

Beggs, John M. und Timme, Nicholas: Being critical of criticality in the brain. In: *Frontiers in Physiology* 3, 2012, 163.

Block, Ned: On a confusion about a function of consciousness. In: *Behavioral and Brain Sciences* 18, 1995, S. 227–247.

Chalmers, David: Extended cognition and extended consciousness. In: *Colombo* et al. (2019), S. 9–20.

Chalmers, David: Foreword to Supersizing the Mind. In: *Clark* (2008), S. ix–xvi.

Clark, Andy: Natural-Born Cyborgs: Minds, Technologies, and the Future of Human Intelligence, Oxford University Press, Oxford 2003.

Clark, Andy: Intrinsic content, active memory and the extended mind. In: *Analysis* 65, 2005, S. 1–11.

Clark, Andy: *Supersizing the Mind: Embodiment, Action, and Cognitive Extension,* Oxford University Press, Oxford 2008.

Clark, Andy: Spreading the joy? Why the machinery of consciousness is (probably) still in the head. In: *Mind* 118(472), 2009, S. 963–993.

Clark, Andy: *Surfing Uncertainty: Prediction, Action, and the Embodied Mind,* Oxford University Press, Oxford 2016.

Clark, Andy und Chalmers, David: The extended mind. In: *Analysis* 58, 1998, S. 7–19.

Colombo, Matteo, Irvine, Elizabeth und Stapleton, Mog (Hrsg.): *Andy Clark and his Critics,* Oxford University Press, New York, NY 2019.

Dehaene, Stanislas: *Consciousness and the Brain: Deciphering How the Brain Codes Our Thoughts,* Viking Press, New York, NY 2014.

Del Papa, Bruno, Priesemann, Viola und Triesch, Jochen: Criticality meets learning: Criticality signatures in a self-organizing recurrent neural network. In: *PLOS ONE* 12(5), 2017, e0178683.

Dennett, Daniel C.: *Brainstorms: Philosophical Essays on Mind and Psychology,* MIT Press, Cambridge, MA 1978.

Eliasmith, Chris: Dynamics, control, and cognition. In: *Robbins und Aydede* (2008), S. 134–154.

Engel, Andreas K. und Fries, Pascal: Neuronal oscillations, coherence, and consciousness. In: *Neurology of Consciousness,* hrsg. von S. Laureys, O. Gosseries und G. Tononi. Academic Press, San Diego 2016, S. 49–60.

Fingerhut, Joerg, Hufendiek, Rebekka und Wild, Markus (Hrsg.): *Philosophie der Verkörperung,* Suhrkamp, Berlin 2013.

Gast, Ursula, Rodewald, Frauke, Hofmann, Arne, Mattheß, Helga, Nijenhuis, Ellert, Reddemann, Luise und Emrich, Hinderk M.: Die dissoziative Identitätsstörung – häufig fehldiagnostiziert. In: *Deutsches Ärzteblatt* 103(47), 2006, A-3193–3200.

Humphrey, Nicholas und Dennett, Daniel C.: Speaking for our selves: An assessment of multiple personality disorder. In: *Raritan* 9(1), 1989, S. 68–98.

Hurley, Susan: Vehicles, contents, conceptual structure, and externalism. In: *Analysis* 58, 1998, S. 1–6.

Hurley, Susan: Varieties of externalism. In: *Menary* (2010), S. 101–153.

Kallestrup, Jesper: *Semantic Externalism,* Routledge, London 2012.

Kirchhoff, Michael David und Kiverstein, Julian: *Extended Consciousness and Predictive Processing: A Third-Wave View,* Routledge, London 2019.

Kosslyn, Stephen M.: On the evolution of human motivation: The role of social prosthetic systems. In: *Evolutionary Cognitive Neuroscience,* hrsg. von S. M. Platek, T. K. Shackelford und J. P. Keenan. MIT Press, Cambridge, MA 2006.

Kyselo, Miriam und Walter, Sven: Belief integration in action: A defense of extended beliefs. In: *Philosophical Psychology* 24(2), 2011, S. 245–260.

Lyre, Holger: Erweiterte Kognition und mentaler Externalismus. In: *Zeitschrift für philosophische Forschung* 64(2), 2010a, S. 190–215.

Lyre, Holger: Denken wir wirklich nur im Kopf? Kreativität und die These der erweiterten Kognition. In: *Geistesblitz und Neuronendonner,* hrsg. von R. Rosenzweig. Paderborn: Mentis, Paderborn 2010b, S. 167–183.

Lyre, Holger: Verkörperlichung und situative Einbettung. In: *Handbuch Kognitionswissenschaft,* hrsg. von A. Stephan und S. Walter. Metzler, Stuttgart 2013, S. 186–192.

Lyre, Holger: Active content externalism. In: *Review of Philosophy and Psychology* 7(1), 2016a, S. 17–33.

Lyre, Holger: Sozial erweiterte Kognition und geteilte Intentionalität. In: *Ist der Geist im Kopf?* Hrsg. von J. Michel, K. Boström und M. Pohl. Mentis, Münster 2016b, S. 187–212.

Lyre, Holger: Socially extended cognition and shared intentionality. In: *Frontiers in Psychology* 9, 2018, DOI: 10.3389/fpsyg.2018.00831.

Malsburg, Christoph von der, Phillips, William A. und Singer, Wolf (Hrsg.): *Dynamic Coordination and the Brain: From Neurons to Mind,* MIT Press, Cambridge, MA 2010.

Menary, Richard: *Cognitive Integration: Mind and Cognition Unbounded,* Palgrave Macmillan, Basingstoke 2007.

Menary, Richard (Hrsg.): *The Extended Mind,* MIT Press, Cambridge, MA 2010.

Metzinger, Thomas (Hrsg.): *Grundkurs Philosophie des Geistes. Band 3: Intentionalität und mentale Repräsentation,* mentis, Paderborn 2010.

Metzinger, Thomas: Die Selbstmodell-Theorie der Subjektivität: Eine Kurzdarstellung in sechs Schritten. In: *Bewusstsein: Philosophie, Neurowissenschaften, Ethik,* hrsg. von C. S. Herrmann et al. Fink/UTB, Stuttgart 2005.

Newen, Albert, de Bruin, Leon und Gallagher, Shaun (Hrsg.): *The Oxford Handbook of 4E Cognition,* Oxford University Press, Oxford 2018.

Putnam, Hilary: The meaning of »meaning«. In: *Minnesota Studies in the Philosophy of Science* 7, 1975, S. 131–193.

Robbins, Philip und Aydede, Murat (Hrsg.): *The Cambridge Handbook of Situated Cognition,* Cambridge University Press, Cambridge 2009.

Rowlands, Mark: *Externalism: Putting Mind and World Back Together Again,* Acumen, Chesham 2003.

Rowlands, Mark: *The New Science of the Mind: From Extended Mind to Embodied Phenomenology,* MIT Press, Cambridge, MA 2010.

Rupert, Robert: *Cognitive Systems and the Extended Mind,* Oxford University Press, New York, NY 2009.

Squair, Jordan: Craniopagus: Overview and the implications of sharing a brain. In: *University of British Columbia's Undergraduate Journal of Psychology* 1, 2012.

Tononi, Giulio, Boly, Melanie, Massimini, Marcello und Koch, Christof: Integrated information theory: From consciousness to its physical substrate. In: *Nature Reviews Neuroscience* 17(7), 2016, S. 450–461.

Vold, Karina: The parity argument for extended consciousness. In: *Journal of Consciousness Studies* 22, 2015, S. 16–33.

Vold, Karina und Schlimm, Dirk: Extended mathematical cognition: External representations with non-derived content. In: *Synthese* 197(9), 2020, S. 3757–3777.

Wheeler, Michael: *Reconstructing the Cognitive World: The Next Step,* MIT Press, Cambridge, MA 2005.

Wilson, Robert A.: *Boundaries of the Mind: The Individual in the Fragile Sciences: Cognition,* Cambridge University Press, New York, NY 2004.

Achim Stephan

Situierte Affektivität

Emotionen jenseits von Gehirn und Körper

Einleitung

Wenn wir fragen, welche Entitäten und Abläufe entscheidend dafür sind, wie wir emotional auf Vorkommnisse in der Welt reagieren, dachten Kognitionswissenschaftler und -wissenschaftlerinnen hauptsächlich an unser Gehirn und teilweise auch an unseren Körper. Das menschliche Gehirn verarbeitet eintreffende emotionswürdige Signale in Sekundenbruchteilen und veranlasst dabei umgehend zumeist situationsgemäße neurophysiologische und hormonelle Veränderungen, die bei emotionalen Reaktionen den ganzen Körper einbeziehen können. Neben diesen in der Emotionspsychologie und Affektiven Neurowissenschaft traditionell untersuchten Abläufen gibt es jedoch weitere Faktoren in unserer sozialen, natürlichen und auch technischen Umwelt, die unser affektives Leben nachhaltig beeinflussen. Diesen Faktoren gelten die folgenden Überlegungen. Nach einer Einführung in Emotionen und andere affektive Phänomene und einer Hinführung zur Debatte über situierte Affektivität wende ich mich in den beiden zentralen Abschnitten unter unterschiedlichen Gesichtspunkten einer Reihe von Umweltfaktoren zu, die unser affektives Leben ebenfalls zu prägen vermögen.

Emotionen und andere affektive Phänomene

Die beiden Ausdrücke »Affektivität« und »affektive Phänomene« werden in zeitgenössischen Arbeiten häufig als Sammelbegriffe für eine Vielzahl unterschiedlicher, aber miteinander verwandter Prozesse, Zustände, Befindlichkeiten und Dispositionen verwendet. Sie umfassen Emotionen, Stimmungen, Bauchgefühle, existenzielle und atmosphärische Gefühle, affektive Stile und Temperamente sowie affektive Störungen. Die folgende Untersuchung zur Situiertheit affektiver Phänomene bezieht sich vor allem auf Emotionen, Stimmungen und affektive Stile.[1]

Bei Emotionen werden gemeinhin kurzzeitige emotionale Episoden von länger andauernden emotionalen Zuständen unterschieden (Ben-Ze'ev, 2017). In den empirischen Wissenschaften, insbesondere in der Emotionspsychologie und in den Affektiven Neurowissenschaften, liegen die Forschungsschwerpunkte vorwiegend auf *emotionalen Episoden* wie Ekel, Ärger, Furcht oder Freude, die unter experimentellen Bedingungen durch geeignete Stimuli (standardisiertes Bildmaterial oder kurze Narrative) evoziert werden. Emotionale Episoden bewegen sich häufig im Sekundenbereich, sind auf bestimmte Vorkommnisse gerichtet und gehen mit spezifischen Veränderungen im autonomen Nervensystem (z. B. einem erhöhten Puls), mit charakteristischem Ausdrucksverhalten (z. B. in der Mimik und Haltung) sowie mit typischen Handlungstendenzen und Empfindungen einher, die einen Organismus koordiniert auf eine situativ angemessene Reaktion vorbereiten. In der Emotionspsychologie werden Emotionen in der Regel mit emotionalen Episoden gleichgesetzt. So schreibt Klaus Scherer (2005, S. 697) zu seinem Komponenten-Prozess-Modell:

> *»In the framework of the component process model, emotion is defined as an episode of interrelated, synchronized changes in the states of all or most of the five organismic subsystems in response to the evaluation of an external or internal stimulus event as relevant to major concerns of the organism.«* [2]

---

[1] Erläuterungen zu den anderen Begriffen sind u. a. in Colombetti und Stephan (2013, S. 503) zu finden.

[2] »Innerhalb des Komponenten-Prozess-Modells wird ›Emotion‹ definiert als eine Episode zusammenhängender, synchronisierter Veränderungen in den Zuständen aller oder fast aller der fünf organismischen Subsysteme in Reaktion auf externe oder interne Reizereignisse, die relevant bezüglich bedeutender Interessen des Organismus sind.« – Die fünf organismischen Subsysteme sind das Informationsverarbeitungssystem (zuständig für die Bewertung des Reizereignisses), das Unterstützungssystem (zuständig für neurophysiologische Veränderungen), das Steuerungssystem (zuständig für Handlungstendenzen), das Aktionssystem (zuständig für Ausdrucksverhalten) und das Monitorsystem (zuständig für emotionales Erleben).

Während sich in der Tat sehr viele emotionale Episoden im Sekunden- oder Minutenbereich bewegen, können einzelne *Emotionen* aber auch über Tage, Wochen, Monate, ja sogar Jahre persistieren (vgl. Stephan, 2017, S. 1482–1484), ohne durchweg mit den für emotionale Episoden typischen körperlichen und mentalen Zuständen einherzugehen. Man denke an die Trauer über den allzu frühen Tod eines Kindes, die manche Eltern bis zu ihrem eigenen Lebensende begleitet, oder, auf der anderen Seite des Spektrums, an den Stolz, den eine frühere Leistungssportlerin auch noch im hohen Alter über ihren Olympiasieg im Hochsprung zu empfinden vermag. In philosophischen Untersuchungen stehen häufig auch solch länger andauernde Emotionen im Zentrum des Interesses (vgl. Solomon, 2004, S. 78–79). Ebenso geht es in klinischen Kontexten in Psychiatrie und Psychotherapie meist um länger andauernde und zudem belastende Emotionen wie zum Beispiel wiederkehrende Scham- und Schuldgefühle, Angstproblematiken, Gefühle der Verlassenheit oder unbewältigte Trauer, die dann auch regelmäßig zum Gegenstand der Behandlung werden.

Stimmungen wie Ausgelassenheit, Niedergedrücktheit oder Gereiztheit sind im Unterschied zu emotionalen Episoden und länger andauernden Emotionen nicht auf ein spezifisches Vorkommnis bezogen, sondern zeigen uns auf holistische Weise, in welcher Situation wir uns befinden und was uns im Laufe unseres Lebens widerfahren ist (vgl. Stephan, 2017, S. 1489–1493). Sie bilden, ohne dass sie sich selbst auf konkrete Gegenstände beziehen, den affektiven Hintergrund für unser Wahrnehmen und Handeln in konkreten Situationen. Im Unterschied zu emotionalen Episoden können auch sie sehr viel länger andauern.

Affektive Stile zeigen sich u.a. darin, wie ein Mensch – gemäß seinem Temperament – emotionale Situationen durchlebt und bewältigt, wie er vorwiegend gestimmt ist und wie er in der Regel mit anderen Personen interagiert: ob freundlich, unterstützend, wohlwollend oder aber unwirsch, verachtend, herablassend und arrogant. Menschen entwickeln in der Regel im Laufe ihres Lebens bestimmte affektive Stile und sind dadurch dazu disponiert, einige Emotionen leichter zu erleben als andere.

Während sich Emotionen und emotionale Episoden auf bestimmte Vorgänge, Situationen oder Objekte in der Welt richten und uns diese auf je spezifische Weise präsentieren, gilt das nicht in gleicher Weise für Stimmungen und schon gar nicht für affektive Stile oder Charakterzüge.

Situierte Affektivität: Ursprung, Probleme und Perspektiven

In der Kognitionswissenschaft wurde der menschliche Geist traditionell als eine informationsverarbeitende Input-Output-Einheit angesehen, die kognitive Leistungen durch regelgeleitete sequenzielle Rechenoperationen über (symbolischen oder subsymbolischen) mentalen Repräsentationen hervorbringt (Besold und Kühnberger, 2013a; 2013b). Diese Haltung kam seit Ende der 1980er Jahre unter Druck. Es wurde deutlich, dass sie, solange sie nur interne Prozesse in den Blick nimmt, der Natur verschiedener kognitiver Prozesse nicht gerecht wird. Stattdessen ist anzunehmen, dass etliche kognitive Prozesse in dem Sinne *situiert* sind, dass sie wesentlich auch von unserem Körper sowie von unserer Interaktion mit der natürlichen, technischen und sozialen Umwelt abhängen (Walter, 2014).

Dasselbe gilt *mutatis mutandis* im Bereich der Affektivität (vgl. Stephan et al., 2014; Wilutzky et al., 2011). Die philosophische Diskussion von Emotionen, Stimmungen und anderen affektiven Phänomenen bevorzugte im ausgehenden zwanzigsten Jahrhundert vor allem *kognitivistische* und *individualistische* Ansätze (z. B. Nussbaum, 2001; Solomon, 1976). Sie ignorierte die zentrale Rolle *körperlicher* Prozesse in emotionalen Erlebnissen und die Tatsache, dass affektive Phänomene in der Regel *Engagements* mit der Welt darstellen, die sehr häufig *dynamisch* sich *entfaltende Interaktionen* zwischen zwei und mehr sozialen Akteuren betreffen (vgl. Griffiths und Scarantino, 2009). Dabei wurde zeitweilig übersehen oder vergessen, dass affektive Phänomene seit Aristoteles (vgl. *de anima* 403a/b) nahezu ausnahmslos immer auch als verkörperlicht (*embodied*) begriffen wurden. Von William James (1890, II, S. 452) zum Beispiel stammt die pointierte Aussage »A purely disembodied human emotion is a nonentity«.

Weniger eindeutig ist die Lage im Hinblick auf Einflüsse, die außerhalb des Körpers in der Umwelt lokalisiert sind. Typischerweise wird hier zwischen »situativ eingebettet« (*embedded*), »erweitert« (*extended*), »verteilt« (*distributed*) und »enaktiv« (*enacted*) unterschieden (vgl. dazu Newen et al., 2018; Walter, 2014). So gelten kognitive und affektive Prozesse als in die physische und soziale Umwelt eingebettet, wenn die handelnde Person Strukturen in ihrer Umwelt schafft und/oder verwendet, um diese Prozesse zu ermöglichen oder zu erleichtern. Ein Barkeeper mag sein Erinnern der eingehenden Bestellungen dadurch unterstützen, dass er sofort die zugehörigen Gläser auf dem Tresen positioniert, um diese danach dann in aller Ruhe zu füllen. Dabei nehmen ihm die unterschiedlich gestalteten Wein-, Sekt-, Cocktail- und Biergläser sein Erinnern entscheidend ab, die Bestellungen müssen nicht mehr abstrakt gespeichert werden. Im affektiven Bereich gibt es darüber hinaus eine ganze Reihe kulturell geprägter Arrangements, die bestimmte Gefühle und Stimmungen befördern, denken Sie nur an Hochzeitsfeiern oder an Trauerzeremonien. Während in den Beispielen *situierter Einbettung* externe Strukturen kognitive und affektive Vorgänge durch vielfältige kausale Interaktionen unterstützen, gelten kognitive und affektive Prozesse als *erweitert*, wenn sie durch externe Strukturen ko-konstituiert werden. Dafür in Frage kommen zum Beispiel Gehirn-Computer-Schnittstellen, die Menschen mit körperlichen Behinderungen in der Kommunikation oder bei der Bewegung eines Roboterarms unterstützen. Auch der am Osnabrücker Institut für Kognitionswissenschaft entwickelte Navigationsgürtel *feelSpace* (feelspace.de) mag unsere Raumwahrnehmung als »erweitert« ansehen lassen. In beiden Fällen sind die externen Komponenten Teile der Realisierungsbasis für die kognitiven und affektiven Prozesse. Kognitive und affektive Prozesse gelten hingegen als *verteilt*, wenn mehrere Personen gemeinsam an diesen beteiligt sind, sei es in echtem Teamwork zur Lösung eines wissenschaftlichen Problems, sei es bei der Steuerung eines Schiffes (vgl. Hutchins, 1995), oder sei es bei der meist nicht willentlichen Erzeugung einer bestimmten affektiven Atmosphäre während gemeinsamer Kommissionsarbeit. *Enaktivisten* schließlich betrachten affektiv-kognitive Prozesse als ein Merkmal lebendiger Organismen, das insbesondere durch die Interaktion autonomer und adaptiver Systeme mit ihrer Umgebung hervorgebracht (*enacted*) wird (vgl. Di Paolo und Thompson, 2014).

Besonders kontrovers wurde in den zurückliegenden Jahren das Verhältnis zwischen situativ eingebetteter und erweiterter Kognition bzw. Affektivität diskutiert. Begrifflich scheint es eher unproblematisch zu sein, zwischen der Ko-Abhängigkeit kognitiv-affektiver Prozesse von externen Vorgängen auf der einen Seite und einer Ko-Konstitution durch externe Vorgänge auf der anderen Seite zu unterscheiden. Experimentell ist es jedoch nicht möglich, eine präzise Grenzlinie zwischen Konstitution und kausaler Abhängigkeit zu ziehen. Einige Untersuchungen legen nahe, dass für einen konstitutiven Zusammenhang keine entscheidenden Experimente generiert werden können (Baumgartner und Casini, 2017). Baumgartner und Wilutzky (2017) empfehlen daher, dass wir eingestehen sollten, dass der Schluss darauf, dass Kognition erweitert ist, wesentlich pragmatischer Natur ist. Ich werde daher die Debatte über kausale Abhängigkeit und Ko-Konstitution und damit auch die Unterscheidung zwischen situativ eingebetteter und erweiterter Kognition und Affektivität ausklammern und mich stattdessen dem zuwenden, was unter dem Begriff externer Hilfsmittel (*environmental scaffolds*) diskutiert wird (vgl. Coninx und Stephan, 2021; Stephan und Walter, 2020). Diese umfassen (in gradueller Weise) externe Entitäten, die kognitive und affektive Prozesse ermöglichen und/oder verstärken.

Indem wir unterschiedliche externe Hilfsmittel für affektive Phänomene in den Blick nehmen, können wir eine Reihe von Faktoren studieren, die jenseits von Gehirn und Körper unsere Affektivität beeinflussen, ohne dass wir dabei bestimmte Formen »erweiterter Affektivität« akzeptieren oder ablehnen müssten. Es gibt eine ganze Bandbreite unterschiedlich starker kausaler Kopplungen, die unsere Emotionen, Stimmungen und affektiven Stile prägen.

Wir werden zwei verschiedene, wenn auch teilweise miteinander verbundene Formen externer Hilfsmittel näher untersuchen, die unser affektives Leben in mehr oder weniger starker Weise mit unserer natürlichen, technischen und sozialen Umgebung verbinden. Zunächst richten wir unser Augenmerk auf Interaktionen, die ihren Ausgang von einzelnen Individuen nehmen, sich von dort durch einen Prozess der Ressourcen-Nutzung in die Welt jenseits des Körpers erstrecken, um am Ende die Affektivität dieser Individuen zu beeinflussen. Danach betrachten wir externe Einflüsse, die von außen durch andere Personen initiiert ein Individuum beeinflussen und durch intendierte oder nicht-intendierte Prozesse dessen Affektivität formen.[3]

Die Nutzung externer Hilfsmittel, um bestimmte Aktivitäten zu ermöglichen, zu unterstützen oder zu verstärken, kann auf verschiedene Weise geschehen: durch einen Rückgriff auf natürliche Gegebenheiten wie das Baden in einer heißen Quelle, durch das Verwenden von Artefakten wie Mobiltelefonen, um über Streaming-Dienste Musik zu hören, oder durch die Kontaktaufnahme zu einer Psychotherapeutin, um bei einer affektiven Störung Unterstützung zu erhalten. Um triviale Formen externer Hilfsmittel auszuschließen, muss der spezifische Charakter der unterstützten Aktivität von den Eigenschaften des unterstützenden externen Hilfsmittels abhängen. Diese müssen also etwas anderes sein als eine Hintergrundbedingung wie die Erdanziehung, sauerstoffhaltige Luft oder ausreichende Beleuchtung, die keinen spezifischen Unterschied für extern unterstützte Tätigkeiten machen. Außerdem muss das externe Hilfsmittel etwas anderes sein als ein bloßer Auslöser für eine affektive Reaktion. Ein Flugzeugabsturz als solcher ist zum Beispiel kein externes Hilfsmittel, um Trauer und Leid auszulösen. Hingegen wurden die Flugzeugabstürze am 11. September 2001 gezielt benutzt, um Terror und Schrecken zu verbreiten. Sie waren nicht nur ein Auslöser für Wut, Trauer und Entsetzen, sondern dienten den Angreifern als externe Hilfsmittel, genau das zu bewirken – nicht bei sich selbst, sondern bei Individuen der angegriffenen Gesellschaften. Auf solche Fälle der Einflussnahme durch andere komme ich im nächsten Abschnitt zurück.

Externe Hilfsmittel für Emotionen 1: »User-Resource Interactions«

Aus der Perspektive von Individuen, die externe Ressourcen zur Ermöglichung, Verstärkung oder Regulierung ihrer eigenen affek-

[3] In Coninx und Stephan (2021) dehnen wir unsere Analyse externer Hilfsmittel auch auf soziale Gruppen und größere Zeithorizonte aus.

tiven Zustände und Prozesse nutzen, können wir mindestens die folgenden Kategorien unterscheiden:

- Materielle Ressourcen, die unidirektional auf den Nutzer wirken, von dem wiederum angenommen wird, dass er sie aufgesucht oder geschaffen hat, um sie zu verwenden oder sich ihnen auszusetzen. Hierzu zählen: (a) das Aufsuchen von Orten (wie z. B. ehrwürdige Kathedralen oder Moscheen, Wanderungen im Hochgebirge, pulsierende Städte), die versprechen, unsere Stimmungen und Emotionen in angestrebter Weise zu verändern; (b) das gezielte Hören von Musik über Schallplatten oder CDs (u. a. »Das Lied von der Erde« von Gustav Mahler; »Don Giovanni« von Wolfgang Amadeus Mozart; Swing von Django Reinhardt; »Samba pa ti« von Santana; »Mutter« von Rammstein) oder das Schauen von Filmen (z. B. »Easy Rider«, 1969 von Dennis Hopper; »Nostalghia«, 1983 von Andrei Tarkowski; »Melancholia«, 2011 von Lars von Trier), die bestimmte Stimmungen unterstützen; (c) das Einrichten der Wohnung, um sich in dieser wohlzufühlen, oder das Entfernen von Dingen, die an den Ex-Partner erinnern können, um Gefühle von Einsamkeit, Verlust oder Eifersucht zu vermeiden.
- Materielle Ressourcen, die bidirektional und tief integriert mit dem Nutzer verbunden sind und somit eine starke kausale Kopplung mit diesem aufweisen.[4] Hierzu zählen: (d) ein trauernder Jazzmusiker, dessen ausdrucksstarkes Spiel einen Zyklus von Klängen und Melodien erzeugt, die ihn immer tiefer in seine Trauer führen, was wiederum sein Spiel noch eindringlicher werden lässt (vgl. Colombetti und Roberts, 2015, S. 1258); (e) das Hören von Musik über Streaming-Dienste, die ausgehend von bereits gehörten (oder »gelikten«) Stücken weitere vorschlagen,

[4] Während die unter (a)–(c) genannten Beispiele typischerweise als »situativ eingebettet« charakterisiert wurden, dienten die unter (d) und (e) genannten Beispiele einigen Autoren als Belege für »erweiterte« Affektivität. Sie setzen sich damit aber dem Vorwurf der »coupling constitution fallacy« aus (vgl. Adams und Aizawa, 2008), also dem Einwand, dass eine starke kausale Kopplung fälschlicherweise für eine Relation der Konstitution gehalten wurde. Probleme dieser Art lassen sich vermeiden, wenn wir uns – wie hier – darauf beschränken, einschlägige Formen kausaler Einflussnahme zu studieren und voneinander zu unterscheiden.

wodurch ebenfalls eine bidirektionale Kopplung des Streaming-Dienstes mit dem Hörer entsteht (vgl. Krueger und Osler, 2019).

- Manchmal machen sich Akteure andere soziale Ressourcen eher vorübergehend für ihre eigenen Ziele zu Nutze. Dazu gehören: (f) der Besuch von Techno-Partys, um Emotionen »auszutanzen«; (g) das gerissene Provozieren anderer, um aus deren Reaktion eine gewalttätige Auseinandersetzung anzuzetteln, um damit eigene aufgestaute Aggressionen auszuleben; (h) das Aufsuchen eines Beichtstuhls, um sich im Gespräch mit dem Pfarrer von aufgestauten Schuldgefühlen zu entlasten.
- Es gibt aber auch stark gekoppelte soziale Systeme, die bestimmte affektive Reaktionen ermöglichen oder verstärken. Zu diesen zählen: (i) die Rituale mancher Paare, die bestimmte emotionale Dynamiken – wie Zyklen gegenseitiger Zuneigung, aber auch Zyklen des Schmollens und Vorwürfe-Machens – immer wieder durchleben; (j) die Aufnahme einer Psychotherapie, um das eigene Mindset grundlegend zu verändern (z. B. um aus einer depressiven Stimmungslage zu kommen oder starke aggressive Neigungen abzumildern).

Das Nutzen dieser verschiedenen Ressourcen folgt keineswegs immer einer bewussten Entscheidung etwa derart, dass die handelnde Person in einen bestimmten affektiven Zustand geraten möchte und glaubt, diesen durch eine geeignete Handlung herbeiführen zu können. Viele der aufgeführten Handlungen mögen vermeintlichen anderen Gründen folgen und ziehen entsprechende Änderungen im affektiven Bereich schlicht nach sich.

Externe Hilfsmittel für Emotionen 2: »Mindshaping«

In Studien über externe Faktoren menschlicher Affektivität stand die selbstbezogene Nutzung verschiedener Ressourcen für lange Zeit im Vordergrund des Interesses. Dabei handelt es sich überwiegend um synchron eingesetzte Hilfsmittel, die im Angesicht einer bestimmten Situation die affektive Befindlichkeit des Individuums modifizieren. Nach und nach kamen jedoch auch externe Faktoren in den Blick, die eher diachron auf ein Individuum wirken und dessen Affektivität langfristig prägen (Griffiths und Scarantino, 2009). Das oben bereits genannte Aufsuchen einer Psychotherapeutin als einer »Ressource« zur Änderung des Umgangs mit affektiven Problemen ist ein Grenzfall zwischen den beiden Kategorien: Diachron wird mithilfe der Psychotherapeutin an einer Änderung des eigenen »Mindsets« gearbeitet, um künftig synchron mehr Handlungsmöglichkeiten in affektiv aufgeladenen Situationen zu haben.

Jan Slaby hat in seiner Arbeit »Mind Invasion: Situated Affectivity and the Corporate Life Hack« den zweiten Gesichtspunkt besonders herausgearbeitet und von den Ressourcen-Nutzer-Beispielen abgegrenzt:

> *»The term ›mind invasion‹ is intended to capture some of the ways in which it is exactly not my individual decision to employ a mind tool in the pursuit of my self-avowed goals, but rather forms of pervasive framing and molding effected by aspects of technical infrastructure and institutional realities.«* [5] (Slaby, 2016, S. 6)

Während Slaby den Ausdruck »mind invasion« vor allem für Einflussnahmen vorsieht, die sich gegen Orientierungen und Interessen der beeinflussten Person richten und deren langfristiger Entwicklung wenig förderlich sind (ibid., 2016, S. 2), möchte ich mit »Mindshaping« einen neutraleren Begriff verwenden, der sich auf alle längerfristig wirkenden externen Einflussnahmen auf das affektive Leben eines Menschen bezieht, also nicht auf schädliche Einflüsse fokussiert ist.

Aus der Perspektive von Individuen, deren affektives Mindset durch externe (soziale) Faktoren nachhaltig formiert werden kann, lassen sich mindestens die folgenden Kategorien unterscheiden:

- Individuen werden affektiv unter anderem durch ihre nächsten Familienangehörigen, durch Peergroups und durch die Kulturen,

[5] »Der Ausdruck *mind invasion* [Eindringen ins Geistige] beabsichtigt einige der Geschehnisse einzufangen, in denen es gerade nicht meine individuelle Entscheidung ist, ein geistiges Werkzeug einzusetzen, um meine selbsterklärten Ziele zu verfolgen, sondern in denen Formen weit verbreiteter Strukturen und Umgangsformen wirksam werden, die eine Folge technischer Infrastruktur und institutioneller Wirklichkeiten sind.«

denen sie angehören, geprägt: (k) Die Interaktionen zwischen Eltern und Kleinkind führen vielfach zu geteilten Emotionen, stellen Möglichkeiten zur Affektregulation zur Verfügung und erweitern (im Zuge von Veränderungen der neuronalen Struktur seines Gehirns) das Verhaltensrepertoire eines Kleinkinds (vgl. Greenwood, 2015); (l) Individuen lernen, nach und nach an kulturell geprägten Lebensformen teilzuhaben, die ein bestimmtes Repertoire an »Gefühlsregeln« voraussetzen, die sich im Laufe des Lebens körperlich in »affektiven Biographien« manifestieren; Gefühlsregeln legen fest, *wer* sich unter *welchen Umständen wie* freuen, empören oder ängstigen darf (vgl. von Maur, 2017, Kap. 4).

- Die vielfältigen Angebote sozialer Medien beeinflussen zunehmend unser affektives Leben, ohne dass davon ausgegangen werden muss, dass dies die Absicht der Anbieter der sozialen Netzwerke ist: (m) Soziale Medien wie Facebook, Twitter, Snapchat, Instagram und TikTok haben einen starken Einfluss auf das affektive Leben ihrer Nutzerinnen und Nutzer und können, ohne dass diese es angestrebt haben, zu Veränderungen ihrer affektiven Mindsets beitragen; die Aktivitäten in sozialen Netzwerken reichen vom freudigen Teilen schöner Erlebnisse über das Kommunizieren mit Chatbots, die verstorbene Angehörige imitieren, bis zu Gewaltaufrufen in geschlossenen sozialen Gruppen (vgl. Krueger und Osler, 2019); (n) sie können Nutzer auf geteilte »Likes« warten lassen oder sie »Shitstorms« und »Hate Speech« aussetzen, die sich in rasender Geschwindigkeit im Internet verbreiten und Betroffene in Verzweiflung stürzen können.

- Schließlich gibt es gezielt eingesetzte Formen des Mindshaping, die die Einstellungen und emotionalen Befindlichkeiten der Zielgruppe beeinflussen und die dadurch Angesprochenen affektiv binden sollen. Dazu gehören: (o) affektiv besonders ansprechende Werbungen für bestimmte Produkte; (p) mitreißende Initiativen zur Erhaltung unserer Natur wie *Fridays for Future*; (q) affektiv aufgeheizte politische Kampagnen, zum Teil unter Verwendung von *fake news*, die dadurch angesprochene Anhänger bis hin zu rechtsbrüchigen Handlungen aufstacheln können; (q) Rekrutierungsstrategien von radikalen Gruppierungen, die sehr zielgerichtet soziale Medien einsetzen, um neue Anhänger zu gewinnen und bereits rekrutierte Mitglieder langfristig zu binden (vgl. Haq et al., 2020; Valentini et al., 2020).

Für alle Formen des Mindshapings gilt, dass diejenigen, die durch externe Faktoren längerfristig beeinflusst werden, dies in der einen oder anderen Weise zulassen müssen, bewusst oder unbewusst. Während sich ein Säugling oder Kleinkind dem intensiven Austausch mit seinen zentralen Bezugspersonen so gut wie gar nicht entziehen kann, wachsen im Laufe des Lebens unsere Freiheitsgrade im Hinblick darauf, mit wem und auf welche Weise wir unsere Zeit verbringen. Die Zugehörigkeit zu bestimmten Peergroups (handele es sich um sogenannte Wutbürger, um Mitglieder der Punk-Szene oder etwa um Hippies) erfolgt – wenn auch vor dem Hintergrund bestimmter Vorgeschichten – zumeist aus freien Stücken, ebenso die Nutzung sozialer Medien. Auch die Angebote politischer Scharfmacher oder radikaler Gruppierungen erreichen und mobilisieren nicht alle Menschen auf gleiche Weise. Einige sind dafür eher zugänglich und anfällig als andere, auch wenn diese Vulnerabilität erst unter Berücksichtigung persönlicher und struktureller Gegebenheiten vollständig nachvollziehbar wird. Häufig geschieht die Einflussnahme subtil und scheibchenweise. Je mehr wir von diesen Formen der Einflussnahme auf unser affektives Leben und auf unsere Einstellungen wissen, und je mehr wir in der Lage sind, sie situativ in unserem Alltagshandeln zu erkennen, desto besser können wir entscheiden, welchen Einflüssen wir uns wirklich aussetzen wollen. Unter Umständen ist es dann geboten, bestimmte soziale Netzwerke oder Peergroups wieder zu verlassen. Aus praktischer Sicht spielt es daher keine Rolle, ob unsere Affektivität erweitert oder lediglich situativ eingebettet ist. Entscheidend ist, dass wir Einsicht in möglichst viele Faktoren gewinnen, die unser affektives Leben mitprägen.

Danksagung: Die Arbeit an diesem Artikel entstand in Verbindung mit dem DFG-Graduiertenkolleg »Situierte Kognition«, GRK-2185/1, das bilokal an der Ruhr-Universität Bochum und der Universität Osnabrück eingerichtet ist. Ich danke Sabrina Coninx und Sabine Buse-Stephan für wertvolle Kommentare und Hinweise.

Literatur

Adams, Fred und Aizawa, Kenneth: *The Bounds of Cognition,* Blackwell, Malden, MA 2008.

Aristoteles: Über die Seele (*de anima*). Übers. von W. Theiler, Wissenschaftliche Buchgesellschaft, Darmstadt 1983.

Baumgartner, Michael und Casini, Lorenzo: An abductive theory of constitution. In: *Philosophy of Science* 84(2), 2017, S. 214–233.

Baumgartner, Michael und Wilutzky, Wendy: Is it possible to experimentally determine the extension of cognition? In: *Philosophical Psychology* 30(8), 2017, S. 1104–1125.

Ben-Ze'ev, Aaron: That thing called emotion: A subtle perspective. In: *Philosophy of Emotion,* hrsg. von A. Ben-Ze'ev und A. Krebs. Routledge, London 2017.

Besold, Tarek und Kühnberger, Kai-Uwe: Kognition als Symbolverarbeitung: das Computermodell des Geistes. In: *Handbuch Kognitionswissenschaft,* hrsg. von A. Stephan und S. Walter. Metzler Verlag, Stuttgart 2013a, S. 156–163.

Besold, Tarek und Kühnberger, Kai-Uwe: Konnektionismus, neuronale Netze und parallel *distributed processing.* In: *Handbuch Kognitionswissenschaft,* hrsg. von A. Stephan und S. Walter. Metzler Verlag, Stuttgart 2013b, S. 164–169.

Colombetti, Giovanna und Roberts, Tom: Extending the extended mind: The case for extended affectivity. In: *Philosophical Studies* 172(5), 2015, S. 1243–1263.

Colombetti, Giovanna und Stephan, Achim: Affektwissenschaft. In: *Handbuch Kognitionswissenschaft,* hrsg. von A. Stephan und S. Walter. Metzler Verlag, Stuttgart 2013, S. 501–510.

Coninx, Sabrina und Stephan, Achim: A taxonomy of environmentally scaffolded affectivity. In: *Danish Yearbook of Philosophy* 54(1), 2021, S. 38-64.

Di Paolo, Ezequiel A. und Thompson, Evan: The enactive approach. In: *The Routledge Handbook of Embodied Cognition,* hrsg. von L.A. Shapiro. Routledge, Oxford, UK 2014, S. 69–77.

Greenwood, Jennifer: *Becoming Human: The Ontogenesis, Metaphysics, and Expression of Human Emotionality,* MIT Press, Cambridge, MA 2015.

Griffiths, Paul und Scarantino, Andrea (2009). Emotions in the Wild. In: *The Cambridge Handbook of Situated Cognition,* hrsg. von P. Robbins und M. Aydede. Cambridge University Press, Cambridge 2009, S. 437–453.

Haq, Hina, Shaheed, Saad und Stephan, Achim: Radicalization through the lens of situated affectivity. In: *Frontiers in Psychology* 11, 2020, 205.

Hutchins, Edwin: *Cognition in the wild,* MIT Press, Cambridge, MA 1995.

James, William: *The Principles of Psychology* (2 vols.), Henry Holt, New York 1890.

Krueger, Joel und Osler, Lucy: Engineering affect: Emotion regulation, the internet, and the techno-social niche. In: *Philosophical Topics* 47(2), 2019, S. 205–231.

Newen, Albert, de Bruin, Leon und Gallagher, Shaun: *The Oxford Handbook of 4E-Cognition,* Oxford University Press, Oxford / New York 2018.

Nussbaum, Martha: *Upheavals of Thought,* Cambridge University Press, Cambridge 2001.

Scherer, Klaus: What are emotions? In: *Social Science Information* 44(4), 2005, S. 695–729.

Slaby, Jan: Mind invasion: Situated affectivity and the corporate life hack. In: *Frontiers in Psychology* 7, 2016, 266.

Solomon, Robert: *The Passions: Emotions and the Meaning of Life,* Anchor Press, New York 1976.

Solomon, Robert: Emotions, thoughts, and feelings. In: *Thinking about Feeling. Contemporary Philosophers on Emotions,* hrsg. von R. Solomon. Oxford University Press, Oxford 2004, S. 76–88.

Stephan, Achim: Moods in layers. In: *Philosophia* 45, 2017, S. 1481–1495.

Stephan, Achim und Walter, Sven: *Handbuch Kognitionswissenschaft,* Metzler, Stuttgart 2013.

Stephan, Achim und Walter, Sven: Situated affectivity. In: *The Routledge Handbook of Phenomenology of Emotions,* hrsg. von T. Szanto und H. Landweer. Routledge, New York 2020, S. 299--311.

Stephan, Achim, Walter, Sven und Wilutzky, Wendy: Emotions beyond brain and body. In: *Philosophical Psychology* 27(1), 2014, S. 65–81.

Valentini, Daniele, Lorusso, Anna Maria und Stephan, Achim: Onlife extremism: Dynamic integration of digital and physical spaces in radicalization. In: *Frontiers in Psychology* 11, 2020, 524.

von Maur, Imke: *Die epistemische Relevanz des Fühlens – Habitualisierte affektive Intentionalität im Verstehensprozess,* Dissertation, Osnabrück 2017. Siehe: repositorium.ub.uni-osnabrueck.de/handle/urn:nbn:de:gbv:700-20180807502

Walter, Sven: *Kognition,* Reclam, Stuttgart 2014.

Wilutzky, Wendy, Stephan, Achim und Walter, Sven: Situierte Affektivität. In: *Affektive Intentionalität,* hrsg. von J. Slaby, A. Stephan, H. Walter und S. Walter. Mentis, Paderborn 2011, S. 283–320.

Beate Krickel

Der Sitz des Geistes und das Unbewusste

Philosophische Probleme im Lichte Situierter Ansätze

1. Einleitung: Das »neue Unbewusste«

Das Unbewusste ist wieder in aller Munde: Populärwissenschaftliche Bücher, die den unbewussten Geist thematisieren, werden internationale Bestseller[1] und es gibt sicherlich keine populärwissenschaftliche Psychologie-Zeitschrift, die nicht schon mehrfach über das Thema berichtet hat.[2] Dieses neue Interesse am unbewussten Geist ist vor allem neuen Erkenntnissen aus der kognitiven Psychologie und der Sozialpsychologie zu verdanken.

In der kognitiven Psychologie zum Beispiel untersuchen Wissenschaftlerinnen und Wissenschaftler das Phänomen der *Blindsicht*, also das unbewusste Sehen. Blindsicht wurde zuerst bei Patientinnen oder Patienten beobachtet, die eine Verletzung des primären visuellen Kortex hatten (Weiskrantz, 1995). Diese Patienten hatten keine bewussten Erlebnisse von visuellen Eindrücken. Trotzdem waren sie in der Lage, akkurat auf Stimuli zu reagieren, wenn sie gebeten wurden, zu raten, wo sich welcher Stimulus befindet.

Ähnliche Beobachtungen konnten auch bei gesunden Versuchspersonen gemacht werden, zum Beispiel mithilfe von Experimenten, die auf der so genannten *binokularen Rivalität* basieren. Dabei werden Versuchspersonen gleichzeitig zwei Bilder gezeigt – und zwar so, dass jedes Bild nur von jeweils einem Auge gesehen wird. Dies führt dazu, dass die Bilder sich im Bewusstsein abwechseln. Zeigt man dem einen Auge nun ein Bild, das aus vielen bunten Pixeln besteht (auch »Mondrian«, genannt nach dem niederländischen Maler Piet Mondrian), so bleibt dieses minutenlang bewusst und unterdrückt

---

1 Zum Beispiel: *Thinking, fast and slow* (Kahneman, 2011), *Subliminal: How Your Unconscious Mind Rules Your Behavior* (Mlodinow, 2013) und *Before You Know It: The Unconscious Reasons We Do What We Do* (Bargh, 2017).

2 Zum Beispiel: Ayan (2018).

die bewusste Wahrnehmung des anderen Bildes. In einer Studie konnte gezeigt werden, dass die Versuchspersonen das unterdrückte Bild unter bestimmten Umständen jedoch scheinbar unbewusst wahrnehmen. Zeigt das unterdrückte Bild zum Beispiel eine nackte Person, so wird die Aufmerksamkeit der Versuchsperson von dem Bild je nach sexueller Ausrichtung angezogen oder abgestoßen (Jiang, Costello, Fang, Huang und He, 2006).

Ein Phänomen, das in der Sozialpsychologie untersucht wird und bereits einen großen Einfluss auf öffentliche Debatten zu Rassismus und Sexismus genommen hat, sind so genannte *implicit biases* – scheinbar unbewusste Präferenzen oder Vorurteile, die unser Verhalten beeinflussen, ohne dass wir dies bemerken (Banaji, Bhaskar und Brownstein, 2015).[3] Die Existenz dieser unbewussten Vorurteile wurde abgeleitet aus Beobachtungen wie der folgenden: In Studien konnte gezeigt werden, dass Versuchspersonen, die sich selbst als vorurteilsfrei beschreiben, trotzdem mentale Assoziationen[4] aufweisen, die dieser Selbstbeschreibung zu widersprechen scheinen. Zum Beispiel zeigen viele Personen, die zum Beispiel Männer nicht für prinzipiell intelligenter halten als Frauen, in so genannten *impliziten Testverfahren*, dass sie Männer stärker mit Intelligenz assoziieren als Frauen. Das prominenteste dieser Testverfahren ist der so genannte *implizite Assoziationstest* (kurz: IAT) (Greenwald, Mcghee und Schwartz, 1998), der auch online von jedem ausprobiert werden kann.[5] Weitere scheinbar unbewusste geistige Phänomene, die

---

[3] Es wird momentan kontrovers diskutiert, ob unbewusste Vorurteile tatsächlich unbewusst sind. In einer Studie konnte zum Beispiel gezeigt werden, dass Versuchspersonen in der Lage sind, über ihre Assoziationen zu berichten, wenn sie durch das experimentelle Setup dazu gebracht werden, ihre Aufmerksamkeit darauf zu lenken (Hahn, Judd, Hirsh und Blair, 2014). Ich argumentiere dafür, dass dieser Befund nicht zeigt, dass es sich um ein bewusstes Phänomen handelt und dass eine Klärung des Begriffs »unbewusst« notwendig ist (Krickel, 2018).

[4] Als »mentale Assoziationen« werden in der Psychologie Verknüpfungen zwischen mentalen Elementen wie Begriffen bezeichnet. Ein einfaches Beispiel: Wenn jemand »Salz« sagt, denken Sie sicherlich direkt an »Pfeffer« – Sie assoziieren Salz mit Pfeffer. Diese Assoziation kommt nicht durch eine logische Beziehung zwischen Salz und Pfeffer zustande, sondern unter anderem dadurch, dass bei uns in der Regel Salz- und Pfefferstreuer gemeinsam auf Restauranttischen stehen. Diese Assoziation hat wahrscheinlich Auswirkungen auf Ihr Verhalten: Wenn Sie zum Beispiel einen Pfeffersteuer auf einem Tisch stehen sehen, erwarten Sie, dass dort auch ein Salzstreuer stehen wird, weshalb Sie auf Ihrer Suche nach einem Salzstreuer zu diesem Tisch gehen werden.

[5] implicit.harvard.edu/implicit/germany

gegenwärtig in der Psychologie untersucht werden, sind unbewusstes Lernen, unbewusstes Treffen von Entscheidungen, unbewusste Emotionen und unbewusste Gedächtnisinhalte (Hassin, Uleman und Bargh, 2005).

Diese neuen psychologischen Erkenntnisse werden oft als das »neue Unbewusste« bezeichnet (Hassin et al., 2005). »Neu« deshalb, da die Phänomene wenig bis gar nichts mit dem »alten«, das heißt psychoanalytischen Unbewussten zu tun haben (aber siehe z. B. Berlin, 2011). Während das psychoanalytische Unbewusste (auch »dynamisches Unbewusstes« genannt) durch Verdrängung in Schach gehalten werden musste, um das Ego vor konfliktbeladenen Wünschen und Phantasien zu schützen, scheint das neue Unbewusste eher nüchtern und unaufgeregt – aber nicht weniger faszinierend.

Beim neuen Unbewussten handelt es sich um paradigmatische Beispiele geistiger Phänomene (Sehen, Urteilen, Entscheiden etc.), die *normalerweise* bewusst ablaufen oder von denen wir *bisher davon ausgingen*, dass sie immer bewusst ablaufen (Hassin, 2013). Das Faszinierende am neuen Unbewussten scheint also zu sein, dass Phänomene, von denen wir dachten, dass sie immer bewusst ablaufen, tatsächlich auch unbewusst ablaufen können.

Zentrale Fragen, die sich aus philosophischer Sicht stellen, sind: Inwiefern sind die scheinbar unbewussten Prozesse die gleichen Prozesse wie die, die »normalerweise« bewusst ablaufen? Ist unbewusstes Sehen tatsächlich ein Fall von *Sehen*? Sind unbewusste Vorurteile und Präferenzen tatsächlich die gleiche Art von Phänomenen, die wir als »bewusste Vorurteile«[6] bzw. »Präferenzen« bezeichnen? Allgemein gefragt: Was macht diese unbewussten Phänomene zu *geistigen* Phänomenen eines bestimmten Typs? Warum sollten wir den Schluss ziehen, dass unser *Geist* unbewusste Anteile hat? Ist es nicht offensichtlich, dass viele Einflüsse auf unser Verhalten und Denken uns nicht bewusst sind? Warum also sollte das »neue Unbewusste« irgendwen überraschen oder verunsichern?

---

[6] Hier gilt zu beachten, dass »Vorurteil« eine eher unglückliche Übersetzung des englischen Ausdrucks »bias« ist. In der deutschsprachigen Psychologie wird »bias« oft mit »Verzerrung« übersetzt, was aber keine einfache alltagssprachliche Entsprechung hat. In der populärwissenschaftlichen Presse wird daher häufig die Übersetzung »unbewusstes Vorurteil« verwendet.

Eine Überlegung, die die Unterscheidung zwischen dem unbewussten Geist und dem, was ich das *bloß Nicht-Bewusste* nennen möchte, motiviert, ist die folgende: Es ist unbestritten, dass in unserem Gehirn, unserem Körper und unserer Umgebung Prozesse ablaufen, die unser Verhalten beeinflussen, derer wir uns nicht bewusst sind. Zum Beispiel passen wir in der Regel automatisch unsere Körperposition an, wenn wir in einem fahrenden Bus stehen, um nicht umzufallen. Ein weiteres Beispiel für Einflüsse auf unser Verhalten, derer wir uns in der Regel nicht bewusst sind, ist das Phänomen, das im Englischen mit »hanger« (eine Kombination aus »hunger« und »anger«) bezeichnet wird. Bei Hunger neigen viele Menschen dazu, einen Streit anzufangen, ohne ihre Streitlust mit ihrem Hunger in Verbindung zu bringen (Bushman, Dewall, Pond und Hanus, 2014). Weitere klare Fälle von Einflüssen, die uns nicht bewusst sind: die Vielzahl von neuronalen Prozessen, die in die Weiterleitung und Verarbeitung von Reizen und Information involviert sind; hormonelle Schwankungen, die unsere Stimmungen und Gedanken färben; Prägungen durch Erziehung oder Gruppenzwang, die unsere Meinungen beeinflussen.

Fälle wie diese sind nicht gemeint, wenn vom »neuen Unbewussten« die Rede ist. Erstens würde man damit sicherlich keinen Hund hinterm Ofen hervorlocken, da die Existenz solcher Einflüsse wohl niemanden überrascht. Zweitens handelt es sich bei den Beispielen nicht um Prozesse, die vergleichbar wären mit klassischen geistigen Prozessen wie Denken, Entscheidungentreffen, Wahrnehmen und Urteilen (auch wenn die Phänomene sicherlich Einfluss auf diese geistigen Prozesse nehmen). Was also unterscheidet die vermeintlich unbewussten *geistigen* Prozesse von diesen Fällen bloß nicht-bewusster Einflüsse?

Eine Theorie des Geistes, die den Anspruch erhebt, ein vollständiges Bild des Geistes zu liefern, muss in der Lage sein, die gestellte Frage zu beantworten. Falls sie dies nicht tut, verliert sie ihren Gegenstand: *Wovon* ist diese Theorie dann eine Theorie? Die Herausforderung stellt sich philosophischen genauso wie wissenschaftlich-psychologischen Theorien, jedoch auf unterschiedliche Weise. Philosophen müssen beantworten, was das Kennzeichen des Mentalen (engl.: *mark of the mental,* siehe z. B. Pernu, 2017) ist im Angesicht der wissenschaftlichen Evidenz für einen unbewussten

Geist – Bewusstsein wird damit klarerweise als das Kennzeichen des Mentalen ausgeschlossen. Psychologen müssen Bedingungen formulieren, unter denen Daten tatsächlich Evidenz für einen unbewussten *geistigen* Prozess darstellen und nicht bloß Evidenz für einen nicht bewussten, nicht-geistigen (ähnlich den unkontroversen Fällen). Offensichtlich können Philosophen und Psychologen hier wunderbar zusammenarbeiten.

In diesem Aufsatz betrachte ich die Herausforderung aus der Perspektive eines bestimmten neuen Forschungsprogramms – des so genannten *situierten Geistes*. Dieses Forschungsprogramm versammelt eine Vielzahl von unterschiedlichen Theorieansätzen, die die Verkörperung und physische sowie soziale Bedingtheit des Geistigen betonen. Die verschiedenen Ansätze unterscheiden sich teilweise stark. Zu Darstellungszwecken werde ich deren Unterschiede hier ignorieren und nur dann darauf hinweisen, wenn es für meine Argumentation wichtig ist. Unter das Forschungsprogramm des situierten Geistes fasse ich hier Ansätze, die mindestens eine der zwei Kernthesen der klassischen Kognitionswissenschaft ablehnen: die These des *Internalismus* (Geist ist nur im Gehirn) und die des *Computationalismus* (der Geist/das Gehirn ist ein digitaler Computer). Ich werde zeigen, dass der unbewusste Geist eine Herausforderung für Ansätze des situierten Geistes darstellt – im Gegensatz zur klassischen Kognitionswissenschaft, die eine klare Antwort parat hat.

Im Folgenden werde ich zunächst die klassische Sicht auf den Geist erläutern. Dann werde ich erklären, wodurch das Forschungsprogramm des situierten Geistes motiviert ist und dessen Kernunterschiede zum klassischen Ansatz herausstellen. Dann werde ich untersuchen, ob und wie der unbewusste Geist in das klassische Bild und das neue Bild des Geistes passt. Es wird sich zeigen, dass der klassische Ansatz eine einfache Antwort auf unsere Herausforderung hat, die dem situierten Geist nicht zur Verfügung steht. Wie also kann das Forschungsprogramm des situierten Geistes die Unterscheidung von unbewusstem und bewusstem Geist einfangen? Abschließend möchte ich eine Idee skizzieren, wie auch das situierte Forschungsprogramm die Unterscheidung zwischen unbewusstem Geist und dem bloß Nicht-Bewussten bewerkstelligen kann.

2. Die Theorie des Geistes der klassischen Kognitionswissenschaft

Die Kernidee der klassischen Kognitionswissenschaft ist, dass der Geist bzw. das Gehirn funktioniert wie ein (digitaler) Computer: Wie eine Computer-Hardware ein Programm realisiert, so realisiert das Gehirn den Geist. Ein digitaler Computer realisiert ein Programm, indem bestimmte physikalische Zustände nach bestimmten Regeln so manipuliert werden, dass sie einen bestimmten bedeutungstragenden Input adäquat in einen bedeutungstragenden Output umwandeln können. Ein Beispiel: Über meine Computertastatur und meine Maus kann ich einen bedeutungstragenden Input generieren – zum Beispiel kann ich in meinem Wörterbuch-Programm das Wort »Geist« eingeben und mit dem Cursor meiner Maus auf »Übersetzen« klicken. Der Input hat also die Bedeutung »Übersetze das Wort ›Geist‹ ins Englische«. Dieser Input wird in ein bestimmtes Muster von Strom-an/Strom-aus-Zuständen im Prozessor meines Computers übersetzt. Das Wörterbuch-Programm sorgt nun dafür, dass diese Strom-an/Strom-aus-Zustände nach den Regeln des Programms so manipuliert werden, dass auf meinem Bildschirm ein bedeutungstragender Output in Form verschiedener Pixelmuster erscheint. Zum Beispiel erscheinen dort die Pixelmuster »mind«, »spirit« und »brandy«. Der Output trägt also die Bedeutung »Das deutsche Wort ›Geist‹ kann mit den englischen Wörtern ›mind‹, ›spirit‹ und ›brandy‹ übersetzt werden«. Die Regeln des Programms haben die physikalischen Zustände des Computers in geeigneter Weise manipuliert, das heißt so, dass eine korrekte Übersetzung gemacht wurde. Auf die gleiche Art können Computer komplizierte mathematische Berechnungen durchführen, Schach spielen oder uns den Weg zum Bahnhof zeigen. Der Kern der *Computation* ist das regelbasierte Manipulieren von physikalischen Zuständen (Strom an/ Strom aus, Pixel etc.), die eine Bedeutung tragen.

Seit dem Ende des Behaviorismus war die Kognitionswissenschaft geprägt von den erstaunlichen Entwicklungen im Bereich der Computerwissenschaft und künstlichen Intelligenz. Diese machten deutlich, wie komplexe logische Aufgaben automatisiert werden konnten, von denen man bis dato angenommen hatte, dass sie sich nicht in physischen Systemen ohne die Steuerung durch einen

Menschen realisieren ließen. Der Schluss lag nun nahe, dass man darin nicht nur praktische Werkzeuge gefunden hatte, sondern auch ein Modell davon, wie Menschen solche logischen Aufgaben lösen können – der *Computationalismus* war geboren (auch »repräsentationale Theorie des Geistes« genannt). Damit war auch eines der größten Rätsel der Philosophie und der Psychologie gelöst: Wie erklärt man die Rationalität (oder auch die *Gründe-Sensitivität*) des Menschen? Philosophen wie René Descartes nahmen an, dass dies nur durch eine immaterielle Seele erklärt werden könne. Nun hatte man eine einfache Erklärung, die mit dem allgemeinen physikalistischen Weltbild vereinbar war: Geistige Prozesse bestehen darin, dass bedeutungstragende neuronale Zustände regelbasiert manipuliert werden. Die Regeln entsprechen den logischen bzw. rationalen Prinzipien, die das menschliche Denken und Handeln ausmachen. Diese werden im Gehirn realisiert, indem die kausalen Verknüpfungen zwischen den realisierenden physischen Zuständen in unserem Gehirn den rationalen Verknüpfungen zwischen den Inhalten der Zustände entsprechen.

Allerdings hat der Computationalismus ein zentrales Problem: Wie kommen die neuronalen Zustände, die regelbasiert manipuliert werden, zu ihrer Bedeutung? Für den digitalen Computer lässt sich diese Frage einfach beantworten: Der Input hat die Bedeutung »Übersetze das Wort ›Geist‹ ins Englische«, da sich die Entwickler des Computers darauf geeinigt haben und Benutzer diese Konvention lernen und übernehmen. Aus dem gleichen Grund steht das Auftauchen von Pixelmustern auf meinem Bildschirm für »Das deutsche Wort ›Geist‹ kann mit den englischen Wörtern ›mind‹, ›spirit‹ und ›brandy‹ übersetzt werden«. Und aus dem gleichen Grund werden Strom-an/Strom-aus-Muster mit Sequenzen von Einsen und Nullen beschrieben (»Strom an« bedeutet »1«, »Strom aus« bedeutet »0«). Mit anderen Worten: Die physikalischen Zustände meines Computers tragen Bedeutung *qua Konvention.* Sie bedeuten etwas, da es Menschen gibt, die die physikalischen Zustände als bedeutungstragend *interpretieren*. Man spricht hier auch von *abgeleiteter Bedeutung*, da sich diese aus der Bedeutung der mentalen Zustände der Erfinder und Nutzer ableitet.

Klarerweise hört die Computer-Analogie hier auf. Wenn wir den Geist erklären wollen, können wir nicht auf Zustände, die rein konventionell zu ihrer Bedeutung kommen, verweisen. Tatsächlich würden wir in einem Erklärungsregress landen: Wer interpretiert die Zustände unseres Gehirns und weist ihnen damit Bedeutung zu? Es scheint, wir müssten einen Homukulus postulieren (oder eine Seele wie bei Descartes) – also ein kleines Menschlein in unserem Kopf, das diese Interpretationsaufgabe übernimmt. Allerdings hätten wir damit nicht viel erklärt, denn: Wer interpretiert die Zustände des Homunkulus und weist diesen Bedeutungen zu? Die Bedeutung von geistigen Zuständen muss also auf eine andere Weise zustande kommen. Die Philosophie der Kognition verfolgt bis heute ein *Naturalisierungsprogramm* bezüglich des so genannten *repräsentationalen Gehalts* von geistigen Zuständen (d. h. deren Bedeutung). Die Herausforderung lautet: Wie kommt es, dass ein bestimmtes Hirnmuster etwas repräsentiert, unter der Annahme, dass es keinen Homunkulus in meinem Kopf gibt, der dem Hirnmuster Bedeutung, das heißt repräsentationalen Gehalt, zuschreibt? Mit anderen Worten: Findet sich ein plausibler Ansatz, der erklärt, wie neuronale Zustände *nicht-abgeleiteten Gehalt* haben können?

Unter den vielversprechendsten Ansätzen, die eine Antwort auf diese Herausforderung bieten, sind so genannte *teleosemantische Theorien* des mentalen Gehalts (Millikan, 1989; Neander, 1991; Shea, 2018). Laut diesen Theorien bedeutet bzw. repräsentiert ein neuronaler Zustand das, was seine Funktion bestimmt. Anders: Ein bestimmtes Aktivitätsmuster repräsentiert, sagen wir, Vasen, da das Aktivitätsmuster die Funktion hat, Vasen zu repräsentieren. Auf den ersten Blick scheint sich das Problem hier zunächst nur zu verschieben, denn Funktionen weisen wir physischen Objekten in der Regel qua Design zu: Mein Auto hat die Funktion mich von A nach B zu bringen, da es dafür gebaut wurde. Das Naturalisierungsprogramm des mentalen Gehalts, laut Vertreterinnen und Vertretern von teleosemantischen Theorien, ist also tatsächlich ein Naturalisierungsprogramm des Funktionsbegriffes. Wie kommen physische Entitäten zu ihrer Funktion unabhängig von menschlichen Absichten? Hierauf gibt es verschiedene Antworten, wovon der *evolutionäre teleosemantische Ansatz* die populärste ist: Zumindest für biologische Entitäten gilt, dass deren Funktion durch die biologische Evolution festgelegt wird. Eine biologische Entität X hat die Funktion F in einem Tier T, wenn die Vorfahren von T überlebt haben, da sie X hatten, das F ausgeführt hat. Zum Beispiel hat die neuronale Aktivität in einem bestimmten Areal eines Froschgehirns die Funktion, Fliegen zu repräsentieren (und damit den repräsentationalen Gehalt bzw. die Bedeutung »Fliege«), wenn die Vorfahren des Frosches überlebt haben, da sie Hirnareale hatten, die Fliegen repräsentiert haben, was sie befähigt hat, Nahrung zu finden und zu fangen.

Das Naturalisierungsprogramm des repräsentationalen Gehaltes ist nach wie vor im vollen Gange. Freundinnen und Freunde des Computationalismus bzw. der Computer-Analogie des Geistes sind optimistisch, dass es erfolgreich sein wird. Der Erfolg dieses Programms hätte den Vorteil, dass wir eine eingängige allgemeine Theorie des Geistes zur Verfügung hätten: Geist besteht in der regelbasierten Manipulation von neuronalen Zuständen, die nicht-abgeleitete Bedeutung tragen. Allerdings sind nicht alle optimistisch, was das Naturalisierungsprogramm angeht. Dies werde ich im Folgenden erläutern.

3. Die Ablehnung der klassischen Kognitionswissenschaft durch die Theorie des situierten Geistes

Die Theorie des situierten Geistes ist weniger eine einheitliche Theorie als ein Forschungsprogramm. In diesem Forschungsprogramm finden sich eine Vielzahl verschiedener Thesen, die nicht immer von allen Autorinnen und Autoren gleichzeitig und auf gleiche Weise vertreten werden. Ich möchte hier nicht auf spezifische Ansätze eingehen, sondern die Kernmotive des Forschungsprogramms kurz erläutern. Im Sinne der Verständlichkeit werde ich diese Kernmotive so behandeln, als würden sie innerhalb dieses Forschungsprogramms einheitlich vertreten. Die Lesenden sollten im Hinterkopf behalten, dass meine Darstellung und Kritik nicht alle Ansätze der situierten Kognition in gleichem Maße betrifft.

Ein Kernmotiv derer, die situierte Ansätze der Kognition vertreten, ist, dass sie das Naturalisierungsprogramm des repräsentationalen Gehaltes für gescheitert erachten (Hutto und Myin, 2013). Ein zentrales Problem sehen sie darin, dass es bisher nicht gelungen ist, zu erklären, wie physische Zustände zu einem *spezifischen* Gehalt kommen. Das Problem lässt sich mithilfe des oben erwähnten evolutionären teleosemantischen Ansatzes veranschaulichen: Konnten die Vorfahren des Frosches überleben, weil sie Fliegen repräsentiert haben oder weil sie Nahrung repräsentiert haben oder kleine, schwarze Punkte? Diese Frage lässt sich auf der Basis der evolutionären Teleosemantik nicht beantworten, da die Zuschreibung jeder dieser Gehalte das Überleben des Frosches und seiner Vorfahren erklären würde. An diesem *schwierigen Problem des Gehalts* (»hard problem of content«) (Hutto und Myin, 2013) scheitern alle bisherigen Antworten des Naturalisierungsprogramms. Da damit die Versuche von Generationen von Philosophen gescheitert sind, bleibt – so die Vertreterinnen und Vertreter der situierten Ansätze – nicht viel Hoffnung, dass das Problem lösbar ist.

Aus dem Scheitern des Naturalisierungsprogramms des repräsentationalen Gehaltes folgt laut den Vertretern der situierten Kognition auch, dass der Computationalismus nicht haltbar ist. Der Geist und das Gehirn funktionieren nicht wie Software und Hardware. Als Ersatz wird häufig eine andere Analogie bemüht: Der Geist und das Gehirn funktionieren wie ein Fliehkraftregler (Van Gelder, 1995). Der Fliehkraftregler war eine geniale Erfindung, die James Watt im Jahre 1788 einführte, um die Geschwindigkeit der Dampfmaschinen, die zum Beispiel in der Textilproduktion eingesetzt wurden, konstant zu halten. Der Fliehkraftregler kommt ganz ohne Computation aus. Es ist nicht der Fall, dass der Fliehkraftregler einen bedeutungstragenden Input erhält (z. B. die tatsächliche und die gewünschte Geschwindigkeit der Dampfmaschine), um dann auf der Basis eines Algorithmus zu berechnen, ob die Geschwindigkeit der Dampfmaschine gedrosselt oder erhöht werden muss. Die Lösung basiert vielmehr auf einer dynamischen Kopplung der Einzelteile des Fliehkraftregler-Dampfmaschine-Systems: Der Fliehkraftregler ist ein rotierendes Element, das von der Dampfmaschine angetrieben wird. Er besitzt zwei bewegliche Arme, an deren Enden sich jeweils Massen befinden, die sich aufgrund der Fliehkraft, die durch die Rotation zustande kommt, mehr oder weniger stark heben. Die Arme sind zudem mit einer Klappe verbunden, die die Menge des Dampfes regelt, der die Arbeitsgeschwindigkeit bestimmt. Damit bestimmt die Höhe der Auslenkung der Arme, wie stark die Klappe geöffnet oder geschlossen ist. Durch die Kopplung der Hebearme, der Klappe und der Dampfmaschine wird eine konstante Geschwindigkeit erreicht:

Sollte zu viel Dampf in das System gelangen, würde der Fliehkraftregler schneller rotieren, die Arme würden sich heben und die Klappe würde geschlossen – so lange, bis die Arme wieder gesenkt wären.

Wie das Fliehkraftregler-Klappe-Dampfmaschine-System bilden Gehirn, Körper und Umwelt, laut Vertretern der situierten Kognition, ein dynamisches System. Verhalten und Kognition entsteht durch die direkte, dynamische Kopplung zwischen Gehirn, Körper und Umwelt und nicht mittels Repräsentationen.

Hier ein Beispiel aus der kognitiven Psychologie, das diese Kernthese des *Dynamizismus* veranschaulicht: Bittet man Versuchspersonen ein Muster von Legosteinen nachzubauen, so zeigt sich, dass sie dabei nicht die Strategie anwenden, sich das Muster zu merken, um die Kopie zu erstellen. Vielmehr beobachtet man eine dynamische Kopplung zwischen Augen- und Armbewegungen, die so abgestimmt sind, dass die Versuchspersonen die Kopie ohne Fehler erstellen können. Ob sich diese These auf alle kognitiven Aufgaben übertragen lässt, ist Gegenstand einer laufenden Debatte.

Neben der Ablehnung des Repräsentationsbegriffs und des Computationalismus ist ein weiteres Kernmotiv des situierten Forschungsprogramms die Ablehnung des *Internalismus*. Geist findet sich nicht nur im Gehirn, sondern involviert maßgeblich den Körper oder sogar die Umwelt. Diese *These des erweiterten Geistes* ist einerseits motiviert durch ähnliche Überlegungen wie die zum Fliehkraftregler (Chemero, 2000). Das Gehirn alleine ist nicht der Träger von Kognition – so wie der Fliehkraftregler alleine noch nichts regelt. Kognition involviert das gesamte Gehirn-Körper-Umwelt-System. Durch die dynamische Kopplung der Teile lässt sich eine trennscharfe Unterteilung ohnehin nicht vornehmen. Ein weiteres Argument für den erweiterten Geist ist das sogenannte *Paritätsprinzip* (Clark und Chalmers, 1998): Externe Elemente führen häufig dieselbe Funktion aus wie interne, das heißt neuronale Elemente, die wir als »kognitiv« bezeichnen. Zum Beispiel kann ein Notizbuch das neuronale Gedächtnis ersetzen, sollte dieses zum Beispiel durch die Alzheimerkrankheit zerstört sein.

Die bisherige Darstellung zeigt, dass das Forschungsprogramm des situierten Geistes nicht durch eine positive These zur Natur des Geistes zusammengehalten wird. Der gemeinsame Nenner besteht vielmehr in der Kritik an der klassischen Kognitionswissenschaft.

4. Unbewusster Geist?

Nun zurück zu unserem Ausgangsproblem: Was ist das Geistige am »neuen« Unbewussten? Ein unbestrittenes Kriterium für den Geist ist das Bewusstsein: Jeder bewusste Prozess ist ein geistiger Prozess; jeder bewusste Zustand ein geistiger Zustand. Das Merkmal des Bewusstseins ist also *hinreichend* für die Identifizierung des Geistigen. Die Annahme, dass es auch unbewusste geistige Phänomene gibt, zeigt jedoch, dass Bewusstsein nicht *notwendig* für das Geistige sein kann. Unsere Herausforderung lautet: Wie lässt sich der unbewusste Geist vom bloß Nicht-Bewussten unterscheiden? Oder in anderen Worten: Gibt es neben dem Bewusstsein ein weiteres hinreichendes Kriterium für den Geist?

Die klassische Kognitionswissenschaft scheint eine einfache Antwort zu haben: Das Geistige besteht in der regelbasierten Manipulation von physischen Zuständen, die nicht-abgeleiteten repräsentationalen Gehalt haben. Dieses Kriterium ist klarerweise unabhängig davon, ob ein Prozess bewusst abläuft oder nicht. Der unbewusste Geist besteht, wie der bewusste Geist, aus computationalen Prozessen – nur eben ohne Bewusstsein.

Den situierten Ansätzen steht diese Antwort offensichtlich nicht zur Verfügung, wenn sie die Existenz von Repräsentationen bestreiten.[7] Wie also können diese den Unterschied zwischen dem unbewussten Geist und dem bloß Nicht-Bewussten beschreiben?

Der kurze Überblick über die Kernmotive des Forschungsprogramms der situierten Kognition im vorangegangenen Abschnitt hat verdeutlicht: Im Kern des Programms steht keine klare Definition dessen, was Kognition bzw. den Geist ausmacht. Allerdings fehlt nicht nur eine eindeutige, verbindende Definition des Geistes – es finden sich auch keine spezifischen Thesen bezüglich der Natur des Geistes, die für die hier relevante Herausforderung der Abgrenzung des unbewussten Geistes vom bloß Nicht-Bewussten hilfreich wäre. Die Charakterisierung von kognitiven Prozessen als dynamische Systeme von gekoppelten Sub-Systemen bringt uns nicht weiter, da auch Systeme wie zum Beispiel Turbolader und Motor ein gekoppeltes

---

[7] Einige Vertreterinnen und Vertreter des situierten Ansatzes akzeptieren die Existenz von mentalen Repräsentationen (z. B. Rowlands (2009)).

dynamisches System bilden, das klarerweise kein Teil des Geistes ist. Dynamische Kopplung ist als hinreichendes Kriterium für den Geist also nutzlos.

Eventuell bringt uns das Paritätsprinzip weiter. Das mit diesem Prinzip verbundene Kriterium lautet: Würde ein Prozess im Kopf stattfinden und würden wir ihn dann als »geistig« bezeichnen, dann sollten wir den Prozess auch als »geistig« bezeichnen, wenn er *nicht* im Kopf stattfindet (Clark und Chalmers, 1998). Man könnte das Paritätsprinzip entsprechend anpassen: Würde der Prozess bewusst ablaufen und würden wir ihn dann als »geistig« bezeichnen, dann sollten wir den Prozess auch als »geistig« bezeichnen, wenn er nicht bewusst abläuft. Das Problem, das sich dabei ergibt, ist, dass Bewusstsein bereits als hinreichendes Kriterium für das Geistige gilt (im Gegensatz zu »im Kopf stattfinden«), und damit stellt sich das so umformulierte Kriterium als trivial heraus: Natürlich würden wir einen Prozess, der bewusst abläuft, als »geistig« bezeichnen – eben, weil er bewusst ist. Daraus folgt nicht, dass wir den Prozess auch dann als »geistig« bezeichnen würden, wenn er nicht bewusst ablaufen würde bzw. ist das ja genau die Frage, um die es hier geht. Eine alternative Interpretation des Kriteriums könnte dieses Problem vermeiden: wenn wir es als eine Aussage über die funktionale Ähnlichkeit zwischen klarerweise geistigen Prozessen und jenen, deren Status als geistig geklärt werden soll, verstehen. Anders ausgedrückt: Wenn ein unbewusster Prozess die gleiche funktionale Rolle hat wie ein bewusster Prozess, dann sollte der unbewusste Prozess auch als »geistig« bezeichnet werden.

Allerdings entsteht hier ein Problem, das dem ähnelt, das auch im Kontext der These des erweiterten Geistes diskutiert wird (Rupert, 2004): Individuiert man die funktionalen Merkmale der klarerweise geistigen Prozesse grobkörnig, dann sind die funktionalen Rollen der relevanten unbewussten Prozesse wahrscheinlich identisch. Zum Beispiel: Wenn wir bewusstes Sehen charakterisieren als die Verarbeitung von visuellen Reizen, die zu Verhaltensänderungen führt, dann haben Fälle von unbewusstem Sehen klarerweise dieselbe funktionale Rolle. Allerdings wird diese grobkörnige Beschreibung der tatsächlichen funktionalen Rolle des bewussten Sehens nicht gerecht, da bewusstes Sehen sich nicht in dieser funktionalen Beschreibung erschöpft (z. B. führt bewusstes Sehen auch dazu, dass wir über das

Gesehene berichten können). Wenn man aber eine feinkörnigere Beschreibung wählt, die der tatsächlichen funktionalen Rolle des bewussten Sehens gerecht wird, dann hätte unbewusstes Sehen klarerweise eine andere funktionale Rolle und würde somit nicht als »Sehen«, also als geistig, zählen.

Es bleibt also offen, ob sich die Redeweise vom unbewussten Geist im Kontext situierter Theorien des Geistes beschreiben lässt. Im Folgenden möchte ich eine Idee skizzieren, auf deren Basis eine Unterscheidung zwischen dem unbewussten Geist und dem bloß Nicht-Bewussten auch ohne den Verweis auf mentale Repräsentationen gemacht werden könnte.

5. Ein wissenschaftstheoretischer Blick auf die Herausforderung

Die zentrale Beobachtung, die meiner Idee zugrunde liegt, ist die folgende: Der unbewusste Geist ist ein Postulat der gegenwärtigen empirischen Psychologie, das dazu dient, bestimmte in Experimenten beobachtete Verhaltensweisen zu erklären. Nehmen wir das Beispiel des unbewussten Sehens im Kontext der binokularen Rivalität wie in der Einleitung beschrieben. Das Verhalten, das Versuchspersonen zeigen, lässt sich wie folgt charakterisieren: Erstens äußern sie, dass sie die Bilder der nackten Personen nicht sehen. Zweitens reagieren sie auf Reize, die an der Stelle der Bilder nach deren Präsentation auftauchen, schneller als auf Bilder, die an einer anderen Stelle auftauchen (je nach sexueller Präferenz), woraus geschlossen wird, dass die Aufmerksamkeit der Versuchspersonen von den Bildern der Nackten beeinflusst wird. Die Frage, die Psychologen nun beantworten wollen, lautet: Wie kann der zweite Punkt erklärt werden, gegeben den ersten? Die Antwort der meisten Psychologen lautet: Die Erklärung ist, das die Versuchspersonen die Bilder der Nackten unbewusst sehen.

Der unbewusste Geist soll also Verhalten erklären. Die Existenz des unbewussten Geistes wird aus einem *Schluss auf die beste Erklärung* hergeleitet. Die Aufmerksamkeitsbeeinflussung in den Experimenten kann am *besten* dadurch erklärt werden, dass die Versuchspersonen die Bilder der Nackten unbewusst sehen. Ob dieser Schluss gerechtfertigt ist, hängt davon ab, ob der unbewusste Geist tatsächlich die beste Erklärung für das zu erklärende Verhalten liefert. Meine These ist, dass die Beantwortung dieser Frage der Analyse des Begriffs des unbewussten Geistes zugrunde liegen sollte. In anderen Worten: Wie muss der Begriff des unbewussten Geistes verstanden werden, damit das Postulat eines unbewussten mentalen Phänomens potentiell als beste Erklärung gelten kann?

Um diese Frage zu beantworten, können wir uns der Ressourcen der gegenwärtigen Wissenschaftstheorie bedienen. Eine prominente These lautet, dass wissenschaftliche Erklärungen in der Psychologie *mechanistische Erklärungen* sind (Wright und Bechtel, 2007). Mechanistische Erklärungen zeigen, wie das Verhalten eines Systems durch die Organisation und Interaktion der Systemteile, also durch den zugrunde liegenden Mechanismus, zustande kommt. Erklärungen, die auf den unbewussten Geist verweisen, sind also als mechanistische Erklärungen zu verstehen. Diese Erklärungen beschreiben Mechanismen, die unbewusste mentale Prozesse als Komponenten haben. Die oben gestellte Frage lässt sich also umformulieren: Wie muss der Begriff des unbewussten Geistes verstanden werden, damit unbewusste geistige Prozesse potentiell Komponenten von Mechanismen sein können?

Eine weitere These zur wissenschaftlichen Erklärung lautet, dass Erklärungen kontrastive Fragen beantworten (Craver und Kaplan, 2020; Kohár und Krickel, 2021). Eine Erklärung des unbewussten Sehens zum Beispiel muss die Frage beantworten, warum die nicht bewusst wahrgenommenen Stimuli die Aufmerksamkeit beeinflussen und nicht etwa keine Auswirkung haben. Meine These ist: Wenn die mechanistische Erklärung, die diese Frage beantwortet, einen Mechanismus beschreibt, der auch die Aufmerksamkeitsbeeinflussung bei bewusstem Sehen erklären würde, dann haben wir es mit einem Fall von unbewusstem *Sehen*, also einem geistigen Prozess zu tun. Wir müssen also den Mechanismus des bewussten Sehens mit dem Mechanismus des mutmaßlich unbewussten Sehens vergleichen und herausfinden, ob sich diese in relevanter Weise ähneln, das heißt bezüglich jener Komponenten, die für die Aufmerksamkeitsbeeinflussung verantwortlich sind. Ob dies der Fall ist, muss auf Basis der empirischen Evidenz geklärt werden.

Meine These lautet also: Der unbewusste Geist unterscheidet sich vom bloß Nicht-Bewussten darin, dass die Mechanismen, die unbewussten geistigen Prozessen zugrunde liegen, den Mechanismen ähneln, die bewussten geistigen Prozessen zugrunde liegen. Dieses Kriterium ist mit allen wissenschaftlichen Theorien des Geistes kompatibel – auch jenen, die die Existenz von mentalen Repräsentationen bestreiten, also auch Theorien des situierten Geistes.

Schluss

Die Herausforderung für Theorien des Geistes im Kontext des unbewussten Geistes lautet: Was unterscheidet den unbewussten Geist vom bloß Nicht-Bewussten? Klassische Theorien des Geistes haben eine klare Antwort: Geistige Prozesse bestehen in der regelbasierten Manipulation von bedeutungstragenden physikalischen Zuständen. Diese können bewusst oder unbewusst ablaufen. Neuere Ansätze der situierten Kognition können die Herausforderung nicht so einfach beantworten aus drei Gründen: Erstens wird die Existenz von mentalen Repräsentationen (bzw. bedeutungstragenden physischen Zuständen) von (den meisten) Vertreterinnen und Vertretern der situierten Kognition bestritten. Zweitens gehen die unterschiedlichen Ansätze zur situierten Kognition mit unterschiedlichen Ansichten darüber einher, was den Geist auszeichnet. Drittens ist keines der bisher vorgeschlagenen nicht-repräsentationalen Kriterien für das Geistige (dynamische Kopplung, funktionale Parität) ausreichend, um eine Unterscheidung zwischen unbewusstem Geist und bloß Nicht-Bewusstem zu treffen.

In diesem Aufsatz habe ich eine Lösungsstrategie vorgeschlagen, die helfen könnte, alle diese Hürden zu überwinden. Die Lösung ist unabhängig davon, welche konkrete Theorie des Geistes vertreten wird, und kann somit zum Beispiel auch von Vertretern des Dynamizismus und Vertretern der These des erweiterten Geistes akzeptiert werden. Ein weiterer Vorteil der vorgeschlagenen Lösungsstrategie ist, dass sie die Wissenschaft des Geistes als Ausgangspunkt nimmt. Der unbewusste Geist wird als ein empirisch-explanatorisches Postulat begriffen, dessen Existenz durch einen Schluss auf die beste Erklärung von empirischen Daten gerechtfertigt ist. Eine offene Frage, die es zu klären gilt, ist ob und wie sich diese Lösungsstrategie auf den Alltagsbegriff des unbewussten Geistes übertragen lässt. Wenn wir im Alltag das Verhalten unserer Mitmenschen erklären, indem wir ihnen unbewusste mentale Zustände zuschreiben, haben wir dabei in der Regel keine mechanistischen Erklärungen im Sinn. Vielmehr geht es uns um rechtfertigende Erklärungen, die das Verhalten einer Person nachvollziehbar machen sollen. Die Unterschiede in der Erklärungspraxis zwischen Wissenschaft und Alltag legen nahe, dass es zwei Begriffe des unbewussten Geistes gibt – einen wissenschaftlichen und einen alltäglichen. Zu untersuchen wäre, wie genau sich die Begriffe unterscheiden, ob die Unterschiedlichkeit zu Missverständnissen führt und ob Wissenschaftlerinnen oder Wissenschaftler diese Begriffe verwechseln könnten, wodurch es zu Fehlinterpretationen von Daten kommen könnte.

Literatur

Ayan, S.: Das Unbewusste – Warum es noch viel mächtiger ist als wir ahnen, *Gehirn & Geist* 10, 2018.

Banaji, M. R., Bhaskar, R. und Brownstein, M.: When bias is implicit, how might we think about repairing harm? In: *Current Opinion in Psychology* 6, 2015, S. 183–188.

Bargh, J.: *Before You Know It: The Unconscious Reasons We Do What We Do,* Random House, 2017. Verfügbar unter: books.google.de/books?id=GSitDQAAQBAJ.

Berlin, H. A.: The neural basis of the dynamic unconscious. In: *Neuropsychoanalysis* 13(1), 2011, S. 5–31. DOI: 10.1080/15294145.2011.10773654.

Bushman, B. J., Dewall, C. N., Pond, R. S. und Hanus, M. D.: Low glucose relates to greater aggression in married couples. In: *Proceedings of the National Academy of Sciences of the United States of America* 111(17), 2014, S. 6254–6257. DOI: 10.1073/pnas.1400619111.

Chemero, A.: Anti-representationalism and the dynamical stance. In: *Philosophy of Science* 67(4), 2000, S. 625–647.

Clark, A. und Chalmers, D. J.: The extended mind. In: *Analysis* 58(1), 1998, S. 7–19.

Craver, C. F. und Kaplan, D. M.: Are more details better? On the norms of completeness for mechanistic explanations. In: *The British Journal for the Philosophy of Science* 71, 2020, S. 287–319. DOI: 10.1093/bjps/axy015.

Greenwald, A. G., Mcghee, D. E. und Schwartz, J. L. K.: Measuring individual differences in implicit cognition: The Implicit Association Test. In: *Journal of Personality and Social Psychology* 74(6), 1998, S. 1464–1480. DOI: 10.1037/0022-3514.74.6.1464.

Hahn, A., Judd, C. M., Hirsh, H. K. und Blair, I. V.: Awareness of implicit attitudes. In: *Journal of Experimental Psychology: General* 143(3), 2014, S. 1369–1392. DOI: 10.1037/a0035028.

Hassin, R. R.: Yes it can: On the functional abilities of the human unconscious. In: *Perspectives on Psychological Science* 8(2), 2013, S. 195–207. DOI: 10.1177/1745691612460684.

Hassin, R. R., Uleman, J. S. und Bargh, J. A. (Hrsg.): *The New Unconscious,* Oxford University Press, New York 2005. DOI: 10.1093/acprof:oso/9780195307696.001.0001.

Hutto, D. D. und Myin, E.: *Radicalizing Enactivism: Basic Minds Without Content,* MIT Press, Cambridge, MA 2013.

Jiang, Y., Costello, P., Fang, F., Huang, M. und He, S.: A gender- and sexual orientation-dependent spatial attentional effect of invisible images. In: *Proceedings of the National Academy of Sciences* 103(45), 2006, S. 17048–17052. DOI: 10.1073/pnas.0605678103.

Kahneman, D.: *Thinking, Fast and Slow,* Farrar, Straus and Giroux, New York 2011.

Kohár, M. und Krickel, B.: Compare and contrast: How to assess the completeness of mechanistic explanation. In: *Neural Mechanisms – New Challenges in the Philosophy of Neuroscience,* hrsg. von F. Calzavarini und M. Viola. Springer, Cham 2021, S. 395–424. DOI: 10.1007/978-3-030-54092-0_17.

Krickel, B.: Are the states underlying implicit biases unconscious? – A Neo-Freudian answer. In: *Philosophical Psychology* 31(7), 2018, S. 1007–1026. DOI: 10.1080/09515089.2018.1470323.

Millikan, R. G.: In defense of proper functions. In: *Philosophy of Science* 56(June), 1989, S. 288–302.

Mlodinow, L.: *Subliminal: How Your Unconscious Mind Rules Your Behavior,* Vintage Books, New York 2013.

Neander, K.: The teleological notion of »function«. In: *Australasian Journal of Philosophy* 69(4), 1991, S. 454–468. DOI: 10.1080/00048409112344881.

Pernu, T. K.: The five marks of the mental. In: *Frontiers in Psychology* 8(July), 2017, 1084. DOI: 10.3389/fpsyg.2017.01084.

Rowlands, M.: Extended cognition and the mark of the cognitive. In: *Philosophical Psychology* 22(1), 2009, S. 1–19. DOI: 10.1080/09515080802703620.

Rupert, R. D.: Challenges to the hypothesis of extended cognition. In: *Journal of Philosophy* 101(8), 2004, S. 389–428. DOI: 10.5840/jphil2004101826.

Shea, N.: *Representation in Cognitive Science*, Oxford University Press, Oxford 2018.

Van Gelder, T.: What might cognition be, if not computation? In: *The Journal of Philosophy* 92(7), 1995, S. 345–381.

Weiskrantz, L.: Blindsight: Not an island unto itself. In: *Current Directions in Psychological Science* 4(5), 1995, S. 146–151.

Wright, C. und Bechtel, W.: Mechanisms and psychological explanation. In: *Philosophy of Psychology and Cognitive Science,* hrsg. von P. Thagard. North Holland, Amsterdam 2007, S. 31–79. DOI: 10.1016/B978-044451540-7/50019-0.

Die Autorinnen und Autoren

Prof. Dr. Joachim Bauer ist Neurowissenschaftler, zweifach habilitierter Facharzt (Internist und Psychiater), Psychotherapeut und Sachbuchautor (»Das Gedächtnis des Körpers«, 2002; »Warum ich fühle, was du fühlst«, 2005; »Prinzip Menschlichkeit«, 2006; »Schmerzgrenze«, 2013; »Selbststeuerung«, 2015; »Wie wir werden, wer wir sind«, 2019). Für herausragende Forschung (mit längeren Aufenthalten in den USA) wurde Joachim Bauer von der Deutschen Gesellschaft für Biologische Psychiatrie mit dem renommierten Organon-Forschungspreis geehrt. Nach jahrzehntelangem Wirken am Universitätsklinikum Freiburg lebt, forscht und lehrt er nun in Berlin.

Dr. Robin Bekrater-Bodmann ist Postdoc und wissenschaftlicher Mitarbeiter in der Abteilung für Psychosomatik und Psychotherapeutische Medizin des Zentralinstituts für Seelische Gesundheit in Mannheim, wo er die Arbeitsgruppe »Körperplastizität und Gedächtnisprozesse« leitet. Er studierte Psychologie an der Technischen Universität Braunschweig und promovierte in Neuropsychologie an der Universität Heidelberg. Seine Forschung beschäftigt sich mit den neuropsychologischen Mechanismen des körperlichen Selbsterlebens bei gesunden und klinischen Probanden.

Dr. Matthias Eckoldt schreibt Romane und Sachbücher, ist Wissenschaftsautor und Radiomacher. Er studierte Philosophie, Medienwissenschaft und Germanistik an der Humboldt-Universität zu Berlin und promovierte über Systemtheorie. Seine Bücher »Eine kurze Geschichte von Gehirn und Geist« und »Leonardos Erbe« wurden vom Magazin Bild der Wissenschaft für das Wissensbuch des Jahres 2017 bzw. 2019 nominiert. Zuletzt erschien von ihm »Virus – Partikel, Paranoia, Pandemie« bei Ecowin (2021). Für seine Arbeit wurde Eckoldt u. a. mit dem idw-Preis für Wissenschaftsjournalismus ausgezeichnet.

Prof. Dr. Dr. h.c. mult. Herta Flor ist wissenschaftliche Direktorin des Instituts für Neuropsychologie und Klinische Psychologie am Zentralinstitut für Seelische Gesundheit in Mannheim und Lehrstuhlinhaberin für Neuropsychologie an der Universität Heidelberg. Zuvor war sie als Professorin an der Humboldt-Universität Berlin tätig. Unter ihren zahlreichen Auszeichnungen sind der Förderpreis des Landes Baden-Württemberg 2004 sowie zwei Ehrendoktorate. Sie ist u. a. Mitglied der Deutschen Akademie der Naturforscher – Leopoldina. Ihr Forschungsschwerpunkt umfasst die enge Verbindung zwischen körperlichen Ursachen und der psychologischen Dimension des Schmerzes.

Prof. Dr. John-Dylan Haynes ist Psychologe und Neurowissenschaftler sowie Direktor des *Berlin Center for Advanced Neuroimaging* (BCAN) und Professor am *Bernstein Center for Computational Neuroscience* (BCCN) der Charité – Universitätsmedizin Berlin. Nach Studium der Psychologie und Philosophie in Bremen, Promotion zum Dr. rer. nat. am Institut für Biologie in Bremen und Forschungsaufenthalten in Magdeburg, Plymouth und London war er zuvor Leiter einer Arbeitsgruppe am Max-Planck-Institut für Kognitions- und Neurowissenschaften in Leipzig. Seine Forschungsschwerpunkte sind die Entschlüsselung mentaler Zustände anhand von Gehirnsignalen sowie Aufmerksamkeit, Bewusstsein und Entscheidungen.

Prof. Dr. Beate Krickel ist Professorin für Philosophie der Kognition an der Technischen Universität (TU) Berlin. Sie studierte Kognitionswissenschaften und Philosophie in Osnabrück, Münster und Trient. Von 2017 bis 2020 war sie Projektleiterin und wissenschaftliche Koordinatorin am Graduiertenkolleg »Situated Cognition« an der Ruhr-Universität Bochum. Ihre Promotion hat sie 2015 an der Humboldt-Universität zu Berlin abgeschlossen. In ihrer Forschung beschäftigt sie sich mit den begrifflichen und wissenschaftstheoretischen Grundlagen der Kognitionsforschung.

Prof. Dr. Holger Lyre ist Professor für Theoretische Philosophie an der Universität Magdeburg. Er studierte Physik, Philosophie und Neuroinformatik in Marburg, Dortmund und Bochum mit Abschluss in Diplom-Physik, wurde in Bochum in Philosophie promoviert und habilitierte sich 2003 in Bonn. Nach Lehrstuhlvertretungen in Bielefeld und Augsburg wurde er 2009 auf den Lehrstuhl in Magdeburg berufen. Er leitet den Studiengang »Philosophie – Neurowissenschaften – Kognition« und ist Mitglied am *Center for Behavioral Brain Sciences.* In den Jahren 2011–2016 war er Gründungspräsident der Gesellschaft für Wissenschaftsphilosophie (GWP). Seine Forschungsschwerpunkte liegen in den Bereichen Wissenschaftstheorie, Philosophie der Neurokognition, Philosophie des Geistes und Philosophie der Physik.

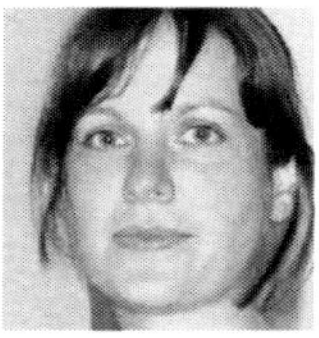

Prof. Dr. Bigna Lenggenhager ist Professorin für Kognitive Psychologie an der Universität Konstanz. Sie studierte an der Universität Zürich Psychologie, promovierte an der EPFL Lausanne in Neurowissenschaften und forschte an der Universität La Sapienza in Rom, an den Universitären Psychiatrischen Diensten in Bern, und dem Universitätsspital sowie der Universität Zürich. Ihre Forschung beschäftigt sich mit dem Körpererleben und dessen Veränderbarkeit bei Gesunden wie auch bei psychiatrischen und neurologischen Patienten. Sie kombiniert dazu Methoden der Psychologie, der Neurowissenschaften und der virtuellen Realitäten. U.a. ist sie Empfängerin des Pfizer Forschungspreises für Neurowissenschaften.

PD Dr. Grischa Merkel lehrt an der Fachhochschule für Verwaltung und Dienstleistung in Kiel. Zuvor war sie u. a. Vertretungsprofessorin für Strafrecht und Strafprozessrecht an der Universität Bremen und Assistenzprofessorin für Ethik und Recht an der Juristischen Fakultät der Universität Basel. Sie studierte Rechtswissenschaften in Bremen und Sheffield (UK) und danach Wirtschafts- und Steuerrecht sowie Kriminologie in Heidelberg und Hamburg. Ihre Forschungsschwerpunkte liegen auf der strafrechtlichen Schuldfrage, dem Umgang mit psychisch kranken Gewalttätern, den Menschenrechten sowie auf der Aussagekraft von sog. Hirnscans.

Prof. Dr. Lars Muckli ist Professor für Visuelle und Kognitive Neurowissenschaften und Direktor für funktionelle Magnetresonanztomographie am Institut für Psychologie und Neurowissenschaften der Universität Glasgow sowie am dortigen *Centre for Cognitive Neuroimaging* (CCNi) und am *College of Medical, Veterinary and Life Sciences.* Er studierte Psychologie in Gießen und promovierte 2002 in Maastricht. Von 1996 bis 2006 arbeitete er als wissenschaftlicher Mitarbeiter am Max-Planck-Institut für Hirnforschung in Frankfurt. Sein Forschungsschwerpunkt ist die Untersuchung von kortikalem Feedback und Predictive Coding im visuellen Kortex auf der Grundlage bildgebender Verfahren (fMRT, TMS, EEG).

Kim Eliane Stäubli erlangte 2021 ihren Bachelorabschluss in Psychologie an der Universität Zürich. Als Hilfswissenschaftlerin in der Forschungsgruppe »Kognitive Neuropsychologie: Körper, Selbst und Plastizität» beschäftigte sie sich danach mit Fragen zum Körpererleben und dem körperlichen Selbst. Zurzeit befindet sie sich im Masterstudium der Klinischen Neurowissenschaften am University College London.

Prof. Dr. Achim Stephan ist Professor für Philosophie der Kognition an der Universität Osnabrück. Nach dem Studium der Philosophie, Mathematik und der Psychotherapie und Psychosomatik an der Universität Göttingen promovierte er dort 1988 über Sigmund Freuds Bedeutungstheorie. Er habilitierte sich 1998 in Philosophie zum Thema »Emergenz« an der Universität Karlsruhe. Von 2012 bis 2015 war er Präsident der Gesellschaft für Analytische Philosophie (GAP) und von 2017 bis 2020 Präsident der *European Philosophical Society for the Study of Emotions* (EPSSE). Seit 2017 ist er Ko-Sprecher des DFG-Graduiertenkollegs »Situierte Kognition«. Seine Forschungsschwerpunkte sind menschliche Affektivität, situierte Kognition und Affektivität, Theorien der Emergenz, Philosophie der Psychiatrie und Psychotherapie, Philosophie des Geistes und der Kognition sowie Philosophie der Kognitionswissenschaft.

Prof. Dr. Dr. h. c. mult. Wolf Singer ist Direktor em. am Max-Planck-Institut für Hirnforschung in Frankfurt am Main und Gründungsdirektor des *Frankfurt Institute for Advanced Studies* sowie des Ernst-Strüngmann-Instituts für Neurowissenschaften in Kooperation mit der Max-Planck-Gesellschaft und des *Brain Imaging Centers.* Ferner ist er wissenschaftlicher Leiter des Ernst-Strüngmann-Forums. Seine Forschung ist der Aufklärung der neuronalen Grundlagen kognitiver Funktionen gewidmet. Im Zentrum steht die Frage, wie die über viele Hirnareale verteilten Verarbeitungsprozesse zusammengebunden werden, um kohärente Wahrnehmungen zu ermöglichen. Wolf Singer ist international bekannt für seine Forschungen und Überlegungen zu den physiologischen Grundlagen der Wahrnehmung und des Bewusstseins.

Die Herausgeber

Helmut Fink ist Diplom-Physiker mit ausgeprägtem philosophischem Interesse. Er ist Referent für Wissenschaft und Philosophie bei *Kortizes,* und ferner seit 2013 Vorstandsmitglied der Heisenberg-Gesellschaft e. V. und seit 2017 Vorsitzender der Ludwig-Feuerbach-Gesellschaft e. V.

Dr. Rainer Rosenzweig ist Diplom-Mathematiker und promovierter Wahrnehmungspsychologe, Dozent für Wahrnehmungspsychologie an der Technischen Hochschule Nürnberg sowie u. a. Initiator, Leiter und Geschäftsführer des Instituts für populärwissenschaftlichen Diskurs *Kortizes.*